AF672587

GRöLS Verlage

„Bücher sind wie Fallschirme. Sie nützen uns nichts, wenn wir sie nicht öffnen."

Gröls Verlag

Redaktionelle Hinweise und Impressum

Das vorliegende Werk wurde zugunsten der Authentizität sehr zurückhaltend bearbeitet. So wurden etwa ursprüngliche Rechtschreibfehler regelmäßig *nicht* behoben, denn kleine Unvollkommenheiten machen das Buch – wie im Übrigen den Menschen – erst authentisch. Mitunter wurden jedoch zum Beispiel Absätze behutsam neu getrennt, um den Lesefluss zu erleichtern.

Um die Texte zu rekonstruieren, werden antiquarische Bücher von Lesegeräten gescannt und dann durch eine Software lesbar gemacht. Der so entstandene Text wird von Menschen gegengelesen und korrigiert – hierbei treten auch Fehler auf. Wenn Sie ebenfalls antiquarische Texte einreichen möchten, finden Sie weitere Informationen auf www.groels.de

Viel Freude bei der Lektüre wünscht Ihnen das Team des Gröls-Verlags.

Adressen

Verleger: Hermann-Josef Gröls,

Im Borngrund 26, 61440 Oberursel

Externer Dienstleister für Distribution & Herstellung:

BoD, In de Tarpen 42, 22848 Norderstedt

Unsere „Edition | Werke der Weltliteratur“ hat den Anspruch, eine der größten und vollständigsten Sammlungen klassischer Literatur in deutscher Sprache zu werden. Nach und nach versammeln wir hier nicht nur die „üblichen Verdächtigen“ von Goethe bis Schiller, sondern auch Kleinode der vergangenen Jahrhunderte, die – zu Unrecht – drohen, in Vergessenheit zu geraten. Wir kultivieren und kuratieren damit einen der wertvollsten Bereiche der abendländischen Kultur. Kleine Auswahl:

Francis Bacon • Neues Organon • **Balzac** • Glanz und Elend der Kurtisanen • **Joachim H. Campe** • Robinson der Jüngere • **Dante Alighieri** • Die Göttliche Komödie • **Daniel Defoe** • Robinson Crusoe • **Charles Dickens** • Oliver Twist • **Denis Diderot** • Jacques der Fatalist • **Fjodor Dostojewski** • Schuld und Sühne • **Arthur Conan Doyle** • Der Hund von Baskerville • **Marie von Ebner-Eschenbach** • Das Gemeindekind • **Elisabeth von Österreich** • Das Poetische Tagebuch • **Friedrich Engels** • Die Lage der arbeitenden Klasse • **Ludwig Feuerbach** • Das Wesen des Christentums • **Johann G. Fichte** • Reden an die deutsche Nation • **Fitzgerald** • Zärtlich ist die Nacht • **Flaubert** • Madame Bovary • **Gorch Fock** • Seefahrt ist not! • **Theodor Fontane** • Effi Briest • **Robert Musil** • Über die Dummheit • **Edgar Wallace** • Der Frosch mit der Maske • **Jakob Wassermann** • Der Fall Maurizius • **Oscar Wilde** • Das Bildnis des Dorian Grey • **Émile Zola** • Germinal • **Stefan Zweig** • Schachnovelle • **Hugo von Hofmannsthal** • Der Tor und der Tod • **Anton Tschechow** • Ein Heiratsantrag • **Arthur Schnitzler** • Reigen • **Friedrich Schiller** • Kabale und Liebe • **Nicolo Machiavelli** • Der Fürst • **Gotthold E. Lessing** • Nathan der Weise • **Augustinus** • Die Bekenntnisse des heiligen Augustinus • **Marcus Aurelius** • Selbstbetrachtungen • **Charles Baudelaire** • Die Blumen des Bösen • **Harriett Stowe** • Onkel Toms Hütte • **Walter Benjamin** • Deutsche Menschen • **Hugo Bettauer** • Die Stadt ohne Juden • **Lewis Caroll** • *und viele mehr….*

Der Hund der Baskervilles

Ein Sherlock Holmes Roman

Arthur Conan Doyle

Inhalt

Erstes Kapitel. Herr Sherlock Holmes 2

Zweites Kapitel. Der Fluch der Baskervilles 9

Drittes Kapitel Das Problem 19

Viertes Kapitel. Sir Henry Baskerville 30

Fünftes Kapitel. Drei zerrissene Fäden 43

Sechstes Kapitel. Baskerville Hall 54

Siebentes Kapitel Die Stapletons von Merripit House 64

Achtes Kapitel. Erster Bericht des Doktor Watson 79

Neuntes Kapitel. Zweiter Bericht des Doktor Watson 86

Kapitel 10. Auszug dem Tagebuch von Dr. Watson 105

Kapitel 11. Der Mann auf der Felsspitze 116

Kapitel 12. Das Netz wird ausgeworfen 144

Kapitel 13. Der Hund der Baskervilles 157

Kapitel 14. Ein Rückblick 170

Erstes Kapitel.
Herr Sherlock Holmes

Sherlock Holmes, der für gewöhnlich morgens sehr spät aufstand, wenn er nicht – was allerdings nicht selten vorkam – die ganze Nacht aufgewesen war ... Sherlock Holmes saß am Frühstückstisch. Ich stand auf dem Kaminteppich und nahm den Stock zur Hand, den unser Besucher gestern abend zurückgelassen hatte. Es war ein schönes, dickes Stück Holz mit rundem Knauf – ein sogenannter "Penang-Anwalt". Unmittelbar unter dem Knauf befand sich ein fast zollbreiter silberner Reif mit einer Inschrift:

James Mortimer, M. R. C. S.
von seinen Freunden vom C. C. H.
1884.

Es war so recht ein altmodischer Hausdoktorstock – würdig, derb, vertrauenerweckend.

"Nun, Watson, was machst du daraus?"

Holmes saß mit dem Rücken zu mir, ich hatte nichts getan, woraus er auf meine Beschäftigung hätte schließen können.

"Woher wußtest du, was ich machte? Ich glaube wahrhaftig, du hast ein paar Augen im Hinterkopf."

"Wenn auch das nicht, so habe ich doch eine blitzblanke, silberplattierte Kaffeekanne vor mir," antwortete er. "Aber sage mir, Watson, was machst du aus unseres Besuchers Stock? Da er uns unglücklicherweise nicht angetroffen hat und wir keine Ahnung haben, was er von uns will, so erhält dieses zufällig hier gebliebene Andenken eine gewisse Bedeutung. Laß mal hören, wie du dir den Mann nach dem Spazierstock vorstellst."

"Ich denke," sagte ich, nach besten Kräften mich der Methode bedienend, die mein Freund bei seinen Nachforschungen anzuwenden pflegte, "Dr. Mortimer ist ein älterer Arzt mit guter Praxis. Er ist ein angesehener Mann, da seine Bekannten ihm ein solches Zeichen ihrer Wertschätzung geben."

"Gut," sagte Holmes. "Ausgezeichnet!"

"Ferner dürfte die Wahrscheinlichkeit dafür sprechen, daß er ein Landarzt ist, der einen guten Teil seiner Krankenbesuche zu Fuß macht."

"Warum?"

"Weil sein Stock, obwohl er ursprünglich sehr schön war, so mitgenommen ist, daß ich mir kaum vorstellen kann, ein städtischer Arzt habe ihn gebraucht. Die starke eiserne Spitze ist sehr abgenutzt, es ist also klar, daß der Stock tüchtige Märsche mitgemacht hat."

"Vollkommen vernünftig gedacht," bemerkte Holmes.

"Und weiter – da sind ›die Freunde vom C. C. H.‹ Ich möchte annehmen, es handelt sich da um irgend einen ›Hetzjagdverein‹, dessen Mitgliedern er vielleicht ärztlichen Beistand geleistet hat, wofür sie ihm dann ein kleines Andenken bescherten."

"Wirklich, Watson, du übertriffst dich selbst," sagte Holmes, seinen Stuhl zurückschiebend und sich eine Zigarette anzündend. "Ich fühle mich verpflichtet, zu sagen, daß du bei den Berichten, in denen du meine bescheidenen Leistungen so freundlich geschildert hast, deine eigenen Fähigkeiten weit unterschätzt hast. Du bist vielleicht nicht selber ein großes Licht, aber du bringst anderen Erleuchtung. Es gibt Leute, die, ohne selbst Genies zu sein, eine bemerkenswerte Gabe besitzen, das Genie anderer anzuregen. Ich gestehe, mein lieber Junge, ich bin sehr tief in deiner Schuld."

So großes Lob hatte er noch nie vorher ausgesprochen, und ich muß gestehen, seine Worte machten mir ein inniges Vergnügen, denn ich hatte mich oftmals ein bißchen darüber geärgert, daß er gegen meine Bewunderung und meine Versuche, die öffentliche Aufmerksamkeit auf seine Leistungen zu lenken, sich so gleichgültig zeigte. Auch machte es mich nicht wenig stolz, sein System in einer Weise mir zu eigen gemacht zu haben, daß er mir zu dessen Anwendung seinen Beifall aussprach. Holmes nahm mir nun den Stock aus der Hand und prüfte ihn ein paar Minuten lang mit bloßen Augen. Dann legte er mit einem Ausdruck großen Interesses die Zigarette weg, trat mit dem Stock ans Fenster und untersuchte ihn noch einmal mittels einer Lupe.

"Interessant, wenngleich sehr einfach," sagt er, als er sich wieder in seine Lieblingssofaecke setzte. "Sicherlich gibt der Stock ein oder zwei Andeutungen. Er liefert uns den Ausgangspunkt für mehrere Schlußfolgerungen."

"Ist mir irgend etwas entgangen?" fragte ich, mich ein wenig in die Brust werfend. "Ich denke doch, ich habe nichts von Bedeutung übersehen?"

"Ich fürchte, mein lieber Watson, deine Folgerungen waren größtenteils falsch. Wenn ich sagte, du regst mich an, so meinte ich damit – um offen zu sein –, daß ich durch deine Trugschlüsse gelegentlich auf die Wahrheit gebracht wurde. Indessen bist du in diesem Fall doch nicht gänzlich auf dem Holzweg. Der Mann ist ganz gewiß ein Landarzt. Und er geht viel zu Fuß."

"Also hatte ich recht."

"Insoweit, ja."

"Aber das war doch alles."

"Nein, nein, mein lieber Watson, nicht alles – durchaus nicht alles. Ich möchte zum Beispiel annehmen, daß ein Doktor ein Geschenk wohl eher von einem Hospital als von einem Hetzjagdverein erhält, und daß, wenn vor dem H. des ›Hospital‹ die Anfangsbuchstaben ›C. C.‹ stehen, sich ganz ungezwungen die Auslegung ›Charing-Cross‹ darbietet."

"Du könntest recht haben."

"Die Wahrscheinlichkeit spricht dafür. Und wenn wir davon ausgehen wollen, so haben wir eine frische Grundlage, worauf wir uns eine Vorstellung von unserem unbekannten Besucher aufbauen können."

"Nun, also angenommen, ›C. C. H.‹ bedeute ›Charing-Cross-Hospital‹, was können wir für weitere Schlüsse daraus ziehen?"

" Ist das nicht offensichtlich? Du kennst meine Methoden. Wende sie an!"

"Mir fällt bloß die sehr einfache Schlußfolgerung ein, daß der Mann in der Stadt praktiziert hat, bevor er aufs Land zog."

"Ich denke, wir dürfen uns in unseren Schlüssen ruhig ein bißchen weiter wagen. Betrachte mal den Fall vom folgenden Standpunkt aus: Bei was für einer Gelegenheit wird ein solches Geschenk höchstwahrscheinlich gemacht worden sein? Wann werden seine Freunde zusammengetreten sein, um ihm diese Gabe zu stiften? Offenbar in dem Augenblick, als Dr. Mortimer das Hospital verließ, um eine eigene Praxis zu gründen. Wir wissen, ein Geschenk ist gemacht worden. Wir glauben, der Mann ist vom Hospital aufs Land gezogen. Gehen wir denn also in unseren Mutmaßungen zu weit, wenn wir sagen, das Geschenk wurde ihm gelegentlich seines Abschieds dargebracht?"

"Das klingt allerdings wahrscheinlich."

"Nun wird es dir klar sein, daß er nicht dem ärztlichen ›Stab‹ des Krankenhauses angehört haben kann, denn eine derartige Stellung bekommt nur ein Arzt, der bereits eine gute Londoner Praxis hat, und ein solcher würde nicht aufs Land ziehen. Wer war er also? Wenn er zum Hospital und doch nicht zu dessen Stab gehörte, so kann er nur Assistent gewesen sein – wenig mehr als ein älterer Kandidat der Medizin. Sein Fortgang fand vor fünf Jahren statt – das Datum steht auf dem Stock. So geht also dein ernster Familiendoktor reiferen Alters in Luft auf, mein lieber Watson, und heraus kommt ein junger Bursche unter dreißig Jahren, liebenswürdig, ohne Ehrgeiz, zerstreut – und Besitzer eines von ihm sehr geliebten Hundes, von welchem ich so ganz im allgemeinen nur sagen möchte, daß er größer als ein Teckel und kleiner als eine Dogge ist."

Ich lachte ungläubig, während Sherlock Holmes sich auf seinem Sofa zurücklehnte und kleine Rauchringe in die Luft blies.

"Gegen deine letzte Versicherung vermag ich nichts einzuwenden," sagte ich, "aber zumindest ist es nicht schwierig, ein paar Angaben über des Mannes Alter und bisherige Berufstätigkeit zu erlangen." Ich nahm von dem Bücherbrettchen, worauf meine medizinischen Werke standen, den Medizinalkalender herunter und schlug den Namen auf. Es waren mehrere Mortimers aufgeführt, aber was wir von unserem Besucher bereits wußten, paßte nur auf einen einzigen von ihnen. Ich las die betreffende Stelle vor:

"Mortimer, James, M. R. C. S., 1882, Grimpen, Dartmoor, Devonshire. Von 1882 bis 1884 Assistent am Charing-Cross-Hospital. Erhielt den ›Jackson-Preis für vergleichende Pathologie‹ für seine Abhandlung: ›Ist Krankheit ein Atavismus?‹ Korrespondierendes Mitglied der Schwedischen Pathologischen Gesellschaft. Verfaßte: ›Einfälle über Atavismus‹ (Lancet, 1882), ›Machen wir Fortschritte?‹ (Journal of Psychology, März 1883). Gemeindearzt für Grimpen, Thorsley und High Narrow."

"Von dem Hetzjagdverein steht nichts darin, Watson," sagte Holmes mit einem boshaften Lächeln, "aber ein Landarzt ist er, wie du sehr scharfsinnig geschlossen hast. Mir scheint, meine Annahmen finden sich völlig bestätigt. Nun zum Charakter unseres Mannes. Ich sagte, wenn ich mich nicht irre, er sei liebenswürdig, ohne Ehrgeiz, und zerstreut. Meine Erfahrung lehrt mich, daß auf dieser Welt nur ein liebenswürdiger Mensch solche Freundschaftsgaben empfängt, daß nur einer ohne Ehrgeiz London verläßt, um aufs Land zu gehen, und daß nur ein Zerstreuter statt einer Visitenkarte seinen Spazierstock zurückläßt, nachdem er eine Viertelstunde im Wartezimmer gesessen hat."

"Und der Hund?"

"Hat die Gewohnheit gehabt, seinem Herrn den Stock nachzutragen. Da der Stock schwer ist, so hat der Hund ihn fest an der Mitte gepackt, und die Eindrücke seiner Zähne sind sehr deutlich sichtbar. Die Kinnlade des Hundes ist, nach dem Abstand der Zahnspuren zu schließen, zu breit für einen Teckel und nicht breit genug für eine Dogge. Vielleicht war es – ja, beim Zeus! – es*ist* ein kraushaariger Spaniel."

Holmes war während des Sprechens aufgestanden und im Zimmer auf und ab gegangen. Dann war er in der Fensternische stehen geblieben. In dem Klang seiner Stimme lag eine solche Überzeugung, daß ich überrascht aufblickte.

"Mein lieber Freund, wie kannst du bloß so etwas mit solcher Bestimmtheit behaupten?"

"Aus dem sehr einfachen Grund, weil ich den Hund selber auf der Straßentreppe sehe, und da klingelt auch schon sein Herr. Bitte, bleibe hier, Watson. Er ist ein Kollege von dir, und deine Gegenwart kann mir vielleicht von Nutzen sein. Nun, Watson, kommt der dramatische Schicksalsaugenblick, – du hörst einen Schritt auf der Treppe – er tritt in dein Leben hinein, und du weißt nicht, bringt er dir Gutes oder Böses. Was will Dr. James Mortimer, der Mann der Wissenschaft, von Sherlock Holmes, dem Spezialisten des Verbrechens? ... Herein."

Die äußere Erscheinung unseres Besuchers war eine Überraschung für mich, denn ich hatte den Typus eines Landarztes erwartet. Es war ein sehr großer, dünner Mann mit einer großen schnabelförmigen Nase, die zwischen zwei scharfen, dicht zusammenstehenden grauen Augen hervorsprang. Diese Augen sah man durch die Gläser einer goldenen Brille funkeln. Die Kleidung war im Schnitt seinem Stand entsprechend, jedoch ziemlich abgetragen; der Gehrock hatte blanke Nähte und die Hosen waren unten ausgefranst. Trotz seiner Jugend hielt er den langen Rücken bereits gekrümmt; beim Gehen streckte er den Kopf vor, was den Eindruck aufmerksamen Wohlwollens hervorrief. Beim Eintreten fiel sein Blick auf den Stock, den Holmes noch in der Hand hielt, und er lief mit einem freudigen Ausruf auf ihn zu.

"Ich bin wirklich so froh." sagte er. "Ich wußte nicht genau, ob ich ihn hier oder auf der Schiffsagentur vergessen hatte. Nicht um alles in der Welt möchte ich diesen Stock verlieren."

"Ein Geschenk, wie ich sehe," bemerkte Holmes.

"Ja."

"Vom Charing-Cross-Hospital?"

"Von ein paar Freunden dort zu meiner Heirat."

"Ach herrje, das ist schade!" rief Holmes kopfschüttelnd.

Dr. Mortimer blinzelte in gelindem Erstaunen Holmes durch die Brillengläser hindurch an.

"Warum ist das schade?"

"Ach, Sie haben nur unsere kleinen Mutmaßungen ein bißchen in Unordnung gebracht. Bei Ihrer Heirat, sagten Sie?"

"Jawohl. Ich heiratete und ging deshalb vom Hospital weg und gab damit alle Hoffnungen auf eine bequeme Praxis auf. Ich mußte mir aber meinen eigenen Haushalt einrichten."

"Ei sieh, da sind wir im großen und ganzen ja doch nicht so sehr auf dem Holzweg," sagte Holmes. "Und nun, Herr Doktor James Mortimer ..."

"Kein Doktor, mein lieber Herr – ein bescheidener praktischer Arzt nur."

"Und augenscheinlich ein Mann von scharfem Verstand."

"Ein Lehrling auf dem Gebiet der Wissenschaft, Herr Holmes, ein Anfänger, der am Strand des großen unbekannten Weltmeeres Muscheln aufliest. Ich vermute, daß ich mit Herrn Sherlock Holmes spreche und nicht mit ...

"Nein – der Herr hier ist mein Freund Dr. Watson."

"Freut mich, Sie kennen zu lernen, Herr Doktor. Ich habe Ihren Namen in Verbindung mit dem Ihres Freundes erwähnen hören. Sie interessieren mich außerordentlich, Herr Holmes. Ich hatte an Ihnen kaum einen solchen dolichocephalen Schädel und eine derartig ausgeprägte supraorbitale

Stirnentwickelung erwartet. Würden Sie etwas dagegen haben, wenn ich mal mit dem Finger über Ihre Scheitelnaht fahre? Ein Gipsmodell Ihres Schädels, werter Herr, würde, so lange das Original nicht zu haben ist, eine Zierde jedes anthropologischen Museums bilden. Ich beabsichtige nichts Unziemliches zu sagen, aber ich gestehe: mich gelüstet es nach Ihrem Schädel."

Sherlock Holmes lud unseren sonderbaren Besucher mit einer Handbewegung ein, sich's in einem Stuhl bequem zu machen. Dann sagte er:

"Sie sind, wie ich bemerke, ein ebensolcher Enthusiast für Ihr Fachgebiet wie ich für das meinige. Ich sehe an Ihren Fingerspitzen, daß Sie sich Ihre Zigaretten selber drehen. Zünden Sie sich ohne Bedenken eine an."

Der Mann holte Tabak und Papier aus der Tasche und rollte mit überraschender Geschicklichkeit eine Zigarette. Seine langen zuckenden Finger waren so beweglich und unruhig wie die Fühler eines Insekts.

Holmes saß schweigend da, aber ich sah an den kurzen, scharfen Blicken, womit er ab und zu unseren eigentümlichen Gast beobachtete, daß er sich für sehr für ihn interessierte.

"Ich nehme an, Herr Mortimer," sagte er endlich, "daß Sie nicht nur mit der Absicht, meinen Schädel zu befühlen, mir die Ehre erwiesen haben, gestern abend und wieder heute früh hier vorzusprechen?"

"Nein, Herr Holmes, nein – ich bin jedoch glücklich, daß ich gleichzeitig auch dazu Gelegenheit gehabt habe. Ich kam zu Ihnen, Herr Holmes, weil ich mir eingestehe, daß ich selbst ein unpraktischer Mann bin, und weil ich mich plötzlich einem sehr ernsthaften und außerordentlichen Problem gegenüber befinde. Und in Anbetracht, daß Sie, wie ich anerkenne, die zweithöchste europäische Autorität in ..."

"Wirklich, Herr Doktor? Darf ich mich erkundigen, wer die Ehre hat, die erste zu sein?" fragte Holmes in etwas kurzem Ton.

"Auf einen streng wissenschaftlich denkenden Gelehrten muß Monsieur Bertillons Methode einen außerordentlich starken Reiz ausüben."

"Täten Sie dann vielleicht nicht besser, diesen um Rat zu fragen?"

"Ich sagte, werter Herr: für den streng wissenschaftlich Denkenden. Aber in der praktischen Betätigung Ihrer Kunst stehen Sie allein da, das ist allgemein anerkannt. Ich denke doch, ich habe nicht etwa unabsichtlich ..."

"Kaum der Rede wert," antwortete Holmes. "Ich denke, Herr Doktor Mortimer, Sie täten gut, wenn Sie mir klar und deutlich ohne weitere Umschweife vortrügen, welcher Art das Problem ist, zu dessen Lösung Sie meinen Beistand zu erhalten wünschen."

Zweites Kapitel.
Der Fluch der Baskervilles

"Ich habe ein Manuskript in meiner Tasche," sagte Doktor James Mortimer.

"Ich bemerkte es, als Sie das Zimmer betraten," antwortete Holmes.

"Es ist eine alte Handschrift."

"Vom Anfang des achtzehnten Jahrhunderts – falls nicht etwa eine Fälschung vorliegt."

"Wie können Sie das so bestimmt sagen?"

"Sie haben mich die ganze Zeit über ein paar Zollbreit davon sehen lassen, so daß ich es prüfen konnte. Das wäre ein armseliger Sachverständiger, der nicht auf ein Jahrzehnt oder so das Datum eines Dokuments bestimmen könnte. Vielleicht haben Sie meine Abhandlung über dieses Thema gelesen. Ich schätze, daß das Manuskript um das Jahr 1730 geschrieben ist."

"Die genaue Jahreszahl ist 1742."

Dr. Mortimer zog das Manuskript aus der Brusttasche hervor und fuhr fort:

"Dieses Familienpapier wurde mir von Sir Charles Baskerville anvertraut, dessen plötzlicher, tragischer Tod vor etwa drei Monaten in der Grafschaft Devon so großes Aufsehen erregte. Ich darf wohl sagen, daß ich nicht nur sein ärztlicher Berater, sondern auch sein persönlicher Freund war. Er war ein starkgeistiger Mann, schlau, weltklug und so wenig zu Einbildungen geneigt, wie ich selber. Trotzdem nahm er es mit diesem Schriftstück sehr ernst, und er war innerlich auf genau so einen Tod vorbereitet, wie er ihn schließlich erlitt."

Holmes streckte die Hand nach dem Manuskript aus und breitete es auf seinem Knie aus.

"Du wirst bemerken, Watson, daß der Buchstabe s abwechselnd lang oder kurz geschrieben ist. Das ist eine von mehreren Indikationen, die es mir ermöglichen, die Entstehungszeit zu bestimmen."

Ich betrachtete über seine Schulter hinweg das vergilbte Papier und die verblaßte Schrift. Am Kopfende stand geschrieben: "Baskerville Hall" und unten in großen kritzeligen Zahlen: "1742".

"Es scheint so eine Art von Erzählung zu sein."

"Ja, es ist die Erzählung einer Legende über die Familie Baskerville."

"Aber ich verstehe Sie doch recht – Sie wünschen mich doch in einer etwas moderneren Angelegenheit des wirklichen Lebens um Rat zu fragen?"

"In einer höchst modernen. Und in einer sehr dringlichen Angelegenheit, die binnen vierundzwanzig Stunden zur Entscheidung gebracht werden muß. Aber das Manuskript ist nur kurz und steht in engem Zusammenhang mit der Geschichte. Mit Ihrer Erlaubnis will ich's Ihnen vorlesen."

Holmes lehnte sich in seinen Stuhl zurück, faltete die Hände und schloß die Augen mit der Miene eines Mannes, der sich in sein Schicksal ergiebt. Dr. Mortimer hielt das Manuskript so, daß er gutes Licht hatte, und las mit lauter, piepsiger Stimme die nachstehende Geschichte aus alter Zeit:

"Von dem Ursprung des Hundes der Baskervilles hat man gar vielerlei erzählt, aber da ich in gerader Linie von Hugo Baskerville abstamme, und da ich die Geschichte von meinem Vater habe, dem sie von dem seinigen überliefert wurde, so habe ich sie hier niedergeschrieben und bin des festen Glaubens, sie hat sich so zugetragen, wie ich nunmehr berichten will. Und ich bitte Euch, meine Söhne, Ihr wollet glauben, daß eben dieselbige Gerechtigkeit, so die Sünde bestrafet, wohl auch in überreicher Gnade sie vergeben möge, und daß kein Fluch so schwer sei, er könne nicht durch Gebet und Reue gesühnet werden. Entnehmet also aus dieser Geschichte die Lehre, daß ihr Euch nicht fürchtet, die Verbrechen der Vergangenheit möchten für Euch schlimme Früchte zeitigen, sondern daß Ihr vielmehr inskünftig wollet recht bedachtsam sein, auf daß die verruchten Leidenschaften, die unserer Familie so schweren Harm zugefüget, nicht abermals zu unserem Schaden mögen entfesselt werden.

Wisset also, daß zu den Zeiten der großen Revolution – deren Geschichte, wie der gelehrte Lord Clarendon sie beschrieben, ich Euch recht angelegentlich zum Lesen empfehle – dieses Herrenhaus Baskerville bewohnt wurde von Herrn Hugo desselbigen Namens; und es kann nicht verschwiegen werden, daß er ein sehr wilder, verruchter und gottloser Mann war. Dieses hätten nun wohl seine Nachbarn ihm verzeihen mögen, sintemalen in hiesiger Gegend Heilige niemals haben gedeihen wollen; aber es war an seiner Wildheit ein gewisser mutwilliger und grausamer Humor, und dadurch wurde sein Name im ganzen Westen bekannt. Nun begab es sich, daß dieser Hugo zu der Tochter eines Landmanns, der an der Grenze der Baskervilleschen Güter seinen Bauernhof hatte, in Liebe entbrannte – wenn man eine so finstere Leidenschaft wie die seinige mit einem so leuchtenden Worte bezeichnen darf. Aber die junge Maid, die züchtig und von gutem Rufe war, wich ihm stets aus, denn sie fürchtete seinen bösen Namen.

Es begab sich aber, daß am Michaelistag dieser Hugo nebst fünf oder sechs von den verruchten Genossen seiner Schwelgereien sich in das Bauernhaus schlich und das Mädchen entführte; ihr Vater aber und ihre Brüder waren nicht zu Hause, wie er sehr wohl wußte.

Und sie brachten sie ins Schloß, und die Jungfrau wurde in ein Zimmer im obersten Stockwerk eingeschlossen; Hugo aber und seine Freunde saßen nieder zu einem langen Zechgelage, wie sie allnächtlich zu tun pflegten. Da mochten wohl der armen Dirne da oben die Sinne schwinden, als sie das Singen und Toben und fürchterliche Fluchen hörte, das von unten heraufscholl – denn man sagt, solche Worte, wie Hugo Baskerville sie im Weinrausch äußerte, die brächten den Mann, der sie spräche, sicherlich in die Hölle.

Und zuletzt tat sie in der Verzweiflung ihrer Angst etwas, wovor wohl der tapferste und gewandteste Mann möchte zurückgeschaudert sein; denn mit Hilfe des Epheugerankes, das die Mauer bedeckte – und noch bedeckt – klomm sie von der Höhe dicht unter dem Dache hinunter zum festen Boden, und dann rannte sie nach Hause quer über das Moor. Der Weg aber von dem Schloß bis zu ihres Vaters Hof war drei Stunden weit.

Und es begab sich, daß kurze Zeit darauf Hugo seine Gäste verließ, um seiner Gefangenen Speise und Trank zu bringen – und vielleicht wollte er noch Schlimmeres –, und daß er den Käfig leer und den Vogel entflohen fand. Da war es gleich, als käme der Teufel über ihn, denn er lief die Treppen hinunter in den Speisesaal und sprang auf den großen Tisch, daß Flaschen und Teller herunterfielen, und schrie laut vor der ganzen Gesellschaft, er wolle noch in selbiger Nacht Leib und Seele den bösen Mächten zu eigen geben, wenn er nur die Dirne wieder einholte. Entsetzt starrten die Zechbrüder auf den rasenden Mann, einer aber, der noch verruchter oder vielleicht auch nur trunkener war als die anderen, rief, sie sollten die Hunde auf sie hetzen. Und Hugo lief aus dem Hause und rief seinen Stallknechten zu, sie sollten seine Stute satteln und die Hunde aus dem Zwinger lassen; er zeigte diesen ein Halstuch des Mädchens, und mit lautem Gekläff ging es im Mondschein über das Moor.

Eine Zeit lang waren die Zechkumpane ganz starr vor Verblüffung; sie vermochten die Vorgänge, die sich mit solcher Schnelligkeit abgespielt hatten, nicht zu begreifen. Aber allmählich dämmerte ihnen in ihren umnebelten Schädeln eine Ahnung auf, was wohl auf dem Moor sich begeben würde. Und es erhob sich ein gewaltiger Lärm, die einen riefen nach ihren Pistolen, andere nach ihren Pferden, noch wieder andere schrien, es sollten neue Weinflaschen gebracht werden. Endlich jedoch wurden sie etwas vernünftiger, und die ganze Gesellschaft, dreizehn an der Zahl, stieg zu Pferde und ritt Herrn Hugo nach. Der Mond schien klar über ihren Häuptern, und sie sprengten in schnellem Lauf den Weg entlang, den das Mädchen genommen haben mußte, um ihr Haus zu erreichen.

Sie waren eine oder zwei Meilen geritten, als sie einem jener Hirten begegneten, die nachts ihre Schafe über das Moor treiben; und sie riefen ihm zu, ob er den Reiter mit den Hunden gesehen hätte. Und der Mann, so berichtet die Überlieferung, war so von Furcht gelähmt, daß er kaum sprechen konnte; schließlich aber sagte er, er habe wirklich die unglückliche Jungfrau gesehen, und die Hunde seien ihr auf der Spur gewesen. "Aber ich habe noch mehr gesehen als das," sagte er. "Denn Hugo Baskerville ritt an mir vorüber auf seiner schwarzen Stute, und hinter ihm rannte stumm solch ein Höllenhund, wie Gott ihn niemals mir auf die Fersen hetzen wolle!"

Die trunkenen Herren aber fluchten auf den Schäfer und ritten weiter. Bald jedoch ging es ihnen kalt über die Haut, denn es galoppierte etwas über das Moor herüber, und die schwarze Stute raste, mit weißem Schaum bedeckt, mit schleifendem Zügel und leerem Sattel an ihnen vorüber. Da drängten die Zechbrüder sich eng aneinander, denn eine große Angst kam über sie; trotzdem ritten sie noch weiter, obwohl jeder von ihnen, wäre er allein gewesen, herzlich gern sein Pferd würde herumgeworfen haben. Langsam weiter reitend, trafen sie schließlich die Hunde. Diese lagen, obwohl berühmt wegen ihres edlen Geblüts und ihrer Tapferkeit, winselnd zu einem Klumpen zusammengedrängt am Eingang einer tiefen Schlucht; einige von ihnen schlichen sich gar zur Seite, die anderen starrten mit gesträubten Haaren und stieren Augen in das schmale Tal hinein, das vor ihnen lag. Die Gesellschaft hatte Halt gemacht; die Herren waren, wie Ihr Euch denken könnt, jetzt nüchterner als beim Fortreiten. Die Meisten wollten durchaus nicht weiter, aber drei von ihnen, die Kühnsten – oder auch die Betrunkensten – ritten in die Schlucht hinein. Diese öffnete sich allmählich zu einem breiten Raum, wo zwei große Steine standen; sie stehen auch jetzo noch dorten und sind von Menschen gesetzt worden, deren Gedenken seit langen Zeiten verschollen ist. Der Mond schien hell auf den freien Platz, und in der Mitte lag das Mädchen auf der Stelle, wo sie vor Angst und Ermattung tot hingesunken war.

Doch nicht der Anblick ihres Leichnams, auch nicht der Anblick des Leichnams von Hugo Baskerville war es, was diesen drei gottlosen Wüstlingen das Haar emporsträubte. Aber über Hugo, dessen Kehle zerfleischend, stand ein grausiges Wesen, eine große schwarze Bestie von der Gestalt eines Hundes, nur viel größer als jeder Hund, den je eines Sterblichen Auge erschaut hat. Und vor ihren entsetzten Augen riß das Tier dem Hugo Baskerville die Kehle auf, dann sah es mit triefenden Lefzen und glühenden Augen auf die Reiter; diese aber stießen ein gellendes Geschrei aus und sprengten, als gälte es das Leben, fortwährend schreiend über das Moor zurück. Einer, so erzählt man, starb noch in selbiger Nacht von dem Anblick, die anderen zwo aber waren gebrochene Männer für den Rest ihrer Tage. Dieses ist, meine Söhne, die Geschichte von der Herkunft des Hundes, der, wie man sagt, seitdem unsere Familie so grimmig verfolgt hat. Ich habe sie aber niedergeschrieben, weil etwas Bekanntes offenbarlich weniger Grauen einflößt als etwas, was nur mit Winken und Andeutungen einem zugetragen wird. Es läßt sich freilich nicht leugnen, daß mancher von unserer Familie eines unseligen Todes gestorben ist, daß viele plötzlich geheimnisvoll und auf eine blutige Art verschieden sind. Und doch mögen wir uns der unendlichen Güte der Vorsehung ruhig anheimgeben; sie wird niemals die Unschuldigen bestrafen über das dritte oder vierte Glied hinaus, wie die Drohung in der Heiligen Schrift lautet.

Dieser Vorsehung, meine Söhne, empfehle ich Euch hiermit, und ich rate Euch, vorsichtig zu sein und dem Moor fern zu bleiben in jenen finsteren Stunden, da die bösen Mächte ihr Spiel treiben.

Dies schrieb Hugo Baskerville für seine Söhne Rodger und John. Und sie sollen ihrer Schwester Elisabeth nichts davon sagen."

***

Dr. Mortimer war mit dem Vorlesen der seltsamen Geschichte fertig; er schob seine Brille auf die Stirn hinauf und warf einen erwartungsvollen Blick auf Sherlock Holmes. Dieser gähnte, warf das Stümpfchen seiner Zigarette ins Feuer und sagte:

"Nun?"

"Finden Sie die Geschichte nicht interessant?"

"O ja, für einen Märchensammler."

Dr. Mortimer zog ein zusammengelegtes Zeitungsblatt aus der Tasche und sagte:

"Nun, Herr Holmes, so wollen wir Ihnen jetzt etwas Moderneres vorlegen. Dies hier ist die ›Devon Country Chronicle‹ vom 14. Mai dieses Jahres. Sie enthält einen kurzen Bericht über den etliche Tage vorher eingetretenen Tod Sir Charles Baskervilles."

Mein Freund beugte sich ein wenig vor, und seine Züge nahmen einen Ausdruck gespannter Aufmerksamkeit an. Unser Besucher schob seine Brille zurecht und begann:

"Der soeben erfolgte plötzliche Tod Sir Charles Baskervilles, von dem als vermutlichen Kandidaten der liberalen Partei für Mitteldevon bei der nächsten Wahl die Rede war, ist ein trauriges Ereignis für die ganze Grafschaft. Wenngleich Sir Charles erst seit verhältnismäßig kurzer Zeit Baskerville Hall bewohnte, so hatten ihm doch sein liebenswürdiger Charakter und seine außerordentliche Freigebigkeit die Zuneigung und Achtung aller gewonnen, die mit ihm in Berührung kamen. In unseren Tagen reicher Emporkömmlinge freut man sich, wenn es einmal dem Sprößling einer altansässigen Familie gelungen ist, aus eigener Kraft ein Vermögen zu erwerben und damit den verblichenen Glanz seines durch böse Zeitläufte gegangenen Geschlechtes wieder aufzufrischen. Wie wohl allgemein bekannt ist, gewann Sir Charles große Summen durch Spekulationen in Südafrika. Er war weise genug, nicht so lange zu warten, bis das Glück sich gegen ihn kehrte, sondern machte seinen Gewinn zu Geld und kehrte damit nach England zurück. Es sind erst zwei Jahre vergangen, seit er wieder

Baskerville Hall bezog, und die von ihm geplanten großen Neubauten und Verbesserungen bildeten bekanntlich das allgemeine Gespräch in der ganzen Gegend; nun sind sie durch seinen Tod unterbrochen worden. Da er selbst keine Kinder hatte, so war es sein offen ausgesprochener Wunsch, die ganze Gegend solle an dem ihm beschieden Glück einen Anteil haben. Gar mancher wird daher ganz persönliche Veranlassung haben, den vorzeitigen Tod des Wohltäters zu beweinen. Von seinen hochherzigen Schenkungen zu milden Zwecken ist in unseren Spalten oft die Rede gewesen.

Die Umstände, unter denen der Tod erfolgt ist, sind freilich durch die Untersuchung nicht gänzlich aufgeklärt worden, doch ist immerhin genug festgestellt, um gewissen Gerüchten entgegenzutreten, die durch den Aberglauben der Bevölkerung in Umlauf gesetzt sind. Nicht der geringste Grund spricht für ein Verbrechen oder läßt darauf schließen, daß übernatürliche Mächte im Spiel sein könnten. Sir Charles war Witwer und galt in manchen Dingen als etwas exzentrisch. Trotz seines beträchtlichen Reichtums war er einfach in seinen Lebensgewohnheiten, und die im Haus selbst wohnende Dienerschaft von Baskerville Hall bestand nur aus dem Ehepaar Barrymore. Ihre Aussage, die durch das Zeugnis mehrerer Freunde des Verstorbenen bestätigt wird, lautet dahin, daß Sir Charles schon seit einiger Zeit bei schwacher Gesundheit gewesen sei und besonders an einer Herzkrankheit gelitten habe, die sich in plötzlichen Veränderungen der Gesichtsfarbe, in Atemnot und in Anfällen von Gemütsverstimmung zeigte. Dr. Mortimer, der Freund und ärztliche Berater des Verstorbenen, hat in demselben Sinn ausgesagt.

Die Tatsachen des Falles sind einfach. Sir Charles Baskerville hatte die Angewohnheit, jede Nacht vor dem Zubettgehen noch einen Spaziergang in der berühmten Taxusallee von Baskerville Hall zu machen. Dies geht aus dem Zeugnis der Barrymores hervor. Am 4. Mai hatte Sir Charles die Absicht ausgesprochen, am nächsten Tag nach London zu fahren und hatte Barrymore beauftragt, sein Gepäck zurecht zu machen. Am Abend ging er wie immer aus, um seiner Gewohnheit gemäß auf seinem nächtlichen Spaziergang eine Zigarre zu rauchen. Er kam nicht wieder zurück. Um 12 Uhr fand Barrymore die Hausthür noch offen, wurde unruhig und ging mit einer brennenden Laterne auf die Suche nach seinem Herrn. Es hatte tagsüber geregnet, und Sir Charles' Fußspuren waren leicht die Taxusallee hinunter zu verfolgen. Auf halbem Weg befindet sich eine Pforte, die zum Moor hinausführt. Aus gewissen Anzeichen läßt sich schließen, daß Sir Charles dort eine Zeit lang verweilt hat. Dann hatte er seinen Weg die Allee hinunter fortgesetzt, und an dem äußersten Ende dieser Allee wurde seine Leiche aufgefunden.

Noch ungeklärt ist der von Barrymore bezeugte Umstand, daß sich die Fußspuren von der Heckenpforte an änderten, und daß er augenscheinlich von dieser Stelle an auf den Fußspitzen weitergegangen war. Ein Zigeunerpferdehändler Namens Murphy war um jene Stunde nicht weit davon auf dem Moor, jedoch in etwas angetrunkenem Zustand, wie er selber angibt. Er erklärt, er habe mehrere Schreie gehört, könne aber nicht sagen, aus welcher Richtung diese gekommen seien. Zeichen von Gewalt waren an Sir Charles' Leiche nicht zu entdecken; allerdings waren nach Aussage des Arztes seine Gesichtszüge auf fast unglaubliche Weise verzerrt – Doktor Mortimer wollte anfangs gar nicht glauben, daß es sein Freund und Klient war, der da als Leiche vor ihm lag – indessen ist dies ein Symptom, das man an Toten, die an Herzschlag gestorben sind, nicht selten beobachtet. Diese Erklärung wurde bestätigt durch den Sektionsbefund, der eine weit vorgeschrittene, langjährige Erkrankung des Herzens ergab. Die zur Leichenschau berufenen Geschworenen entschieden daher in Übereinstimmung mit der Meinung des Arztes. Dies ist gut so; denn selbstverständlich ist es von allergrößter Wichtigkeit, daß auch Sir Charles' Erbe sich auf Baskerville Hall niederläßt und die so traurig unterbrochene nutzbringende Arbeit wieder aufnimmt. Hätte der sachliche Befund der Leichenschau nicht die von Ohr zu Ohr geflüsterten romantischen Geschichten endgültig zum Schweigen gebracht, so möchte es wohl schwer gehalten haben, einen neuen Bewohner nach Baskerville Hall zu bringen. Wie wir vernehmen, ist der nächste Verwandte Herr Henry Baskerville, – falls er noch am Leben ist – der Sohn von Sir Charles' jüngerem Bruder. Der junge Herr befand sich nach den letzten Nachrichten in Amerika; es sind bereits Nachforschungen nach ihm angestellt, um ihn von der ihm zugefallenen Erbschaft in Kenntnis zu setzen."

Doktor Mortimer faltete seine Zeitung zusammen und steckte sie wieder in die Tasche.

"Dies, Herr Holmes, sind die öffentlich feststehenden Tatsachen in Bezug auf den Tod Sir Charles Baskervilles."

"Ich muß Ihnen meinen Dank aussprechen," sagte Sherlock Holmes, "daß Sie meine Aufmerksamkeit auf einen Fall gelenkt haben, der sicherlich manche interessante Aspekte darbietet. Mir waren seinerzeit bereits einige Zeitungsartikel über diese Sache aufgefallen, aber gerade damals beschäftigte mich ganz außerordentlich der kleine Fall mit den vatikanischen Kameen, und in meinem Eifer, dem Papst gefällig zu sein, verlor ich die Fühlung mit verschiedenen interessanten englischen Fällen. Sie sagten doch, dieser Artikel enthalte alle öffentlich bekannten Tatsachen?"

"Ja."

"Dann lassen Sie mich wissen, welches die geheimen Tatsachen sind."

Damit lehnte Holmes sich zurück, faltete wieder seine Hände und nahm die unbeweglichen Gesichtszüge an, die bei ihm ein Zeichen waren, daß er seine ganze Urteilskraft anspannte. Dr. Mortimer war augenscheinlich von einer starken Erregung ergriffen; endlich sagte er:

"Ich will es tun; aber ich sage Ihnen damit etwas, was ich bisher keinem Menschen anvertraut habe. Ich habe es vor den Geschworenen der Leichenschau verschwiegen, – das tat ich, weil ein Mann der Wissenschaft davor zurückscheut, den Anschein zu erwecken, als ob er einen Volksaberglauben unterstützen wolle. Ferner hatte ich den Grund, daß, wie auch die Zeitung bemerkt, Baskerville Hall ganz gewiß keine neuen Bewohner erhalten würde, wenn der ohnehin schon grausige Ruf, worin das Haus steht, noch verschlimmert würde. Aus diesen beiden Gründen glaubte ich ein Recht zu haben, nicht alles zu sagen, was ich wußte; denn irgend ein Nutzen war dabei nicht zu erreichen. Aber Ihnen gegenüber habe ich keine Ursache, nicht vollständig offen zu sein.

"Das Moor ist sehr dünn besiedelt; die Nachbarn sind daher sehr aufeinander angewiesen. So verkehrte ich denn auch sehr viel mit Sir Charles Baskerville. Mit Ausnahme von Herrn Frankland auf Lafter Hall und einem Naturforscher, Herrn Stapleton, gibt es auf Meilen im Umkreis keine wissenschaftlich gebildeten Männer. Sir Charles suchte die Zurückgezogenheit; aber seine Krankheit brachte uns zusammen, und da wir gemeinsame wissenschaftliche Interessen hatten, so wurde unser Verkehr ein dauernder. Er hatte viele wissenschaftliche Kenntnisse aus Südafrika mitgebracht, und manchen köstlichen Abend verlebten wir zusammen in Gesprächen über die anatomischen Eigentümlichkeiten der Buschmänner und der Hottentotten.

"In den letzten Monaten verstärkte sich immer mehr meine Überzeugung, daß Sir Charles' Nerven bis zum Zerreißen angespannt waren. Er nahm die Sage, die ich Ihnen vorlas, außerordentlich ernst; dies ging so weit, daß er unter keinen Umständen nachts das Moor betrat, obwohl es zu seinem eigenen Grund und

Boden gehörte. Es mag Ihnen unglaublich erscheinen, Herr Holmes, aber er war allen Ernstes überzeugt, daß ein grausiges Verhängnis über seinem Geschlecht schwebte, und allerdings klang, was er von seinen Vorfahren zu erzählen wußte, nicht gerade ermutigend. Der Gedanke, von irgendwelchen bösen Geistern umgeben zu sein, verfolgte ihn beständig, und mehr als einmal fragte er mich, ob ich nicht auf den nächtlichen Fahrten, die mein Beruf nötig machte, eine seltsame Erscheinung gesehen oder Hundegebell gehört hätte. Diese letztere Frage richtete er mehrmals an mich, und stets zitterte dabei seine Stimme vor Erregung.

"Eines Abends – ich erinnere mich des Vorfalls noch sehr gut; es war ungefähr drei Wochen vor dem traurigen Ereignis – fuhr ich bei seinem Haus vor. Er stand zufällig vor seiner Tür. Ich war von meinem Wagen abgestiegen und stand vor ihm; plötzlich sah ich, wie seine Augen in furchtbarstem Entsetzen über meine Schulter hinwegstarrten. Ich drehte mich um und konnte gerade noch am Ende des Weges eine Gestalt bemerken, die ich für ein großes schwarzes Kalb hielt. Er war so entsetzlich aufgeregt, daß ich zu der Stelle, wo das Tier gewesen war, hingehen und Umschau halten mußte. Es war jedoch verschwunden. Die Erscheinung hatte augenscheinlich einen sehr schlimmen Eindruck auf ihn gemacht. Ich blieb den ganzen Abend bei ihm, und bei dieser Gelegenheit gab er mir, um mir seine Aufregung zu erklären, die geschriebene Erzählung, die ich Ihnen vorhin vorlas. Ich erwähne diesen kleinen Vorfall, weil er durch die darauffolgende Tragödie eine gewisse Bedeutung gewonnen hat; aber damals war ich überzeugt, die Erscheinung würde eine sehr natürliche Ursache haben, und seine Aufregung sei völlig unbegründet.

"Zu der Reise nach London entschloß Sir Charles sich auf mein Anraten. Ich kannte seinen gefährlichen Herzfehler; die beständige Aufregung, in der er lebte, griff offenbar in ernstlicher Weise seine Gesundheit an, mochten es auch reine Hirngespinste sein. Ich dachte, ein paar Monate unter den Zerstreuungen der Großstadt würden einen neuen Menschen aus ihm machen. Unser gemeinsamer Freund Stapleton, der sich ebenfalls große Sorge um Sir Charles' Gesundheit machte, teilte meine Ansicht. Im letzten Augenblick vor der Reise trat das traurige Ereignis ein.

"In der Todesnacht schickte Barrymore, der den Leichnam auffand, den Stallknecht Perkins als reitenden Boten zu mir, und da ich trotz der späten Stunde noch auf war, so war es mir möglich, binnen einer Stunde nach Barrymores Entdeckung auf Baskerville Hall einzutreffen. Ich stellte alle bei der

Untersuchung vorgebrachten Einzelheiten fest. Ich verfolgte die Fußspuren in der Taxusallee, ich sah die Stelle an der Moorpforte, wo er gewartet zu haben schien, ich bemerkte die Veränderung der Fußspuren von jener Stelle an, ich stellte fest, daß auf dem weichen Boden keine anderen Spuren vorhanden waren als die von Barrymore hinterlassenen. Endlich untersuchte ich sorgfältig den Leichnam, der bis zu meiner Ankunft unberührt liegen geblieben war. Sir Charles lag mit dem Gesicht nach unten, die Finger in das Erdreich eingekrallt, und seine Züge waren von einer ungeheuren Erregung so furchtbar verzerrt, daß ich kaum darauf hätte schwören können, es sei wirklich mein Freund. Ganz bestimmt war keine körperliche Verletzung irgend welcher Art vorhanden. Aber *eine* falsche Angabe hat Barrymore vor der Jury gemacht. Er behauptete, es seien auf dem Boden in der Nähe der Leiche keine Spuren vorhanden gewesen. Er bemerkte allerdings keine. Aber *ich* sah welche – ein kleines Stück entfernt, aber frisch und deutlich."

"Fußspuren?"

"Fußspuren."

"Von einem Mann oder von einer Frau?"

Dr. Mortimer sah uns einen Augenblick lang mit sonderbarem Ausdruck an; dann sagte er leise, fast flüsternd:

"Herr Holmes, es waren die Spuren eines riesengroßen Hundes."

Drittes Kapitel
Das Problem

Ich gestehe, daß mich bei diesen Worten ein Schauder ergriff; es lag ein eigenartiger Klang in des Doktors Stimme; offenbar war er selber erschüttert von seinen Worten. Holmes hatte sich erregt vorgebeugt; seine Augen hatten jenen trockenen Glanz, der stets aus ihnen sprühte, wenn ein Fall ihm besonders nahe ging.

"Sie sahen es?"

"So deutlich, wie ich Sie vor mir habe."

"Und Sie sagten nichts?"

"Was für einen Zweck hätte das haben sollen?"

"Wie kam es, daß sonst niemand die Spuren sah?"

"Sie waren einige zwanzig Schritte vom Leichnam entfernt, und kein Mensch dachte an eine solche Möglichkeit. Ich glaube nicht, daß ich selber sie bemerkt hätte, wenn ich nicht die Legende gekannt hätte."

"Es gibt viele Schäferhunde auf dem Moor?"

"Ganz gewiß, aber die Spuren waren nicht von einem Schäferhund."

"Sie sagten, sie wären groß gewesen?"

"Ungeheuer."

"Aber das Tier war nicht an den Leichnam herangekommen?"

"Nein."

"Wie war die Nacht?"

"Feucht und rauh."

"Aber es regnete nicht?"

"Nein."

"Wie sieht die Allee aus?"

"Sie besteht aus zwei undurchdringlichen, zwölf Fuß hohen Taxushecken. Der Weg, der die Mitte des Ganges einnimmt, ist etwa acht Fuß breit."

"Ist etwas zwischen den Hecken und dem Weg?"

"Ja, an jeder Seite ein ungefähr sechs Fuß breiter Grasstreifen."

"Wenn ich Sie recht verstehe, ist die Taxushecke an einer Stelle von einer Pforte unterbrochen?"

"Ja, von der Lattenpforte, die auf das Moor hinausführt."

"Ist noch eine andere Öffnung vorhanden?"

"Keine."

"Man muß also, um in die Taxusallee zu gelangen, entweder vom Haus herkommen, oder durch die Moorpforte eintreten?"

"Es gibt noch einen Zugang: durch ein Gartenhaus, das am äußersten Ende der Allee steht."

"War Sir Charles so weit gekommen?"

"Nein, er lag ungefähr fünfzig Schritt weit davon ab."

"Nun sagen Sie mir, Herr Doktor – und das ist wichtig – waren die Spuren, die Sie sahen, auf dem Weg und nicht auf dem Gras?"

"Auf dem Gras wären Spuren überhaupt nicht zu sehen gewesen."

"Waren sie auf der Seite des Weges, wo sich die Moorpforte befindet?"

"Ja; sie waren am Rande des Weges, auf derselben Seite wie die Lattenpforte."

"Sie interessieren mich über alle Maßen. Noch eins: war die Lattenpforte geschlossen?"

"Geschlossen und verriegelt."

"Wie hoch ist sie?"

"Ungefähr vier Fuß."

"Dann konnte also, wer wollte, hinübersteigen?"

"Ja."

"Und was für Spuren bemerkten Sie an der Pforte?"

"Keine besonderen."

"Grundgütiger Himmel! Haben Sie denn die Stelle nicht untersucht?"

"Doch, ich untersuchte sie genau."

"Und Sie fanden nichts?"

"Der Boden war sehr zertreten. Sir Charles hatte offenbar fünf oder zehn Minuten lang da gestanden."

"Woher wissen Sie das?"

"Weil er zweimal die Asche von seiner Zigarre abgestrichen hatte."

"Ausgezeichnet! Das ist ein Kollege nach unserem Herzen, Watson. Aber die Spuren?"

"Seine eigenen Fußspuren befanden sich überall auf dem kleinen Fleck Erde; andere konnte ich nicht entdecken."

Sherlock Holmes schlug sich in einer Aufwallung von Ungeduld mit der Hand aufs Knie und rief:

"Wäre ich doch nur dort gewesen! Augenscheinlich liegt ein ganz besonders interessanter Fall vor, aus dem ein wissenschaftlich geschulter Sachverständiger ungeheuer viel hätte machen können. Das Stückchen Erdreich, woraus ich wie aus einem Blatt Papier soviel hätte lesen können, es ist jetzt seit langer Zeit vom Regen durchweicht und von den Holzschuhen neugieriger Bauern bis zur Unkenntlichkeit zertrampelt. O, Dr. Mortimer, Dr. Mortimer! Daß Sie mich nicht hinzugezogen haben! Sie haben vielleicht eine große Verantwortung auf sich geladen."

"Ich konnte Sie nicht hinzuziehen, Herr Holmes, ohne meine Entdeckung vor den Augen aller Welt zu enthüllen, und ich habe Ihnen bereits die Gründe angegeben, warum ich das nicht wünsche. Außerdem ... außerdem ..."

"Warum stocken Sie?"

"Es gibt ein Gebiet, auf dem auch der scharfsichtigste und erfahrenste Detektiv machtlos ist."

"Sie meinen, es handelt sich um etwas Übernatürliches?"

"Das habe ich nicht so bestimmt ausgesprochen."

"Nein, aber offenbar ist das Ihr Gedanke."

"Seit jener tragischen Nacht, Herr Holmes, sind mehrere Vorfälle zu meiner Kenntnis gekommen, die sich schwer mit dem ordnungsmäßigen Gang der Natur zusammenreimen lassen."

"Zum Beispiel?"

"Ehe noch das schreckliche Ereignis eintrat, hatten verschiedene Leute auf dem Moor eine Kreatur gesehen, die der Beschreibung nach dem Baskervilleschen Höllengeist entspricht; es ist ausgeschlossen, daß es sich um ein der menschlichen Wissenschaft bekanntes Tier handelt. Alle stimmen darin überein, es wäre ein riesiges Geschöpf gewesen, eine grausig gespensterhafte Erscheinung. Ich habe die Leute scharf ins Verhör genommen; einer von ihnen war ein hartköpfiger Landmann, der zweite ein Hufschmied, der dritte ein Moorbauer. Alle drei erzählten sie die gleiche Geschichte von der fürchterlichen Erscheinung, die genau so ausgesehen hat, wie der sagenhafte Höllenhund. Ich kann Ihnen versichern, es herrscht eine wahre Todesangst in der Gegend, und man muß einer schon ein sehr beherzter Mann sein, um nachts über das Moor zu gehen."

"Und Sie, ein wissenschaftlich gebildeter Mann, glauben, die Erscheinung gehöre dem Gebiet des Übernatürlichen an?"

"Ich weiß nicht, was ich glauben soll."

Holmes zuckte die Achseln und sagte:

"Ich habe bis jetzt meine Nachforschungen auf diese Welt beschränkt. Mit meinen bescheidenen Kräften habe ich das Böse bekämpft; aber mich an den Vater alles Bösen selber heranzuwagen, das wäre vielleicht ein zu ehrgeiziges Unterfangen ... So viel aber müssen Sie doch zugeben, daß die Fußspur etwas Wirkliches ist."

"Der Höllenhund war auch wirklich, denn er riß einem Menschen die Kehle auf; und doch war er zugleich ein Teufelsgeschöpf."

"Ich sehe, Sie sind ganz und gar zu den Supernaturalisten übergelaufen. Nun sagen Sie mir aber mal eins, Herr Dr. Mortimer: Wenn Sie sich zu solchen Ansichten bekennen, warum sind Sie dann überhaupt zu mir gekommen, um mich um Rat zu fragen? Sie sagen mir, es sei zwecklos, nach der Ursache von Sir Charles' Tod zu forschen, und bitten mich in demselben Atemzug, es*doch* zu tun."

"Ich sagte nicht, daß ich das von Ihnen wünsche."

"Wie kann ich Ihnen denn sonst helfen?"

"Indem Sie mir Ihren Rat geben, was ich mit Sir Henry Baskerville machen soll; er kommt" – hier sah Dr. Mortimer auf seine Uhr – "genau in ein und ein viertel Stunden auf dem Waterloo-Bahnhof an."

"Er ist der Erbe?"

"Ja. Nach Sir Charles' Tod forschten wir nach dem jungen Herrn und erfuhren, daß er sich in Kanada als Landwirt niedergelassen hatte. Nach den uns zugegangenen Auskünften ist er in jeder Beziehung ein ausgezeichneter junger Mann. Ich spreche jetzt nicht als Arzt, sondern als Sir Charles' Testamentsvollstrecker."

"Sonst ist wohl niemand da, der auf die Erbschaft ein Anrecht hat?"

"Niemand. Der einzige Verwandte, den wir außer ihm noch ausfindig machen konnten, war Rodger Baskerville, der jüngste der drei Brüder, von denen der arme Sir Charles der älteste war. Der zweite Bruder, der schon in frühem Alter starb, war der Vater unseres jungen Henry. Der dritte, Rodger, war das schwarze Schaf der Familie. Er war ein echter Baskerville von der tollen Sorte und zwar, so erzählte man mir, das leibhaftige Konterfei von dem Ahnenbild des alten Hugo. Als der englische Boden ihm zu heiß unter den Füßen wurde, floh er nach Mittelamerika; dort starb er im Jahr 1876 am gelben Fieber. Henry ist der Letzte der Baskervilles. In einer Stunde und fünf Minuten treffe ich ihn auf dem Waterloo-Bahnhof. Er hat mir telegraphiert, daß er heute früh in Southampton eintrifft. Nun, Herr Holmes, was soll ich Ihrer Meinung nach mit ihm anfangen?"

"Warum soll er nicht in das Haus seiner Väter ziehen?"

"Das scheint das Natürliche zu sein, nicht wahr? Und doch, bedenken Sie, daß jedem Baskerville, der dorthin geht, ein furchtbares Schicksal beschieden ist. Ich bin überzeugt, wenn Sir Charles mit mir vor seinem Tod hätte sprechen können, er hätte mich davor gewarnt, den Letzten des alten Geschlechtes, den Erben so großen Reichtums, in dieses Haus des Todes zu bringen. Andererseits läßt sich nicht leugnen, daß das Wohlergehen dieses ganzen armseligen, dürren Landstriches von seiner Anwesenheit abhängt. Alles Gute, das Sir Charles getan, wird verlorene Mühe sein, wenn Baskerville Hall keinen Bewohner hat. Ich fürchte, das natürliche Interesse, das ich selber an der Sache habe, könnte mich beeinflussen, und deshalb trage ich Ihnen den Fall vor und bitte um Ihren Rat."

Holmes dachte eine kleine Weile nach; dann sagte er: "In klare Worte gefaßt, liegt also die Sache so: Nach Ihrer Meinung ist eine höllische Macht am Werk und macht Dartmoor zu einem gefährlichen Aufenthaltsort für einen Baskerville. So denken Sie doch?"

"Jedenfalls möchte ich so weit gehen, zu sagen, daß einige Anzeichen vorhanden sind, es *könnte* so sein."

"Ganz recht. Aber so viel ist doch sicher: Wenn Ihre Annahme, daß übernatürliche Kräfte im Spiel seien, richtig ist, so könnten diese dem jungen

Mann in London ebenso leicht Böses antun wie in Devonshire. Einen Teufel mit örtlich beschränkter Macht, die etwa nur in einem bestimmten Kirchspiel gilt, den kann ich mir gar nicht vorstellen."

"Sie nehmen die Sache etwas scherzhaft, Herr Holmes; Sie würden das wohl nicht tun, wenn Sie mit diesen Dingen in persönliche Berührung kämen. Wenn ich Sie recht verstehe, so meinen Sie also, der junge Mann werde in Devonshire ebenso sicher sein wie in London. In fünfzig Minuten kommt er. Was würden Sie mir empfehlen?"

"Ich empfehle Ihnen, werter Herr, eine Droschke zu nehmen, Ihren Hund abzurufen, der an meiner Haustür kratzt, und zum Waterloo-Bahnhof zu fahren, um Sir Henry Baskerville abzuholen."

"Und dann?"

"Und dann werden Sie ihm durchaus nichts sagen, bis ich mir über die Sache klar geworden bin."

"Wie lange brauchen Sie, um sich darüber klar zu werden?"

"Vierundzwanzig Stunden. Morgen früh um zehn, Herr Doktor Mortimer, werde ich Ihnen sehr verbunden sein, wenn Sie mich hier aufsuchen wollen, und es wird mir in meinen Plänen eine wesentliche Hilfe sein, wenn Sie Sir Henry Baskerville mitbringen."

"So werde ich's machen, Herr Holmes." Er kritzelte die Verabredung auf seine Manschette und rannte in seiner sonderbaren, zerstreuten Art aus der Tür. Oben an der Treppe rief Holmes ihn aber zurück.

"Nur noch eine Frage, Herr Doktor. Sie sagen, vor Sir Charles Baskervilles Tod hätten mehrere Leute das Gespenst auf dem Moor gesehen?"

"Ja, drei."

"Sah jemand es nachher?"

"Ich habe durchaus nichts davon gehört."

"Danke. Guten Morgen."

Holmes setzte sich wieder auf seinen Stuhl. Sein ruhiger Blick voll innerer Befriedigung zeigte an, daß er eine Aufgabe vor sich sah, die er als seiner würdig erachtete.

"Gehst du aus, Watson?"

"Ja, das heißt, wenn ich dir helfen kann ..."

"Nein, mein lieber Freund; erst wenn es zu handeln gilt, wende ich mich an dich um Hilfe. Na, dieser Fall ist prachtvoll, in mancher Hinsicht geradezu einzigartig. Wenn du bei Bradleys Laden vorbeikommst, willst du ihm, bitte, sagen, er möchte mir ein Pfund von seinem stärksten Schnittabak zuschicken? Danke. Es wäre recht gut, wenn du's so einrichten könntest, daß du nicht vor Abend zurückkommst. Dann würde es mir viel Vergnügen machen, unsere Ansichten über das höchst interessante Problem von heute früh zu vergleichen."

Ich wußte, Abgeschlossenheit und Einsamkeit waren meinem Freund sehr notwendig in jenen Stunden schärfster Denkarbeit, in denen er jedes Beweisteilchen nach seiner Wichtigkeit maß, verschiedene Theorien gegen einander abwog und sich klar darüber wurde, welche wesentlich und welche unbedeutend waren. Ich verbrachte daher den Tag in meinem Klub und kam erst abends zur Bakerstraße zurück. Es war fast neun Uhr, als ich wieder unser Wohnzimmer betrat. Als ich die Tür öffnete, war mein erster Gedanke, es sei Feuer ausgebrochen, denn das Zimmer war so voll Qualm, daß kaum das Licht der auf dem Tisch stehenden Lampe hindurchschien. Als ich jedoch im Zimmer war, erkannte ich, daß ich mich geirrt hatte; es war nur der beizende Rauch starken Tabaks, der mir die Kehle zuschnürte, so daß ich husten mußte. Durch den Dunst hindurch sah ich in undeutlichen Umrissen die Gestalt von Sherlock Holmes, der mit seiner schwarzen Tonpfeife zwischen den Lippen, mit seinem Hausrock bekleidet, sich's in einem Lehnstuhl bequem gemacht hatte. Mehrere Papierrollen lagen um ihn herum.

"Hast du dich erkältet, Watson?" fragte er.

"Nein, es ist diese vergiftete Luft."

"Hm, nun da du davon sprichst, so glaube ich selber, sie ist wirklich ziemlich dick."

"Dick?! ... Sie ist unerträglich!"

"Dann mach doch das Fenster auf. Du bist, wie ich bemerke, den ganzen Tag in deinem Klub gewesen?"

"Bester Holmes!"

"Habe ich recht?"

"Gewiß, aber wie ...?"

Er lachte über mein verblüfftes Gesicht.

"Du hast so eine entzückende Unschuld an dir, Watson. Es ist ein wahres Vergnügen für mich, meine schwachen Fähigkeiten ein bißchen an dir zu üben. Ein Herr geht an einem trüben, regnerischen Tag aus. Am Abend, als er zurückkommt, sieht er aus wie aus dem Ei gepellt; Hut und Stiefel sind noch tadellos glänzend. Also ist er den ganzen Tag an einem Ort gewesen. Intime Freunde hat er nicht. Wo kann er also gewesen sein? Ist es nicht selbstverständlich?"

"Allerdings, ziemlich selbstverständlich."

"Die Welt ist voll von selbstverständlichen Dingen, auf die kein Mensch je achtet. Wo, glaubst du, bin ich gewesen?"

"Ebenfalls den ganzen Tag zu Hause."

"Im Gegenteil, ich war in Devonshire."

"Im Geiste?"

"Ganz recht. Mein Leib ist in diesem Lehnstuhl geblieben und hat, wie ich mit Bedauern bemerke, in meiner Abwesenheit zwei große Kannen Kaffee und eine unglaubliche Menge Tabak vertilgt. Als du weg warst, ließ ich mir von Stamford die Generalstabskarte von diesem Teil des Moores besorgen, und mein Geist hat den ganzen Tag über jenem Erdenfleck geschwebt. Ich schmeichle mir, ich könnte dort jetzt meinen Weg allein finden."

"Die Karte ist wohl in großem Maßstab gehalten?"

"In sehr großem." Er rollte eins von den Blättern auf und breitete es auf seinem Knie aus. "Hier hast du die Gegend, um die es für uns geht. Da in der Mitte ist Baskerville Hall."

"Das mit dem Wald rund herum?"

"Ganz recht. Ich nehme an, daß die Taxusallee, obwohl sie nicht unter diesem Namen auf der Karte eingetragen ist, sich in dieser Richtung erstreckt; wie du siehst, ist rechts davon das Moor. Dieser kleine Häuserklumpen ist das Dörfchen Grimpen, wo unser Freund Dr. Mortimer sein Hauptquartier hat. In einem Kreis mit einem Radius von fünf Meilen sind, wie du siehst, nur ein paar ganz weit verstreute Gebäude vorhanden. Hier ist Lafter Hall, wovon in der Geschichte die Rede war. Da ist ein Haus eingezeichnet, das vielleicht der Wohnsitz des Naturforschers ist – Stapleton ist sein Name, wenn ich mich recht erinnere. Dann hier zwei Moorbauernhäuser, High Tor und Foulmir. Dann in einer Entfernung von vierzehn Meilen das große Zuchthaus von Princetown. Zwischen diesen weit verstreuten Punkten und rund um sie herum erstreckt sich das trostlose, unbelebte Moor. Dies also ist der Schauplatz, auf dem sich die Tragödie abgespielt hat und sich vielleicht mit unserer Hilfe weiter entwickeln wird."

"Es muß eine schaurige Gegend sein."

"Ja, sie paßt zu einem großen Verbrechen. Wenn der Teufel je den Wunsch hätte, sich in menschliche Angelegenheiten einzumischen ..."

"Du neigst also selber zu einer übernatürlichen Erklärung?"

"Des Teufels Werkzeuge können wohl von Fleisch und Blut sein, nicht wahr? Wir müssen von zwei Fragen ausgehen: Erstens, ob überhaupt ein Verbrechen begangen wurde; zweitens, worin bestand das Verbrechen, und wie wurde es vollbracht? Natürlich, wenn Dr. Mortimers Vermutung richtig ist, wenn wir es mit Mächten zu tun haben, die außerhalb der gewöhnlichen Naturgesetze stehen, so hat unsere Suche ein Ende. Aber wir haben die Pflicht, alle anderen Hypothesen bis zu Ende zu verfolgen, ehe wir diese eine gelten lassen. Wenn's dir recht ist, so können wir wohl das Fenster wieder schließen. Es ist sonderbar genug, aber ich finde, eine konzentrierte Atmosphäre hilft mit zum konzentrieren der Gedanken. Ich bin noch nicht so weit, daß ich zum Zweck des Nachdenkens in eine Kiste krieche, allerdings wäre das die logische Verwirklichung meiner Überzeugungen ... Hast du dir mal den Fall durch den Kopf gehen lassen?"

"Ja, ich habe den Tag über viel daran gedacht. Der Fall ist sehr dazu angetan, einem den Kopf zu verwirren."

"Ja, er ist von ganz eigener Art. Er bietet etliche außerordentliche Punkte: die Veränderung der Fußspuren zum Beispiel. Wie erklärst du dir diesen Umstand?"

"Mortimer sagte, der Mann sei in jenem Teil der Allee auf den Fußspitzen gegangen."

"Er sprach nur nach, was ein Dummkopf bei der Untersuchung gesagt hatte. Warum sollte ein Mann auf den Fußspitzen die Allee hinuntergehen?"

"Was war's also?"

"Er rannte, Watson – rannte voller Verzweiflung, rannte in Todesangst, rannte, bis ihn der Herzschlag traf, und er tot auf sein Antlitz fiel."

"Er rannte – vor was denn?"

"Da liegt unser Problem. Gewisse Anzeichen sprechen dafür, daß er vor Angst die Besinnung verloren hatte, schon ehe er zu laufen anfing."

"Wie kannst du das sagen?"

"Ich setze voraus, daß die Ursache seines Schreckens über das Moor auf ihn zukam. Wenn dies der Fall war – und alle Wahrscheinlichkeit spricht dafür – so konnte nur ein Mann, der den Verstand verloren hat, vom Haus weglaufen, anstatt darauf zu. Wenn man die Aussage des Zigeuners als wahr annimmt, so rannte er, nach Hilfe schreiend, gerade in die Richtung, wo Hilfe am allerwenigsten zu erwarten war. Und weiter, auf wen wartete er in jener Nacht, und warum wartete er auf ihn in der Taxusallee anstatt in seinem Haus?"

"Du glaubst, er wartete auf jemand?"

"Der Mann war ältlich und kränklich. Es läßt sich wohl begreifen, daß er abends einen Spaziergang zu machen pflegte, aber der Boden war naß und die Nacht rauh. Ist es natürlich, daß er fünf oder zehn Minuten lang auf derselben Stelle stand, wie Doktor Mortimer mit mehr Beobachtungsgabe, als ich ihm zugetraut hätte, aus der Zigarrenasche folgerte?"

"Aber er ging doch jeden Abend aus."

"Ich halte es für unwahrscheinlich, daß er jeden Abend an der Moorpforte gewartet hat. Im Gegenteil, die Zeugen haben bekundet, daß er das Moor vermied. An jenem Abend wartete er. Es war der Abend vor seiner Abreise nach London. Das Ding nimmt Gestalt an, Watson. Es kommt Zusammenhang hinein. Darf ich dich bitten, mir meine Geige herüberzureichen? Wir wollen alles weitere Nachdenken über die Angelegenheit bis morgen früh verschieben; dann werden uns ja Doktor Mortimer und Sir Henry Baskerville mit ihrem Besuch zu Hilfe kommen."

Viertes Kapitel.
Sir Henry Baskerville

Unser Frühstückstisch war schon zeitig abgeräumt, und Holmes wartete im Morgenrock auf den angekündigten Besuch. Seine Klienten waren pünktlich, denn die Uhr hatte gerade zwölf geschlagen, als Doktor Mortimer mit dem jungen Baronet eintrat. Dieser war ein kleiner, lebhafter, dunkelhaariger Mann von ungefähr dreißig Jahren, sehr stämmig gewachsen, mit buschigen schwarzen Augenbrauen und einem scharfgeschnittenen Gesicht, aus dem Kampfeslust sprach. Er trug einen graurötlichen Sommeranzug und hatte die wetterbraune Gesichtsfarbe eines Mannes, der sich fast immer im Freien aufhält; trotzdem lag in seinem festen Blick und in der ruhigen Sicherheit seines Auftretens ein gewisses Etwas, das den Gentleman verriet.

"Dies ist Sir Henry Baskerville," sagte Dr. Mortimer.

"Ja, da bin ich, Herr Holmes, und das Seltsame dabei ist, daß ich Sie aus eigenem Antrieb aufgesucht haben würde, wenn mein Freund hier mir nicht den Vorschlag gemacht hätte. Ich höre, Sie sind ein berühmter Rätselrater, und mir ist heute morgen eins aufgegeben worden, zu dessen Lösung ich nicht die Gabe besitze."

"Bitte, nehmen Sie Platz, Sir Henry. Wenn ich Sie recht verstehe, so sagen Sie, Sie haben seit Ihrer Ankunft in London ein seltsames Erlebnis gehabt?"

"Nichts von großer Bedeutung, Herr Holmes. Höchstwahrscheinlich nur ein schlechter Spaß. Es handelt sich um diesen Brief – wenn Sie es überhaupt einen Brief nennen wollen; ich bekam ihn heute früh."

Er legte einen Briefumschlag auf den Tisch, und wir traten alle heran, um ihn uns näher anzusehen. Es war ein grauweißer Umschlag von geringer Qualität. Die Adresse ›Sir Henry Baskerville. Northumberland-Hotel‹ war von ungelenker Hand geschrieben; der Poststempel lautete ›Charing-Cross‹, und die Marke war am Abend vorher abgestempelt.

"Wer wußte, daß Sie ins Northumberland-Hotel gehen wollten?" fragte Holmes mit einem scharfen Blick auf unseren Besucher.

"Kein Mensch kann das gewußt haben. Wir entschieden uns für dies Hotel erst, nachdem ich Doktor Mortimer getroffen hatte."

"Aber Doktor Mortimer wohnte ohne Zweifel bereits dort?"

"Nein, ich habe bei einem Bekannten logiert," sagte der Doktor. "Niemand konnte vermuten, daß wir in dieses Hotel zu gehen beabsichtigten."

"Hm, irgend jemand scheint ein sehr tiefes Interesse an Ihren Handlungen zu haben."

Aus dem Umschlag zog Holmes einen doppelt gefalteten halben Briefbogen hervor. Er faltete ihn auseinander und legte ihn flach auf den Tisch. In der Mitte des Blattes stand ein einziger Satz, der durch aufgeklebte gedruckte Wörter gebildet war. Er lautete: "Wenn Sie Wert auf Ihr Leben oder Ihren Verstand legen, so bleiben Sie dem Moor fern."

Nur das Wort ›Moor‹ war mit Tinte geschrieben.

"Nun," sagte Sir Henry Baskerville, "vielleicht können Sie mir sagen, was zum Kuckuck das bedeutet, und wer der Mensch ist, der sich so eifrig um meine Angelegenheiten bekümmert?"

"Was halten Sie davon, Dr. Mortimer? Sie müssen zugeben, daß es sich bei diesem Brief jedenfalls nicht um etwas Übernatürliches handelt."

"Nein, das nicht, aber er könnte sehr wohl von jemand herrühren, der davon überzeugt ist, daß die Geschichte übernatürlich ist."

"Was für eine Geschichte?" fragte Sir Henry in scharfem Ton. "Mir scheint, meine Herren, Sie alle wissen viel mehr von meinen Angelegenheiten als ich selber."

"Sie sollen in unser Wissen eingeweiht sein, bevor Sie aus diesem Zimmer gehen, Sir Henry," sagte Holmes. "Das verspreche ich Ihnen. Für den Augenblick wollen wir, mit Ihrer Erlaubnis, unsere Aufmerksamkeit auf dieses sehr interessante Dokument konzentrieren. Es muß gestern abend verfaßt und zur Post gebracht worden sein. Hast du die ›Times‹ von gestern, Watson?"

"Sie liegt da in der Ecke."

"Darf ich dich darum bitten – der Mittelteil, wenn du so gut sein willst, mit den Leitartikeln." Er überflog mit schnellem Blick die Spalten. "Ein famoser Artikel über Freihandel. Erlauben Sie mir, Ihnen einiges daraus vorzulesen:

›Wenn manche Leute sich auch mit der Einbildung schmeicheln, der Wert unseres Handels und unserer Industrie werde durch einen Schutzzoll erhöht, so bleiben doch derartige Maßregeln dem Gemeinwesen stets gefährlich. Es handelt sich geradezu um unser wirtschaftliches Leben oder Sterben, und wir hoffen, unseres Volkes gesunder Verstand sieht es ein, daß eine solche Wirtschaftspolitik auf die Dauer sogar in den englischen Wohlstand Bresche legen müßte.‹

"Was meinst du dazu, Watson?" rief Holmes, sich in hellem Entzücken die Hände reibend. "Hältst du die darin ausgedrückte Ansicht nicht für bewunderungswürdig?"

Dr. Mortimer sah Holmes mit einem ärztlich prüfenden Blick an, und Sir Henry Baskerville richtete ganz verblüfft seine dunklen Augen auf mich und sagte: "Ich verstehe nicht viel vom Zolltarif und solchem Zeug; aber mir scheint, wir sind in Bezug auf meinen Brief ein bißchen von der Spur abgekommen."

"Im Gegenteil, ich bin der Meinung, wir sind ganz besonders scharf auf der Spur. Watson hier weiß besser mit meinen Methoden Bescheid als Sie; aber ich fürchte, auch er hat die Bedeutung des Zeitungsartikels nicht ganz begriffen."

"Nein, ich gestehe, daß ich keinen Zusammenhang entdecken kann."

"Und doch, mein lieber Watson, ist eine sehr nahe Beziehung vorhanden, denn der Brief ist aus dem Zeitungsartikel herausgeschnitten: ›wenn – Wert – so bleiben – dem – Leben oder – Verstand – auf – legen.‹ Sehen Sie jetzt, woher diese Worte stammen?"

"Donnerwetter, Sie haben recht. Na, das nenne ich aber Scharfsinnigkeit!" rief Sir Henry.

"Wenn überhaupt noch Zweifel bestünden, so würden sie durch die Tatsache widerlegt, daß ›so bleiben‹ und ›Leben oder‹ in einem Stück ausgeschnitten sind."

"Wahrhaftig, ja, so ist es."

"Wirklich, Herr Holmes, das geht weit über mein Begriffsvermögen hinaus," sagte Dr. Mortimer mit einem erstaunten Blick auf meinen Freund. "Ich könnte verstehen, wenn mir jemand sagte, die Wörter seien aus einer Zeitung; aber daß Sie den Namen dieser Zeitung nennen und hinzufügen, die Stelle befände sich im Leitartikel, das ist sicherlich eins der merkwürdigsten Dinge, die mir je begegnet sind. Wie haben Sie das angefangen?"

"Ich vermute, Herr Doktor, Sie könnten auf den ersten Blick den Schädel eines Negers von dem eines Eskimos unterscheiden?"

"Natürlich!"

"Aber wie kommt das?"

"Weil das mein besonderes Steckenpferd ist. Die Unterschiede sind augenfällig. Die Erhöhung über den Augenhöhlungen, der Gesichtswinkel, die Krümmung der Kinnbacken, der ..."

"Nun, dies hier ist *mein* besonderes Steckenpferd, und die Unterschiede sind ebenfalls augenfällig. Für meine Augen ist zwischen der durchschossenen Borgis eines Leitartikels der ›Times‹ und der unsauberen Schrift eines Halfpenny-Abendblattes ebensoviel Unterschied wie für Sie zwischen einem Neger- und einem Eskimoschädel. Die Unterscheidung der verschiedenen Drucktypen gehört zu den Anfangsgründen für einen wissenschaftlich denkenden Sachverständigen; ich muß jedoch zugeben, daß ich in meiner ganz frühen Jugend einmal den ›Leeds Mercury‹ mit den ›Western Morning News‹ verwechselt habe. Aber ein ›Times‹-Leitartikel ist gar nicht zu verkennen; diese Wörter konnten keiner anderen Zeitung entnommen sein. Weil der Brief gestern angefertigt wurde, sprach eine starke Wahrscheinlichkeit dafür, daß wir die Wörter in der gestrigen Nummer finden würden."

"So weit ich Ihnen folgen kann, Herr Holmes," bemerkte Sir Henry Baskerville, "hat jemand diese Wörter mit einer Schere ..."

"Mit einer Nagelschere ausgeschnitten, ja. Wie Sie sehen können, war es eine Schere mit sehr kurzer Klinge, denn es war für die Wörter: ›so bleiben‹ ein zweimaliges Zuschneiden nötig."

"Richtig. Es schnitt also jemand den Text des Briefes mit einer kurzklingigen Schere aus, klebte ihn mit Kleister ..."

"Mit Gummi," sagte Holmes.

"Mit Gummi auf das Papier. Aber ich möchte wissen, warum dann das Wort ›Moor‹ geschrieben ist?"

"Weil er das Wort nicht gedruckt finden konnte. Die anderen Wörter sind alle einfach und würden sich in jeder Zeitungsnummer finden lassen, aber das Wort ›Moor‹ ist weniger gewöhnlich."

"Das ist allerdings eine gute Erklärung. Haben Sie sonst etwas aus dem Brief herausgelesen, Herr Holmes?"

"Es sind ein paar Andeutungen darin, obgleich der Absender sich die allergrößte Mühe gegeben hat, alle verräterischen Spuren zu verwischen. Die Adresse ist, wie Sie sehen, mit unbeholfen geformten Buchstaben geschrieben. Aber die ›Times‹ ist ein Blatt, das man kaum je in anderen Händen als in denen gebildeter Leute findet. Wir können daher annehmen, daß der Brief von einem gebildeten Mann verfertigt wurde, der den Anschein erwecken wollte, als gehöre der Absender den ungebildeten Klassen an, und dieses Bemühen, die Handschrift zu verstellen, legt den Schluß nahe, das der Schreiber Ihnen bekannt ist oder von Ihnen erkannt werden könnte. Ferner werden Sie bemerken, daß die Wörter nicht in einer geraden Linie aneinander geklebt sind, sondern daß einige von ihnen viel höher stehen als andere. ›Leben oder‹ zum Beispiel steht ganz außerhalb der Reihe. Das kann entweder auf Unachtsamkeit des Ausschneidenden hindeuten, oder es mag davon gekommen sein, daß dieser aufgeregt und in Eile war. Im großen und ganzen neige ich der letzten Annahme zu, denn die Anfertigung eines solchen Briefes war offenbar eine wichtige Sache, und es ist unwahrscheinlich, daß der Verfertiger dabei unachtsam gewesen sein soll. War er aber in Eile, so leitet dieser Umstand zu der interessanten Frage, warum er in Eile war; denn jeder Brief, der bis zu den frühen Morgenstunden auf die Post gegeben wurde, mußte in Sir Henrys Hände kommen, bevor er das Hotel verließ. Fürchtete der Verfertiger eine Unterbrechung – und von wem?"

"Wir kommen jetzt ziemlich weit in das Gebiet der Mutmaßungen hinein." sagte Dr. Mortimer.

"Sagen Sie lieber: in das Gebiet, wo wir die verschiedenen Möglichkeiten gegen einander abwägen und uns für die wahrscheinlichste entscheiden. Wir nutzen unsere Einbildungskraft wissenschaftlich, jedoch haben wir in diesem Fall immerhin eine tatsächliche Grundlage für unsere Spekulationen. Sie werden freilich ohne Zweifel denken, ich verlege mich aufs Raten, aber ich bin fast ganz sicher, daß diese Adresse in einem Hotel geschrieben worden ist."

"Wie in aller Welt können Sie das sagen?"

"Wenn Sie den Umschlag sorgfältig prüfen, so werden Sie bemerken, daß dem Schreiber sowohl Tinte als auch Feder Schwierigkeiten gemacht haben. Die Feder hat zweimal in einem einzigen Wort gespritzt, und die Tinte ist beim Schreiben der kurzen Adresse nicht weniger als dreimal ausgegangen, ein Beweis, daß sehr wenig im Tintenfaß gewesen sein muß. In einem Privathaus läßt man es selten dahin kommen, daß Feder oder Tinte sich in solchem Zustand befindet, und daß gar beide zusammen so vorgefunden werden, kommt gewiß kaum jemals vor. Dagegen kennen Sie wohl die Tinte und Federn, die man in Gasthöfen findet; diese sind fast immer abscheulich. Ja, ich sage ohne Bedenken: könnten wir die Papierkörbe der Gasthöfe in der Nähe von Charing-Cross durchsuchen, bis wir die Überreste des zerschnittenen ›Times‹-Artikels fänden, so könnten wir die Hand auf die Person legen, die diesen eigenartigen Brief abgeschickt hat ... Hallo, hallo, was ist das?"

Er prüfte den Bogen mit den aufgeklebten Wörtern noch einmal sorgfältig, indem er ihn ganz nahe vor die Augen hielt.

"Nun?"

"Nichts," sagte er, das Blatt hinlegend. "Es ist ein gewöhnlicher unbeschriebener halber Bogen; nicht einmal ein Wasserzeichen ist darin. Ich denke, wir haben aus dem sonderbaren Brief so viele Anhaltspunkte gewonnen, wie überhaupt möglich ist ... Und nun, Sir Henry, noch eine Frage: Ist Ihnen sonst irgend etwas Erwähnenswertes begegnet, seitdem Sie in London sind?"

"Nein, wirklich nicht, Herr Holmes. Ich glaube nicht."

"Sie haben niemand bemerkt, der Sie beobachtet hat oder Ihnen nachgegangen ist?"

"Ich scheine ja richtig mitten in einen Groschenroman hineingeraten zu sein," bemerkte unser Besucher. "Warum, zum Kuckuck, sollte mir irgend jemand nachgehen oder mich beobachten?"

"Auf diesen Punkt kommen wir noch. Sie haben also nichts anderes zu berichten, bevor wir uns mit der Sache selbst beschäftigen?"

"Hm, es kommt darauf an, was nach Ihrer Meinung des Berichtens wert ist."

"Alles, was von dem gewöhnlichen Gang des Alltagslebens abweicht, sollte nach meiner Ansicht erwähnt werden."

Sir Henry lächelte und sagte:

"Ich kenne bis jetzt noch nicht viel von dem Leben in England, denn ich bin seit meiner frühesten Jugend in den Vereinigten Staaten und in Kanada gewesen. Aber hoffentlich wird es hier nicht als alltäglich angesehen, wenn man einen von seinen Stiefeln verliert."

"Sie haben einen von Ihren Stiefeln verloren?"

"Mein lieber Herr!" rief Dr. Mortimer. "Er ist bloß verlegt. Sie werden ihn vorfinden, wenn Sie wieder ins Hotel kommen. Was hat es für einen Zweck, Herrn Holmes mit solchen Lappalien zu behelligen?"

"Er wollte ja alles erfahren, was vom gewöhnlichen Gang des Alltagslebens abweicht."

"Ganz recht," sagte Holmes, "mag der Vorfall auch noch so unwichtig erscheinen. Also Sie sagen, Sie haben einen von Ihren Stiefeln verloren?"

"Oder ihn verlegt, meinetwegen. Ich stellte sie gestern abend beide vor meine Tür, und heute morgen war bloß noch einer da. Aus dem Jungen, der sie zu putzen hatte, war kein gescheites Wort herauszubringen. Am meisten ärgert mich dabei, daß ich die Stiefel erst gestern abend am Strand gekauft und noch gar nicht getragen hatte."

"Wenn Sie sie noch gar nicht angehabt hatten, warum stellten Sie sie dann zum Reinigen vor die Thür?"

"Es waren braune Schuhe, und sie waren noch nicht gefirnißt. Darum stellte ich sie hinaus."

"Sie gingen also gestern sofort nach Ihrem Eintreffen in London aus und kauften ein Paar Schuhe?"

"Ich machte überhaupt eine ziemliche Menge Einkäufe. Dr. Mortimer begleitete mich dabei. Wissen Sie, da ich nun ein mal da hinten in Dingsda den Großgrundbesitzer spielen soll, so muß ich mich wohl ein bißchen fein machen, und ich bin vielleicht im fernen Westen etwas nachlässig in meinem Anzug geworden. Außer anderen Sachen kaufte ich die braunen Schuhe – gab sechs Dollar dafür – und einer davon wird mir gestohlen, ehe ich sie überhaupt nur an den Füßen gehabt habe."

"Ein einzelner Schuh ist doch ein recht ungeeigneter Gegenstand für einen Dieb," sagte Sherlock Holmes. "Ich gestehe, ich teile Dr. Mortimers Ansicht und glaube, daß sich binnen kurzem der verlorene Schuh wieder einfinden wird."

"Und nun, meine Herren," sagte der Baronet in bestimmtem Ton, "habe ich, wie mir scheint, von dem bißchen, was ich weiß, genug gesprochen. Es ist Zeit, daß Sie Ihr Versprechen erfüllen und mir eine ausführliche Auskunft über all diese rätselhaften Vorgänge geben."

"Ihr Wunsch ist sehr berechtigt," antwortete Holmes. "Herr Doktor, ich glaube, Sie könnten nichts Besseres tun, als Ihrem Freund die Geschichte in derselben Weise zu erzählen, wie Sie sie uns vortrugen."

Auf diese Aufforderung zog der gelehrte Herr seine Papiere aus der Tasche und erläuterte auf Grund derselben den ganzen Fall in gleicher Art wie am Morgen vorher. Sir Henry Baskerville hörte mit gespanntester Aufmerksamkeit zu und ließ von Zeit zu Zeit einen Ausruf der Überraschung hören.

"Nun, da scheine ich ja mit dem übrigen Besitz zugleich auch eine Geisterrache geerbt zu haben," sagte er, als der Doktor mit seiner langen Erzählung fertig war. "Natürlich habe ich von dem Höllenhund schon in der Kinderstube fortwährend erzählen hören. Es ist das Lieblingsmärchen unserer Familie; indessen habe ich es früher niemals ernst genommen. Aber die Geschichte vom Tod meines Onkels – wissen Sie, mir wirbelt im Kopf alles durcheinander; ich kann mir noch keine klare Meinung darüber bilden. Sie scheinen sich selber auch noch nicht ganz klar darüber zu sein, ob es ein Fall für die Polizei oder für die Geistlichkeit ist."

"Ganz recht."

"Nun kommt noch die Geschichte mit dem Brief dazu. Ich vermute, das hängt damit zusammen."

"Es scheint daraus hervorzugehen, daß irgend jemand besser als wir über die Vorgänge auf dem Moor Bescheid weiß," sagte Dr. Mortimer.

"Und weiter," bemerkte Holmes, "daß dieser Jemand Ihnen nicht feindlich gesonnen ist, da man Sie vor Gefahr warnt."

"Vielleicht ist es aber auch möglich, daß sie mich zu ihrem eigenen Vorteil von der Gegend fernzuhalten suchen."

"Das kann natürlich auch sein. Ich bin Ihnen zu größtem Dank verpflichtet, Herr Doktor, daß Sie mich vor ein Problem stellen, das verschiedene interessante Lösungen verspricht. Aber nun haben wir uns zunächst über einen wichtigen Punkt klar zu werden, Sir Henry: Ist es für Sie ratsam oder nicht, daß Sie nach Baskerville Hall gehen?"

"Warum sollte ich nicht gehen?"

"Es scheint Gefahr damit verbunden zu sein."

"Meinen Sie Gefahr von unserem Familiendämon, oder Gefahr vonseiten menschlicher Wesen?"

"Das müssen wir eben herausbekommen."

"Nun, mag dem sein, wie ihm wolle, meine Antwort steht fest. Herr Holmes, kein Teufel in der Hölle und kein Mensch auf Erden kann mich hindern, in das Haus meiner Väter zu gehen. Bei dieser Antwort werde ich bleiben."

Seine dunklen Augenbrauen zogen sich bei diesen Worten zusammen und ein tiefes Rot flog über sein Gesicht. Augenscheinlich war das feurige Temperament der Baskervilles in dem Letzten ihres Stammes noch nicht erloschen.

"Indessen," fuhr er fort, "habe ich noch nicht recht Zeit gehabt, über alles von Ihnen Gesagte gehörig nachzudenken. Es ist ein bißchen viel verlangt, daß ich sofort meine Entscheidung in einer Sache treffen soll, die ich noch kaum richtig begriffen habe. Ich möchte mir in einer ruhigen Stunde alles ordentlich zurechtlegen, um zu einem Entschluß zu kommen. Jetzt ist es halb zwölf, Herr Holmes, und ich gehe geraden Weges zu meinem Hotel. Wie wäre es, wenn Sie und Ihr Freund, Herr Doktor Watson, mit uns frühstückten? Dann werde ich Ihnen genau sagen können, was für einen Eindruck die ganze Geschichte auf mich macht."

"Paßt dir das, Watson?"

"Vollkommen."

"Nun, so können Sie uns erwarten. Soll ich Ihnen eine Droschke holen lassen?"

"Ich möchte lieber gehen, denn diese Geschichte hat mich ein bißchen warm gemacht."

"Ich werde mich Ihnen mit Vergnügen bei diesem Spaziergang anschließen," bemerkte sein Begleiter.

"Also treffen wir uns um zwei Uhr. Auf Wiedersehen und Guten Morgen."

Wir hörten die Schritte unserer Besucher, die die Treppe hinabstiegen; dann wurde die Haustür geschlossen. Augenblicklich war Holmes aus dem träumerischen Denker zu einem Mann der Tat geworden.

"Deinen Hut und deine Stiefel, Watson, schnell! Wir haben keinen Augenblick zu verlieren." Er eilte in sein Schlafzimmer, warf seinen Hausrock ab und erschien ein paar Sekunden darauf in einem Gehrock. Wir eilten die Treppe hinunter und betraten die Straße. Doktor Mortimer und Baskerville waren ein paar Hundert Schritt vor uns in der Nähe der Oxford Street noch sichtbar.

"Soll ich voranlaufen und ihnen sagen, daß sie auf uns warten?"

"Um Gottes willen nicht, mein lieber Watson. Deine Gesellschaft genügt mir vollkommen, wenn du die meinige erdulden willst. Unsere neuen Bekannten tun sehr recht, daß sie zu Fuß gehen; denn es ist wirklich ein sehr schöner Morgen für einen Spaziergang."

Er beschleunigte seinen Schritt, bis wir die uns von den beiden Herren trennende Entfernung ungefähr auf die Hälfte verkürzt hatten. Wir folgten ihnen die Oxford Street entlang und dann die Regent Street hinunter. Einmal blieben sie stehen und besahen sich ein Schaufenster, worauf Holmes es ebenso machte. Einen Augenblick darauf ließ er einen Ausruf der Befriedigung hören; ich folgte seinem schnellen Blick und sah, daß eine Droschke, in der Mann saß, von der Stelle auf der anderen Straßenseite, wo sie gehalten hatte, jetzt langsam weiter fuhr.

"Das ist unser Mann, Watson! Vorwärts! Wenn wir schon nicht mehr tun können, wollen wir ihn uns wenigstens genau ansehen."

Im selben Augenblick bemerkte ich einen buschigen schwarzen Bart und ein Paar stechende Augen, die sich durch das Seitenfenster der Droschke auf uns richteten. Unmittelbar darauf fuhr die Klappe im Verdeck des Wagens in die Höhe, dem Kutscher wurde etwas zugerufen, und die Droschke raste die Regent Street hinunter. Holmes sah sich schnell nach einer anderen um, aber es war keine leere in Sicht. Dann lief er dem Wagen in wilder Verfolgung durch das Straßengetriebe nach, aber der Vorsprung war zu groß, und die Droschke war bald nicht mehr zu sehen.

"Da haben wir's!" sagte Holmes bitter, als er keuchend und ganz blaß vor Ärger wieder aus dem Wagengewoge hervorkam. "Welch unerhörtes Pech und welche Tölpelei dazu. Watson, Watson, wenn du ein gewissenhafter Mann bist, so mußt du diese Dummheit ebenfalls berichten und meinen Erfolgen gegenüberstellen."

"Wer war der Mann?"

"Ich habe keine Ahnung."

"Ein Spion?"

"Hm, nach allem, was wir gehört haben, ist Baskerville seit seiner Ankunft in der Stadt ganz offenbar von irgend jemand sehr scharf überwacht worden. Wie hätte sonst der Betreffende so schnell wissen können, daß der junge Mann das Northumberland-Hotel als Quartier gewählt hat? Wenn man ihm am ersten Tag nachging, so würde man – das war meine Schlußfolgerung – ihm auch am zweiten nachgehen. Du hast vielleicht bemerkt, daß ich, während Dr. Mortimer seine Geschichte vorlas, zweimal ans Fenster ging?"

"Ja, ich erinnere mich."

"Ich sah nach, ob vielleicht jemand auf der Straße herumlungert, konnte aber niemand entdecken. Wir haben es mit einem gescheiten Mann zu tun, Watson. Die ganze Geschichte ist sehr ernster Art; ich bin mir zwar noch nicht ganz schlüssig geworden, ob wir es mit einem feindlichen oder mit einem freundlichen Element zu tun haben, aber ich behalte stets, das ›Wie‹ und ›Warum‹ im Auge. Als unsere Besucher fortgingen, folgte ich ihnen sofort in der Hoffnung, ihren unsichtbaren Verfolger ausfindig machen zu können. Das muß ein Schlaukopf sein, denn er hat sich nicht auf seine Beine verlassen, sondern sich eine Droschke genommen, so daß er bald hinter ihnen her- oder an ihnen vorbeifahren konnte, ohne bemerkt zu werden. Das hatte außerdem noch den Vorteil, daß er imstande war ihnen sofort zu folgen, wenn sie etwa selber eine Droschke nehmen sollten. Indessen hat es auch einen offenbaren Nachteil."

"Es macht den Droschkenkutscher zum Mitwisser."

"Ganz recht."

"Wie schade, daß wir uns nicht die Nummer gemerkt haben."

"Mein lieber Watson, so tölpelhaft ich mich auch benommen habe, so bildest du dir doch wohl nicht allen Ernstes ein, daß ich vergessen hätte, nach der Nummer zu sehen? Unser Mann hat Nummer 2704. Aber das kann uns für den Augenblick nichts nützen."

"Ich kann nicht einsehen, was du mehr hättest tun können."

"Ich hätte, als ich die Droschke bemerkte, augenblicklich umkehren und in der entgegengesetzten Richtung weiter gehen sollen. Ich hätte in aller Gemütlichkeit eine Droschke nehmen und dann dem Mann in angemessener Entfernung folgen können, oder noch besser, ich wäre zum Northumberland-Hotel gefahren und hätte dort gewartet. Wenn unser Unbekannter dem jungen Baskerville nachgefahren wäre, so hätten wir ihn mit seinen eigenen Mitteln schlagen und selber sehen können, wohin er sich weiter begab. Wir haben es also einer unüberlegten Voreiligkeit, die von unserem Gegenspieler mit außerordentlicher Schnelligkeit und Entschlossenheit ausgenutzt wurde, zu verdanken, daß wir den Mann aus den Augen verloren haben. Wir sind selber schuld." Während dieses Gesprächs waren wir langsam die Regent Street entlang geschlendert, und Dr. Mortimer und sein Begleiter waren längst unseren Blicken entschwunden. "Es hat keinen Zweck, daß wir ihnen noch weiter nachgehen," sagte Holmes. "Der Spürhund ist verschwunden und wird nicht wiederkommen. Wir müssen uns überlegen, was für Trümpfe wir jetzt noch in der Hand haben, und müssen sie fest und entschlossen ausspielen. Könntest du vor Gericht bezeugen, wie der Mann in der Droschke aussah?"

"Mit Bestimmtheit könnte ich nur den Bart beschreiben."

"Ich auch – und daraus folgere ich, daß der Bart aller Wahrscheinlichkeit nach falsch war. Ein kluger Mann, der auf ein so heikles Unternehmen aus ist, braucht einen Bart nur, um sein Gesicht zu verbergen. Komm mit hier herein, Watson."

Er betrat eins von den Bureaus der ›Expreßbotengesellschaft‹ und wurde von dem Geschäftsführer mit großer Herzlichkeit begrüßt.

"Ach, Wilson, Sie haben den kleinen Fall nicht vergessen, wobei ich in der angenehmen Lage war, Ihnen beistehen zu können."

"Ganz gewiß werde ich's nicht vergessen. Sie retteten meinen guten Namen und vielleicht mein Leben."

"Sie übertreiben, mein Bester. ... Es schwebt mir so vor, Wilson, Sie hatten unter Ihren Burschen einen gewissen Cartwright, der sich während unserer Bemühungen als recht gewandt erwies?"

"Ja, Herr Holmes, der ist noch bei uns."

"Könnten Sie ihn mal hereinkommen lassen? Danke. Dann hätte ich gerne Kleingeld für diesen Fünfpfundschein." Ein vierzehnjähriger Knabe mit aufgewecktem, scharfgeschnittenem Gesicht war auf das Klingelzeichen des

Geschäftsführers erschienen und stand jetzt in einer Haltung voller Ehrfurcht vor dem berühmten Detektiv.

"Geben Sie mir bitte mal das Hoteladreßbuch," sagte Holmes. "Danke ... Hier, Cartwright, sind die Namen von dreiundzwanzig Hotels, die sämtlich in unmittelbarer Nachbarschaft von Charing-Cross liegen. Hier, siehst du?"

"Jawohl."

"Du wirst sie sämtlich, eins nach dem anderen, aufsuchen."

"Jawohl."

"Überall gibst du zuerst dem Portier an der Eingangstür einen Schilling. Hier sind dreiundzwanzig Schillinge."

"Jawohl."

"Du wirst ihm sagen, du wünschtest die fortgeworfenen Papiere von gestern zu sehen. Du sagst, du suchtest ein wichtiges Telegramm, das verkehrt bestellt worden wäre. Verstanden?"

"Jawohl."

"In Wirklichkeit suchst du aber nach dem Mittelteil der gestrigen Timesnummer, woraus mit einer Schere einige Stellen herausgeschnitten sind. Hier ist die betreffende Nummer der Times. Dies ist die Stelle, um die es sich handelt. Du könntest sie leicht wiedererkennen, nicht wahr?"

"Jawohl."

"Der Portier von der Eingangstür wird überall den Portier von der Halle heranrufen; diesem wirst du ebenfalls einen Schilling geben. Hier sind noch dreiundzwanzig Schillinge. In zwanzig Fällen von den dreiundzwanzig wirst du hören, daß der Inhalt der Papierkörbe verbrannt oder sonstwie fortgeschafft worden sei. In den drei anderen Fällen wird man dir einen Haufen Papier zeigen, und du wirst darin nach dem Timesblatt suchen. Die Wahrscheinlichkeit, daß du es findest, ist ungeheuer gering. Hier sind zehn Schillinge extra für unvorhergesehene Ausgaben. Schick mir vor heute abend einen telegraphischen Bericht in die Bakerstraße ... Und nun, Watson, haben wir uns bloß noch telegraphisch nach dem Droschkenkutscher Nr. 2704 zu erkundigen, und dann wollen wir in irgendeinen von den Kunstsalons in der Bond Street gehen, um uns die Zeit zu vertreiben, bis wir im Hotel sein müssen."

Fünftes Kapitel.
Drei zerrissene Fäden

Sherlock Holmes besaß in sehr bemerkenswertem Maß die Gabe, seine Gedanken wie er wollte ablenken zu können. In den nächsten zwei Stunden hatte er den rätselhaften Fall, in dessen Geheimnisse wir verwickelt waren, anscheinend völlig vergessen über der Betrachtung von Gemälden der modernen belgischen Schule. Selbst nachdem wir die Galerie verlassen hatten, sprach er, bis wir vor dem Hotel angelangt waren, ausschließlich über Kunst, wovon er, nebenbei bemerkt, höchst barbarische Begriffe hatte.

"Sir Henry Baskerville ist oben und erwartet Sie," sagte der Hotelsekretär. "Er bat mich, Sie sofort nach Ihrer Ankunft zu ihm führen zu lassen."

"Haben Sie etwas dagegen, wenn ich vorher einen Blick in Ihr Fremdenbuch werfe?" fragte Holmes.

"Nicht das geringste."

Aus dem Buch ergab sich, daß nach dem Namen Baskerville nur zwei Eintragungen gemacht waren, die eine betraf ›Theophilus Johnson nebst Familie aus Newcastle‹, die andere ›Frau Oldmore und Kammerjungfer von High Lodge, Alton.‹

"Dieser Herr Johnson muß unbedingt ein alter Bekannter von mir sein," sagte Holmes. "Ein Rechtsanwalt, nicht wahr? Mit grauen Haaren und etwas lahm?"

"O nein, *dieser* Herr Johnson ist Kohlenbergwerksbesitzer, ein sehr rüstiger Herr und nicht älter als Sie."

"Täuschen Sie sich auch wirklich nicht in Bezug auf seinen Beruf?"

"Nein, gewiß nicht; er steigt schon seit vielen Jahren stets bei uns ab und ist uns sehr gut bekannt."

"Ach so; dagegen ist nichts mehr zu sagen. Nun noch Frau Oldmore – mir ist, als erinnerte ich mich ihres Namens. Entschuldigen Sie meine Neugier, aber wenn man sich nach einem Bekannten erkundigt, findet man bei der Gelegenheit oft einen anderen wieder."

"Frau Oldmore ist eine kränkliche, alte Dame. Ihr Gemahl war früher Bürgermeister von Gloucester; sie kommt stets zu uns, wenn sie in London ist."

"Danke. Wie es scheint, kann ich leider keinen Anspruch auf ihre Bekanntschaft machen. Wir haben durch meine Fragen eine sehr wichtige Tatsache festgestellt, Watson," fuhr Holmes leise fort, als wir die Treppe hinaufgingen. "Wir wissen jetzt, daß die Leute, die sich so außerordentlich aufmerksam um Sir Henry bekümmern, nicht in seinem Hotel Wohnung genommen haben. Daraus geht hervor, daß ihnen nicht nur, wie wir gesehen haben, sehr viel daran liegt, ihn zu beobachten, sondern daß es ihnen ebenso darauf ankommt, nicht von ihm gesehen zu werden. Aus diesem Umstand aber läßt sich sehr viel entnehmen."

"Was denn zum Beispiel?"

"Es folgt daraus – hallo, mein lieber Herr, was ist denn nur los?!"

Wir waren oben an der Treppe auf Sir Henry Baskerville gestoßen. Sein Gesicht war dunkelrot vor Zorn, und in der Hand hielt er einen staubigen alten Schuh. Er war so wütend, daß er kaum sprechen konnte, und die Worte, die er schließlich hervorbrachte, trugen die Merkmale der breiten Mundart der westlichen Grafschaften in einer Weise, wie wir es am Morgen nicht an ihm bemerkt hatten.

"Die halten mich, scheint's, für einen Trottel in dem Hotel hier!" rief er. "Aber sie sollen sehen, daß sie mit ihren dummen Späßen an den Falschen geraten sind. Sie sollen sich nur in acht nehmen. Zum Donnerwetter, wenn der Kerl meinen fehlenden Schuh nicht finden kann, dann gibt es Krach. Ich kann einen Spaß vertragen, Herr Holmes, aber diesmal haben sie denn doch ein bißchen zu sehr über die Stränge geschlagen."

"Sie suchen immer noch Ihren Schuh?"

"Jawohl, und ich will ihn wiederhaben!"

"Aber Sie sagten doch, es sei ein neuer brauner."

"War es auch. Und nun ist's ein alter schwarzer."

"Was! Sie wollen doch nicht sagen ...?"

"Jawohl, das will ich sagen. Ich hatte überhaupt bloß drei Paar Schuhe: die neuen braunen, die alten schwarzen und die Lackschuhe, die ich anhabe. Gestern abend nahmen sie einen von den braunen weg, und heute vormittag mopsen sie mir einen von den schwarzen ... Na, haben Sie ihn endlich? Heraus mit der Sprache, Mann, und glotzen Sie mich nicht so an!"

Ein aufgeregter deutscher Hausdiener war erschienen.

"Nein, Herr," sagte er, "ich habe überall im ganzen Hotel herumgefragt, aber kein Mensch weiß etwas davon."

"Hören Sie: entweder ist bis heute abend der Schuh wieder da, oder ich sage dem Wirt, daß ich sofort sein Hotel verlasse."

"Der Schuh wird sich finden, Herr – ich verspreche es Ihnen, wenn Sie ein bißchen Geduld haben wollen, so wird er gefunden werden."

"Nehmen Sie sich in acht; es ist das letztemal, daß mir etwas von meinen Sachen in dieser Räuberhöhle abhanden kommt ... Herr Holmes, Sie werden entschuldigen, daß ich Sie mit solchen Lappalien behellige ..."

"O, mich dünkt, die Sache ist gar keine Lappalie."

"Sie machen ja ein ganz ernstes Gesicht dazu."

"Wie erklären Sie sich die Sache?"

"Ich versuche gar nicht, sie mir zu erklären. Es ist das verrückteste und sonderbarste Ding, was mir je vorgekommen ist, wie mir scheint."

"Das sonderbarste – ja, das mag sein," sagte Holmes nachdenklich.

"Was halten Sie selber davon?"

"Hm, bis jetzt verstehe ich es noch nicht. Ihr Fall ist sehr verwickelt, Sir Henry. Bringe ich ihn in Verbindung mit Ihres Onkels Tod, so weiß ich wirklich nicht, ob unter den fünfhundert Fällen allerersten Ranges, die ich unter den Händen hatte, jemals einer derart abgründig war. Aber wir haben verschiedene Fäden in der Hand, und die Aussicht, daß uns der eine oder andere von diesen zur Wahrheit führt. Wir werden vielleicht Zeit verlieren, indem wir einem falschen Faden folgen, aber früher oder später müssen wir doch den richtigen finden."

Das Frühstück war recht heiter; von der Angelegenheit, die uns zusammengeführt hatte, wurde nicht viel gesprochen. Erst als wir nach dem Essen im anstoßenden Salon saßen, fragte Holmes Sir Henry Baskerville, was er zu tun gedächte.

"Ich gehe nach Baskerville Hall."

"Und wann?"

"Ende dieser Woche."

"Im großen und ganzen," sagte Holmes, "finde ich Ihren Entschluß sehr richtig. Ich habe die vollkommene Gewißheit, daß Ihre Schritte hier in London überwacht werden, und in dieser Millionenstadt ist es schwer herauszufinden, was für Leute hinter Ihnen her sind, und was sie wollen. Wenn sie böse Absichten haben, so könnten sie Ihnen etwas zuleide tun, was wir nicht imstande wären zu verhindern. Sie wissen wohl nicht, Herr Doktor Mortimer, daß Ihnen heute vormittag jemand gefolgt ist, als Sie von meinem Haus fortgingen?"

Dr. Mortimer fuhr von seinem Stuhl auf und rief: "Uns folgte jemand? Wer?"

"Das kann ich Ihnen unglücklicherweise nicht sagen. Haben Sie unter Ihren Nachbarn oder Bekannten von Dartmoor irgendeinen Mann mit schwarzem Vollbart?"

"Nein – oder warten Sie mal – doch. Ja. Barrymore, Sir Charles' Kammerdiener, trägt einen schwarzen Vollbart."

"Ha! Wo ist Barrymore?"

"Er ist Hausverwalter auf Baskerville Hall."

"Wir wollen uns lieber vergewissern, ob er wirklich dort ist, oder ob er vielleicht in London sein könnte."

"Wie können Sie das?"

"Geben Sie mir ein Telegrammformular. ›Ist alles bereit für Sir Henry?‹ So, das genügt. Adresse: Herrn Barrymore, Baskerville Hall. Wo ist das nächste Telegraphenamt? Grimpen. Sehr gut; wir schicken eine zweite Depesche an den Postmeister von Grimpen: ›Telegramm an Herrn Barrymore ist zu eigenen Händen zu bestellen. Wenn dieser abwesend, gefälligst Drahtantwort an Sir Henry Baskerville, Northumberland-Hotel.‹ Dadurch können wir vor heute abend wissen, ob Barrymore auf seinem Posten in Devonshire ist oder nicht."

"Sie haben recht," sagte Baskerville. "Übrigens, sagen Sie doch mal, Herr Doktor, was ist dieser Barrymore eigentlich für ein Mann?"

"Er ist der Sohn von dem früheren, jetzt verstorbenen Schloßverwalter. Die Familie ist schon seit vier Generationen im Amt. So viel ich weiß, sind er und seine Frau ein so respektables Ehepaar wie nur eines in der ganzen Gegend."

"Zugleich ist es sehr klar," fiel Baskerville ein, "daß, so lange niemand von der Familie im Schloß wohnt, die Leutchen ein großartig schönes Haus und nichts zu tun haben."

"Das stimmt."

"Hatte Barrymore irgendeinen Vorteil von Sir Charles' Testament?" fragte Holmes.

"Er und seine Frau bekamen je fünfhundert Pfund Sterling."

"Oho! Wußten sie, daß sie das bekommen würden?"

"Ja. Sir Charles sprach mit Vorliebe von seiner letzten Verfügung."

"Das ist sehr interessant."

"Ich will hoffen," sagte Doktor Mortimer, "Sie sehen nicht mit mißtrauischen Augen auf jeden, der von Sir Charles mit einem Vermächtnis bedacht worden ist, denn mir hat er auch tausend Pfund hinterlassen."

"Was Sie nicht sagen. Und hat er auch sonst noch anderen Leuten etwas ausgesetzt?"

"Viele unbedeutende Beträge für einzelne Personen und viele größere für öffentliche Wohltätigkeitseinrichtungen. Der ganze Rest fiel an Sir Henry."

"Und wieviel betrug dieser Rest?"

"Siebenhundertundvierzigtausend Pfund."

Holmes zog überrascht die Augenbrauen empor und sagte:

"Ich hatte keine Ahnung, daß es sich um eine solche Riesensumme handelt."

"Sir Charles galt für reich, aber wir wußten selbst nicht, wie ungeheuer reich er war, bevor wir an die Aufstellung seiner Papiere kamen. Der Gesamtwert des Vermögens belief sich auf beinahe eine Million."

"Alle Wetter! Dafür dürfte wohl jemand ein verzweifeltes Spiel wagen. Noch eine Frage, Herr Doktor. Angenommen, unserem jungen Freund hier stieße etwas zu – verzeihen Sie, bitte, diese unangenehme Hypothese, Sir Henry – wer würde dann das Vermögen erben?"

"Da Sir Charles' jüngerer Bruder, Rodger Baskerville, unverheiratet gestorben ist, so würde der Besitz an die Desmonds kommen. Sie sind entfernte Verwandte. James Desmond ist ein älterer Geistlicher in Westmoreland."

"Danke. Alle diese Einzelheiten sind von großer Bedeutung. Haben Sie Herrn James Desmond je persönlich gesehen?"

"Ja. Er kam einmal herüber, um Sir Charles zu besuchen. Er ist ein Mann von würdiger Erscheinung und gottseligem Lebenswandel. Ich erinnere mich, daß er sich weigerte, von Sir Charles eine Rente anzunehmen, obwohl dieser sie ihm geradezu aufdrängte."

"Und dieser Mann von einfachen Lebensgewohnheiten würde also Sir Charles' Hunderttausende erben."

"Er würde der Erbe des Landbesitzes sein, weil es ein Familiengut ist. Er würde ebenfalls das Geld erben, wenn nicht etwa der derzeitige Eigentümer anderweitig darüber verfügte, was er natürlich ganz nach seinem Belieben tun kann."

"Und haben Sie Ihr Testament gemacht, Sir Henry?"

"Nein, Herr Holmes, das habe ich nicht getan. Ich habe keine Zeit dazu gehabt, denn ich erfuhr überhaupt erst gestern, wie die Verhältnisse liegen. Aber nach meinem Gefühl sollte das Geld an den kommen, der Titel und Landbesitz erhält. Wie soll denn der Besitzer den alten Glanz der Baskerville wieder herstellen, wenn er nicht Geld genug hat, um den Besitz in gutem Stand zu halten? Haus, Land und Geld müssen beieinander bleiben."

"Ganz recht! Nun, Sir Henry, ich bin ebenfalls Ihrer Meinung, daß es sich empfiehlt, wenn Sie unverzüglich nach Devonshire gehen. Nur muß ich einen Vorbehalt machen: Sie dürfen auf keinen Fall allein reisen."

"Dr. Mortimer fährt mit mir zurück."

"Aber Dr. Mortimer hat seine Praxis und wohnt ein paar Meilen weit von Ihnen weg. Beim allerbesten Willen würde er wohl nicht imstande sein, Ihnen zu helfen. Nein, Sir Henry, Sie müssen irgend jemand mitnehmen, einen zuverlässigen Mann, der Ihnen nicht von der Seite geht."

"Wäre es vielleicht möglich, daß Sie selber mitkämen, Herr Holmes?"

"Wenn es zu einer Krise kommt, werde ich mich nach Kräften bemühen, persönlich anwesend zu sein. Aber Sie werden begreifen, daß ich mich bei meiner ausgedehnten Praxis und in Anbetracht der fortwährenden Hilfsgesuche von allen Seiten unmöglich für unbestimmte Zeit von London entfernen kann. Gerade in diesem Augenblick ist einer der ehrwürdigsten Namen Englands damit bedroht, von einem Erpresser besudelt zu werden, und nur ich kann einen unheilvollen Skandal verhindern. Sie sehen gewiß selber ein, daß ich unmöglich mit nach Dartmoor gehen kann."

"Wen würden Sie mir also dann empfehlen?"

Holmes legte seine Hand auf meinen Arm und sagte:

"Wenn mein Freund bereit wäre, so könnten Sie in einem Augenblick der Bedrängnis keinen besseren Mann an Ihrer Seite haben. Das kann niemand zuversichtlicher behaupten als ich."

Der Vorschlag kam mir völlig unerwartet, aber bevor ich Zeit hatte etwas zu erwidern, ergriff Baskerville meine Hand und schüttelte sie herzlich, indem er ausrief:

"Das ist wirklich sehr liebenswürdig von Ihnen, Herr Doktor. Sie sehen, wie es mit mir steht, und Sie wissen von der ganzen Geschichte ebensoviel wie ich selber. Wenn Sie mit nach Baskerville Hall kommen und mir beistehen wollen, so werde ich Ihnen das nie vergessen."

Die Aussicht auf ein Abenteuer hatte stets einen berückenden Zauber für mich, auch schmeichelten mir Holmes' anerkennende Worte und die Freudigkeit, womit der Baronet mich als Begleiter begrüßte. Ich sagte daher:

"Ich will mit Ihnen gehen, mit Vergnügen. Ich wüßte nicht, wie ich meine Zeit besser verwenden könnte."

"Sie werden mir sehr getreulich Bericht erstatten," sagte Holmes. "Wenn eine Krise kommt – und es kommt eine, das ist ganz sicher – so werde ich Ihnen Weisung geben, was zu tun ist. Bis Samstag können Sie wohl mit allen Geschäften hier in London fertig sein?"

"Wäre das Herrn Doktor Watson recht?"

"Vollkommen."

"Also treffen wir uns, wenn Sie nichts Gegenteiliges hören, am Samstag zum Halbelf-Zug am Bahnhof Paddington."

Wir waren aufgestanden, um uns zu verabschieden, als plötzlich Baskerville einen Triumphruf ausstieß, in eine der Zimmerecken stürzte und einen braunen Schuh unter einem Schrank hervorzog.

"Mein verloren gegangener Schuh!" rief er.

"Mögen alle Ihre Schwierigkeiten sich so leicht lösen," sagte Sherlock Holmes.

"Aber das ist doch eine sehr sonderbare Sache," bemerkte Doktor Mortimer. "Ich hatte vor dem Frühstück das Zimmer ganz sorgfältig durchsucht."

"Und ich auch," sagte Baskerville. "Jeden Zoll breit."

"Es war ganz bestimmt kein Schuh im Zimmer."

"Dann muß ihn der Hausdiener hingestellt haben, während wir beim Frühstück saßen."

Der Deutsche wurde gerufen, beteuerte aber, er wisse von nichts, alles Fragen führte zu keinem Ergebnis. Eine neue Zutat zu der sich fortwährend vergrößernden Reihe von kleinen Geheimnissen, die uns in dem kurzen Zeitraum von zwei Tagen entgegengetreten waren: der Empfang des Briefes mit den Druckbuchstaben, der schwarzbärtige Spion in der Droschke, das Abhandenkommen des alten schwarzen, und jetzt das Wiederauffinden des neuen braunen Schuhs. Holmes saß schweigend in der Droschke, als wir nach der Bakerstraße zurückfuhren, und ich sah an seinen gerunzelten Brauen und den scharf zusammengezogenen Gesichtszügen, daß sein Geist ebenso wie der meinige eifrig an der Arbeit war, eine Theorie auszudenken, in deren Rahmen alle diese seltsamen und anscheinend zusammenhanglosen Ereignisse sich einfügen ließen. Als wir zu Hause waren, saß er den ganzen Nachmittag und noch einen guten Teil des Abends in dicken Tabaksqualm eingehüllt und tief in Gedanken versunken.

Unmittelbar bevor wir zu Tisch gingen, wurden zwei Telegramme zugestellt. Das erste lautete:

"Soeben erfahren, daß Barrymore in Baskerville Hall ist. Baskerville."

Das zweite meldete uns:

"Weisungsgemäß dreiundzwanzig Hotels aufgesucht, ausgeschnittenes Timesblatt leider nicht auffindbar. – *Cartwright*."

"Da reißen zwei von meinen Fäden, Watson. Nichts macht aber den Geist schärfer als ein Fall, wo alles schief geht. Wir müssen uns nach einer anderen Spur umsehen."

"Wir haben noch den Droschkenkutscher, der den Spion fuhr."

"Allerdings. Ich habe an die Zentralstelle für das Fuhrwesen telegraphiert, sie möchten mir Namen und Wohnung des Mannes mitteilen ... Ich sollte mich nicht wundern, wenn wir hier die Antwort auf meine Frage bekämen."

Es hatte in diesem Augenblick geläutet, und dieses Zeichen bedeutete sogar noch Besseres als eine bloße Antwort, denn die Tür ging auf und herein kam ein vierschrötiger Mann, offenbar der Kutscher selber.

"Ich kriegte Bescheid vom Amt," sagte er, "ein Herr, der hier in der Bakerstraße wohnt, hätte nach mir gefragt. Ich habe meine Droschke nun schon sieben Jahre lang gefahren und nie eine Klage gehabt. Darum komme ich vom Stall und frage Sie gerade ins Gesicht, was Sie gegen mich haben."

"Ich habe ganz und gar nichts gegen Sie, mein guter Mann," sagte Holmes. "Im Gegenteil, ich habe einen halben Sovereign für Sie, wenn Sie mir klare und deutliche Antworten auf meine Fragen geben wollen."

"Nu, ich hab' 'n guten Tag gehabt und 's war alles sauber," sagte der Kutscher grinsend. "Was möchten Sie wissen, Herr?"

"Zu allererst Ihren Namen und Ihre Adresse, für den Fall, daß ich Sie später noch einmal brauchen sollte."

"John Clayton, Turpay Street Nummer 3, im Borough. Meine Droschke gehört zu Shipleys Fuhrgeschäft, dicht beim Waterloo-Bahnhof."

Sherlock Holmes schrieb sich die Adresse auf und fuhr fort: "Nun, Clayton, sagen Sie mir alles, was Sie von dem Mann wissen, der heute morgen um zehn in Ihrer Droschke hier nahe bei meinem Haus wartete und Sie nachher die Regent Street hinunter hinter den beiden Herren herfahren ließ."

Der Mann war verdutzt und wurde ein bißchen verlegen.

"Na," sagte er nach einigem Besinnen, "da hat's wohl nicht viel Zweck, daß ich Ihnen Geschichten erzähle. Denn Sie wissen ja wohl schon so viel davon wie ich selber. Die Sache ist die: Der Herr sagte mir, er wäre Detektiv, und ich dürfte keinem Menschen was über ihn sagen."

"Mein lieber Mann, es handelt sich um eine sehr ernste Sache, und Sie könnten in eine recht häßliche Klemme kommen, wenn Sie versuchen sollten, mir irgend etwas zu verheimlichen. Sie sagen, Ihr Fahrgast erzählte Ihnen, er wäre Detektiv?"

"Jawohl, das tat er."

"Wann sagte er das?"

"Als er fortging."

"Sagte er sonst noch was?"

"Ja, er nannte seinen Namen."

Holmes warf einen schnellen Blick voller Triumph auf mich und sagte:

"O, er nannte seinen Namen – wirklich? Das war unvorsichtig. Was war das denn für ein Name?"

"Sein Name," antwortete der Droschkenkutscher, "war Sherlock Holmes."

Niemals sah ich bei meinen Freund einen derart verblüfften Gesichtsausdruck wie bei diesen Worten des Droschkenkutschers. Einen Augenblick lang saß er sprachlos da. Dann brach er in ein herzliches Lachen aus und rief:

"Eine Abfuhr, Watson – eine unleugbare Abfuhr. Ich bin da an eine Klinge geraten, die ebenso schnell und gewandt ist wie die meinige. Der Mann hat mir diesmal wirklich gut heimgeleuchtet. Also sein Name war Sherlock Holmes, sagten Sie?"

"Jawohl, Herr, so hieß der Herr!"

"Ausgezeichnet. Sagen Sie mir, wie Sie mit ihm zusammenkamen, und alles, was sich sonst noch zutrug."

"Um halb zehn sprach er mich auf dem Trafalgar Square an. Er sagte, er wäre Detektiv, und bot mir zwei Guineen, wenn ich den ganzen Tag genau täte, was er verlangt, und keine Fragen stellen würde. Natürlich griff ich mit beiden Händen zu. Zuerst fuhren wir zum Northumberland-Hotel und warteten da, bis zwei

Herren herauskamen und in eine von den Droschken am Halteplatz stiegen. Wir fuhren ihrem Wagen nach, bis er irgendwo hier in der Nähe anhielt."

"Hier vor meiner Tür," fiel Holmes ein.

"Nu, das kann ich nicht so genau sagen, aber mein Fahrgast wußte jedenfalls über alles Bescheid. Ein Stück weiter die Straße hinunter hielten wir ebenfalls, und da warteten wir anderthalb Stunden. Dann kamen die beiden Herren bei uns vorbei; sie gingen zu Fuß, und wir fuhren hinter ihnen her die Bakerstraße hindurch, und dann ..."

"Weiß schon," sagte Holmes.

"... bis wir schließlich ungefähr drei viertel von der Regent Street entlang gefahren waren. Da stieß plötzlich der Herr in meiner Droschke die Klappe auf und rief mir zu, ich sollte so schnell wie möglich direkt zum Waterloo-Bahnhof fahren. Ich schlug auf meinen Gaul ein, und in weniger als zehn Minuten waren wir da. Er bezahlte mir meine zwei Guineen in blankem Gold in die Hand und ging in den Bahnhof hinein. Im Augenblick, als er wegging, drehte er sich um und sagte: ›Vielleicht interessiert es Sie, zu hören, daß Sie Sherlock Holmes gefahren haben?‹ – Auf die Art erfuhr ich seinen Namen."

"Ich verstehe. Und weiter sahen und hörten Sie nichts von ihm?"

"Nachdem er in das Bahnhofsgebäude hineingegangen war, nicht mehr."

"Und könnten Sie mir wohl Herrn Sherlock Holmes ein bißchen beschreiben?"

Der Kutscher kratzte sich hinterm Ohr.

"Hm, ja, es war eigentlich nicht so'n Herr, den man so ganz leicht beschreiben kann. Ich möchte ihn auf etwa vierzig Jahre schätzen; er war mittelgroß, so zwei bis drei Zoll kleiner als Sie. Angezogen war er mächtig fein, und er hatte einen schwarzen Bart, der unten breit abgeschnitten war, und ein blasses Gesicht. Weiter wüßte ich nichts über ihn zu sagen."

"Die Farbe seiner Augen?"

"Nein, davon kann ich nichts sagen."

"Und sonst können Sie sich wirklich auf nichts mehr besinnen?"

"Nein, Herr, das ist alles."

"Na, hier ist Ihr halber Sovereign, und ein anderer halber wartet auf Sie, wenn Sie mir eine neue Auskunft bringen können. Guten Abend."

"Guten Abend Herr, und schönen Dank."

John Clayton ging, von innerer Heiterkeit erfüllt, aus der Tür, und Holmes wandte sich mit einem Achselzucken und mit einem etwas kümmerlichen Lächeln zu mir und sagte:

"Schnapp! Da geht der dritte Faden entzwei, und wir stehen wieder am Anfang. Der schlaue Schuft. Er kannte unsere Hausnummer, wußte, daß Sir Henry Baskerville mich um Rat gefragt hatte, und erriet in der Regent Street, wer ich war. Dann dachte er sich, daß ich mir wahrscheinlich die Nummer seiner Droschke gemerkt hatte und daher leicht an den Kutscher herankommen könnte, deshalb schickte er mir diese freche Nachricht. Ich sage dir, Watson, diesmal haben wir's mit einem Gegner zu tun, der unserer Klinge würdig ist. Ich bin in London matt gesetzt. Ich kann nur hoffen, daß du in Devonshire mehr Glück hast. Aber es macht mir schwere Sorgen."

"Was denn?"

"Daß ich dich hinschicke. Es ist eine eklige Geschichte, Watson, eine eklige, gefährliche Geschichte, und je mehr ich davon zu sehen bekomme, desto weniger gefällt sie mir. Ja, mein lieber Freund, du magst darüber lachen, aber auf mein Wort, ich werde froh sein, wenn ich dich wieder heil und gesund hier in der Bakerstraße habe."

Sechstes Kapitel.
Baskerville Hall

Sir Henry Baskerville und Dr. Mortimer waren am verabredeten Tag reisefertig und zur verabredeten Stunde fuhren wir vom Bahnhof Paddington ab. Sherlock Holmes fuhr mit mir zum Bahnhof und gab mir zum Abschied noch seine letzten Weisungen und Ratschläge.

"Ich will dich nicht mit Mutmaßungen und Verdachtsgründen beeinflussen, Watson; ich wünsche von dir nichts weiter, als daß du mir so ausführlich wie möglich alle Tatsachen berichtest; die Theorien kannst du mir überlassen."

"Was für Tatsachen soll ich berichten?" fragte ich.

"Alles, was dir in irgend einem, wenn auch noch so losem Zusammenhang mit dem Fall zu stehen scheint, besonders die Beziehungen zwischen dem jungen Baskerville und seinen Nachbarn, oder alle neuen Umstände, die in Bezug auf Sir Charles' Tod bekannt werden. Ich habe in den letzten Tagen auf eigene Hand einige Erkundigungen eingezogen, aber ohne Ergebnisse. Ganz sicher scheint nur eines festzustehen, nämlich daß James Desmond, der nächstberechtigte Erbe, ein älterer Herr von sehr liebenswürdigem Wesen ist, und daß daher die Bedrohung nicht von ihm ausgeht. Ich glaube wirklich, wir können ihn gänzlich aus unseren Berechnungen streichen. Dann bleiben noch die Leute, die Sir Henry Baskervilles Umgebung auf dem Moor bilden werden."

"Wäre es nicht gut, zu allererst dieses Ehepaar Barrymore wegzujagen?"

"Um Gottes Willen nicht! Du könntest gar keinen schlimmeren Fehler machen. Wenn sie unschuldig sind, so wäre es eine grausame Ungerechtigkeit; sind sie aber schuldig, so würden wir uns damit jede Aussicht nehmen, sie zu überführen. Nein, nein, wir wollen sie nur auf unserer Liste von Verdächtigen belassen und weiter nichts. Außer ihnen ist, wenn ich mich recht erinnere, im Schloß noch ein Stallknecht. Ferner wohnen in der Nähe zwei Moorbauern. Dann haben wir unseren Freund Dr. Mortimer, der, wie ich glaube, vollkommen ehrenhaft ist, und dessen Frau, von der wir nichts wissen.

Dann kommt der Naturforscher, Stapleton, und dessen Schwester, die eine recht anziehende junge Dame sein soll. Ferner Herr Frankland von Lafter Hall, ebenfalls ein unbekannter Faktor für uns, und noch ein oder zwei andere Nachbarn. Das sind die Leute, die du zum Gegenstand deiner ganz besonderen Beobachtung machen mußt."

"Ich will mein Bestes tun."

"Du hast doch Waffen bei dir?"

"Ja, ich dachte, es wäre gut, sie mitzunehmen."

"Ganz gewiß. Halte Tag und Nacht deinen Revolver bereit und ergreife alle Vorsichtsmaßnahmen."

Unsere Bekannten hatten bereits ein Abteil erster Klasse belegt und warteten auf dem Bahnsteig auf uns.

"Nein, wir haben durchaus nichts Neues zu berichten," sagte Dr. Mortimer in Beantwortung der Frage meines Freundes. "Aber auf *eins* kann ich einen Eid ablegen, nämlich, daß wir während der beiden letzten Tage nicht beobachtet worden sind. Wir sind niemals ausgegangen, ohne auf das Schärfste aufzupassen, und es würde niemand unserer Aufmerksamkeit entgangen sein."

"Sie sind, wie ich annehme, stets zusammen ausgegangen?"

"Ja, mit Ausnahme von gestern nachmittag. Wenn ich in London bin, so widme ich für gewöhnlich einen Tag dem reinen Vergnügen; ich ging daher in das Museum der Chirurgischen Gesellschaft."

"Und ich sah mir ein bißchen das Getriebe im Park an," sagte Baskerville. "Aber wir hatten keine Unannehmlichkeiten irgendwelcher Art."

"Es war aber trotzdem unvorsichtig," sagte Holmes kopfschüttelnd und mit sehr ernstem Gesicht. "Ich bitte Sie, Sir Henry, nicht allein auszugehen. Es könnte Ihnen sonst ein großes Unglück zustoßen. Haben Sie Ihren anderen Schuh wiederbekommen?"

"Nein, er ist verschwunden geblieben."

"Wirklich! Das ist sehr interessant. Nun, gute Reise," sagte er noch, da der Zug den Bahnsteig entlang zu gleiten begann. "Beherzigen Sie, Sir Henry, einen von den Sätzen in der seltsamen alten Geschichte, die Dr. Mortimer uns vorgelesen hat, und meiden Sie das Moor in jenen Stunden der Finsternis, da die bösen Mächte ihr Spiel treiben."

Ich blickte noch einmal zum Bahnsteig zurück, als wir schon weit weg waren, und sah Sherlock Holmes' große, ernste Gestalt regungslos dastehen und uns nachstarren.

Die Reise verlief schnell und angenehm; ich nutzte sie, um mit meinen beiden Gefährten näher bekannt zu werden. Nach ein paar Stunden folgte dem braunen Boden rötliche Erde, statt der Ziegelhäuser sah man Granitbauten, und rotbunte Kühe grasten auf wohlumzäumten Wiesen, deren saftiger und üppiger Graswuchs auf ein milderes, wenngleich auch feuchteres Klima hindeutete. Der junge Baskerville sah eifrig aus dem Fenster und stieß einen lauten Ruf des Entzückens aus, als er die altvertrauten Züge der Devonlandschaft wiedererkannte.

"Ich habe ein gutes Stück von der Welt gesehen, seitdem ich von hier fortging, Dr. Watson, aber niemals sah ich eine Gegend, die sich mit dieser vergleichen läßt."

"Ich sah noch niemals einen Devonshirer, der nicht auf seine Heimat geschworen hätte," bemerkte ich lachend.

"Das liegt ebenso sehr an der Menschenrasse wie an der Gegend," sagte Dr. Mortimer. "Ein flüchtiger Blick auf unseren Freund hier zeigt uns den runden Keltenschädel, worin sich keltische Begeisterungsfähigkeit und Anhänglichkeit birgt. Des armen Sir Charles' Schädel bot einen sehr seltenen Typus; die Hauptkennzeichen waren teils gälisch, teils irisch. Aber Sie waren wohl noch sehr jung, als Sie das letztemal Baskerville Hall sahen, nicht wahr?"

"Ich war ein halbwüchsiger Bursche, als mein Vater starb, und hatte unseren Stammsitz niemals gesehen, denn wir wohnten in einem kleinen Landhaus an der Südküste. Von dort ging ich direkt zu einem Freund nach Amerika. Ich muß sagen, die Gegend von Baskerville Hall ist für mich so neu wie für Herrn Dr. Watson, und ich bin über die Maßen begierig, das Moor zu sehen."

"Wirklich? Nun, Ihr Wunsch ist schnell erfüllt, denn hier haben Sie den ersten Blick aufs Moor," sagte Dr. Mortimer.

Über den grünen Wiesengevierten und einem niedrigen Wald erhob sich in der Ferne ein grauer, melancholischer Hügel, mit seltsam zerklüftetem Gipfel, trübe und unbestimmt wie eine phantastische Traumlandschaft.

Baskerville saß lange da, die Augen auf dieses Bild geheftet, und ich las auf seinem ausdrucksvollen Gesicht, wie tief ihn der erste Anblick der Gegend rührte, wo seine Vorväter so lange geherrscht und so tiefe Spuren hinterlassen hatten. Da saß der Mann mit seinem amerikanischen Akzent, in seinen eleganten Sommeranzug gekleidet, in der Ecke eines höchst alltäglichen Eisenbahnabteils; und doch, als ich ihm in das ausdrucksvolle Gesicht sah, da fühlte ich mehr denn je, daß er ein echter Sproß jenes alten Geschlechtes von reinblütigen feurigen Herrenmenschen war. Stolz, Tapferkeit, Kraft sprachen aus seinen buschigen Brauen, den beweglichen Nasenflügeln, den großen nußbraunen Augen. Wenn vielleicht auf jenem abschreckenden Moor ein schwer zu lösendes und gefährliches Rätsel unserer harrte, so war er jedenfalls, das fühlte ich, ein Kamerad, für den man sich wohl in Gefahr begeben konnte, da man gewiß war, daß er sie mit mutigem Herzen teilen würde.

Der Zug hielt an einer Zwischenstation, und wir stiegen aus. Draußen, jenseits des niedrigen weiß angestrichenen Holzzaunes, wartete ein zweispänniger Jagdwagen. Unsere Ankunft war augenscheinlich ein großes Ereignis, denn Bahnhofsvorsteher und Kofferträger drängten sich an uns heran, um uns das Gepäck zu besorgen. Es war ein hübscher ländlicher Ort, aber ich bemerkte mit Überraschung, daß an der Ausgangspforte zwei soldatisch aussehende Männer in dunklen Uniformen standen; sie lehnten sich auf ihre kurzen Büchsen und sahen uns, als wir an ihnen vorübergingen, mit scharf musternden Blicken an. Der Kutscher, ein knorriger kleiner Mann mit harten Gesichtszügen, begrüßte Sir Henry Baskerville, und ein paar Minuten später flogen wir schnell die breite weiße Straße entlang. Wiesen mit wogendem Gras zogen sich an beiden Seiten des Weges hin, alte Giebelhäuser schauten hinter dichtem Laubwerk hervor, aber drüben über der friedlichen, sonnenbeglänzten Landschaft erhob sich, schwarz vom Abendhimmel sich abzeichnend, die lange, öde Linie des Moors, nur ab und zu von häßlichen Felsenspitzen unterbrochen.

Der Wagen bog in einen Seitenweg ein, und wir fuhren bergan auf Straßen, die seit Jahrhunderten von Tausenden von Rädern tief ausgefahren waren, zwischen hohen mit dickem Moos bedeckten Wällen, auf denen üppige Farnkräuter und Brombeersträucher wuchsen. Immer sachte bergauf fahrend, kamen wir über eine schmale Steinbrücke, unter der brausend und schäumend ein schnelles Bergwasser zwischen grauen Felsblöcken dahinschoß. Das Tal, durch das der Weg sich allmählich aufwärts wand, war dicht mit Eichen- und Föhrengestrüpp bestanden. Bei jeder Wegbiegung jubelte Baskerville laut auf, sah sich entzückt um und richtete unzählige Fragen an den Doktor.

In seinen Augen war alles wunderschön, für mich aber lag etwas Melancholisches auf der Landschaft, der bereits der Herbst deutlich seinen Stempel aufgedrückt hatte. Gelbe Blätter bedeckten die Wege und rieselten von den Bäumen auf uns herab. Das Rollen unserer Räder erstarb auf dem dichten Teppich toter Blätter – mir war's als wäre das ein trauriger Empfang, den Mutter Natur dem heimkehrenden Sohn der Baskervilles bereitete.

"Hallo!" rief plötzlich Dr. Mortimer. "Was ist denn das?"

Eine steile, mit Haidekraut bewachsene Kuppe, ein Ausläufer des Moors, lag gerade vor uns. Auf der Höhe hielt scharf und klar wie ein Reiterstandbild auf seinem Piedestal sich abhebend, ein berittener Soldat, finster und ernst, die Büchse schußfertig im Arm. Er bewachte den Weg, den wir entlang fuhren.

"Was bedeutet das, Perkins?" fragte Dr. Mortimer.

Unser Kutscher drehte sich halb auf seinem Bock um und antwortete:

"Von Princetown ist ein Sträfling entflohen, Herr. Er ist nun seit drei Tagen draußen, und die Zuchthauswächter bewachen jeden Weg und jeden Bahnhof, aber bis jetzt haben sie ihn noch nicht zu Gesicht gekriegt. Den Bauern hier in der Gegend ist es nicht gerade angenehm, Herr, so viel steht fest."

"Na, ich denke doch, sie bekommen fünf Pfund, wenn sie den Mann anzeigen können."

"Das schon Herr, aber was ist denn die Aussicht, fünf Pfund zu kriegen, gegen die andere Aussicht, daß einem die Kehle durchgeschnitten wird? Sie müssen wissen, der Mann ist kein gewöhnlicher Sträfling. Das ist einer, der vor nichts zurückschrecken würde."

"Wer ist es denn?"

"Selden, der Mörder von Notting Hill."

Ich erinnerte mich des Falles sehr gut, denn Holmes hatte sich dafür interessiert, wegen der ganz außergewöhnlichen Grausamkeit, mit der das Verbrechen verübt worden war. Die Umwandlung des Todesurteils in eine lebenslängliche Zuchthausstrafe war erfolgt, weil man einige Zweifel an der völligen Zurechnungsfähigkeit des Angeklagten hegte, so unmenschlich waren seine Taten.

Unser Wagen war auf dem Gipfel einer Erhöhung angelangt, und vor uns erhob sich die weite Fläche des Moors mit seinen Steinhaufen und schroffen Felsenklippen. Ein kalter Wind wehte von ihm herunter und durchschauerte uns Mark und Bein. Irgendwo auf dieser trostlos öden Ebene hauste dieser teuflische Gesell, wie ein wildes Tier in einer Höhle sich bergend, das Herz voll bitterer Wut gegen das ganze Menschengeschlecht, das ihn ausgestoßen hatte. Dieser Gedanke fehlte noch gerade, um das schaurige Gefühl zu vervollständigen, das der Anblick des wüsten Moores, der eisige Wind, der dunkelnde Abendhimmel in uns erweckten. Sogar Baskerville wurde still und hüllte sich dichter in seinen Überzieher.

Das fruchtbare Land lag jetzt hinter und unter uns. Wie wir darauf zurückblickten, verwandelten die schrägen Strahlen der sinkenden Sonne die Bäche in goldene Fäden und beglänzten die frischgepflügten braunroten Äcker und die breiten Waldstreifen. Der Weg vor uns führte durch immer ödere und wildere, rötliche und grünlichbraune Abhänge, die mit riesigen Steinblöcken übersät waren. Ab und zu kamen wir an einem Moorbauernhaus vorbei: steinerne Mauern und steinerne Dächer, die harten Linien von keinem Rankengrün gemildert. Auf einmal sahen wir unter uns eine muldenförmige Vertiefung, die mit verkümmerten, vom Sturm zerzausten und verbogenen Eichen und Kiefern bewachsen war. Zwei hohe schlanke Türme erhoben sich über die Bäume empor. Der Kutscher streckte seine Peitsche aus und sagte:

"Baskerville Hall."

Sein Herr war aufgestanden und sah mit geröteten Wangen und blitzenden Augen auf die Türme. Ein paar Minuten später fuhren wir durch das Parktor, phantastische Gittertüren aus Schmiedeeisen zwischen zwei verwitterten; bemoosten Steinpfeilern, auf denen sich die Eberköpfe des Baskervilleschen Wappens erhoben.

Das Torwärterhaus war eine Ruine von schwarzem Granit und nackten Dachsparren, aber dieser gegenüber erhob sich ein halb vollendetes neues Gebäude – die Erstlingsfrucht von Sir Charles' südafrikanischem Gold.

Durch das Parktor gelangten wir in die Schloßallee. Wieder rollten die Räder über gefallenes Laub, und über unseren Häuptern schlossen die alten Bäume ihre Zweige zu einem düsteren Gewölbe. Baskerville schauerte zusammen, als er am Ende der langen dunklen Allee das Haus erblickte, das geisterhaft durch die Bäume schimmerte.

"War es hier?" fragte er leise.

"Nein, nein; die Taxusallee ist auf der anderen Seite."

Der junge Mann sah sich mit düsterem Gesicht um und sagte:

"Es ist kein Wunder, wenn mein Onkel das Vorgefühl hatte, es werde ihm an diesem Ort ein Unglück zustoßen. Hier kann wohl jeden Mann ein unbehagliches Gefühl überkommen. Ehe sechs Monate um sind, will ich eine Reihe von elektrischen Bogenlampen hier anbringen lassen, und Sie werden die Allee nicht wiedererkennen, und gerade hier dem Schloßtor gegenüber soll mir eine tausendkerzige Svan- und Edison brennen."

Die Allee führte auf eine weite Rasenfläche, und vor uns lag das Haus. Im Dämmerlicht konnte ich sehen, daß das Mittelgebäude ein gewaltiger Steinblock war, aus dem ein Portal vorsprang. Die ganze Vorderwand war mit Epheu überkleidet, in welchem hier und da ein Ausschnitt eine Stelle bezeichnete, wo sich ein Fenster oder ein Wappenschild befand. Über diesem Mittelbau erhoben sich die beiden alten zinnengekrönten, von Schießscharten durchbrochenen Türme. Rechts und links von den Türmen erstreckten sich modernere Flügel aus schwarzem Granit. Ein trübes Licht fiel aus einigen der altertümlichen Fenstern nach außen und aus einem der hohen Kamine, die sich über dem steilen Giebeldach erhoben, stieg eine dunkle Rauchwolke gen Himmel.

"Willkommen, Sir Henry. Willkommen auf Baskerville Hall."

Ein großer Mann war aus dem Dunkel des Portals hervorgetreten, um den Schlag des Wagens zu öffnen. Die Gestalt einer Frau hob sich vor dem gelben Licht der Halle ab. Sie trat heraus und half dem Mann, unsere Reisetaschen vom Wagen zu nehmen.

"Sie haben doch nichts dagegen, wenn ich gleich zu meinem Haus weiterfahre, Sir Henry?" fragte Dr. Mortimer. "Meine Frau erwartet mich."

"Aber Sie bleiben doch, um ein paar Bissen mit uns zu essen?"

"Nein, ich muß gehen. Wahrscheinlich werde ich allerlei Arbeit vorfinden. Ich würde sonst bleiben, um Ihnen das Haus zu zeigen, aber Barrymore wird ein besserer Führer sein als ich. Leben Sie wohl, und schicken Sie unbedenklich bei Tag oder bei Nacht zu mir, wenn ich Ihnen irgendwie zu Diensten sein kann."

Das Rasseln der Räder verhallte auf der Straße, während Sir Henry und ich die Halle betraten. Mit dumpfem Schlag fiel die Tür hinter uns zu. Wir befanden uns in einem schönen, weiten, hohen Raum mit einer schweren Decke aus altersgeschwärzten Eichenbalken. In dem großen altertümlichen Kamin prasselte und knisterte auf hohen eisernen Feuerböcken ein Holzfeuer. Sir Henry und ich streckten unsere Hände darüber aus, denn die lange Fahrt hatte uns völlig durchkältet. Dann sahen wir uns um: ein hohes schmales Fenster mit altem bunten Glas, eichenes Wandgetäfel, an den Wänden Hirschgeweihe und Wappenschilder, und dies alles trübe und dämmerig im gedämpften Licht der in der Mitte des Raumes herabhängenden Lampe.

"Gerade so ist's, wie ich's mir vorgestellt hatte." rief Sir Henry. "Ist es nicht wie ein typisches Gemälde von einem alten Familiensitz? Wenn ich denke, daß dies die Halle ist, worin fünf Jahrhunderte lang meine Vorfahren gelebt haben. Mich stimmt's ganz feierlich."

Ich sah, wie jugendliche Begeisterung sein dunkles Gesicht erhellte, als er sich so umsah. Er stand im vollen Schein des Lichtes, aber lange Schatten bedeckten die Wände und hingen wie ein schwarzes Gewölbe über ihm.

Barrymore war wieder eingetreten, nachdem er das Gepäck auf unsere Zimmer befördert hatte. Er stand jetzt in der unterwürfigen Haltung eines gut erzogenen Dieners vor uns. Ein auffallend hübscher Mann, groß, stattlich, mit einem breit abgeschnittenen Kinnbart und blassen, edel geformten Zügen.

"Wünschen Sie, daß das Essen sofort aufgetragen wird, Herr?"

"Ist es fertig?"

"In ein paar Minuten, Herr. Warmes Wasser finden Sie in Ihren Zimmern. Meine Frau und ich werden glücklich sein, Sir Henry, bei Ihnen zu bleiben, bis Sie Ihre Anordnungen getroffen haben, aber Sie werden begreifen, daß der Haushalt unter den neuen Verhältnissen eine beträchtliche Dienerschaft erfordern wird."

"Was für neue Verhältnisse meinen Sie?"

"Ich wollte nur sagen, Herr, daß Sir Charles sehr zurückgezogen lebte und daß wir ausreichten, um seine Ansprüche zu befriedigen. Sie werden natürlich größere Gesellschaft um sich haben, und deshalb werden Sie auch Veränderungen im Haushalt treffen müssen."

"Wollen Sie damit sagen, daß Sie und Ihre Frau gehen wollen?"

"Nur, wenn es Ihnen völlig genehm ist, Herr."

"Aber Ihre Familie ist doch mehrere Generationen hindurch bei uns gewesen, nicht wahr? Es sollte mir leid tun, wenn ich meine Niederlassung an diesem Ort damit beginnen müßte, eine solch alte Verbindung zu lösen."

Es kam mir vor, als nähme ich auf dem blassen Gesicht des Kammerdieners einige Anzeichen von Rührung wahr.

"Ich habe dasselbe Gefühl, Herr, und meine Frau auch," antwortete dieser. "Aber um die Wahrheit zu sagen, Herr, wir haben beide an Sir Charles gehangen; sein Tod ging uns sehr nahe, und seitdem weckt diese Umgebung nur noch schmerzvolle Erinnerungen in uns. Ich fürchte, wir werden, so lange wir auf Baskerville Hall sind, niemals unser frohes Gemüt wiederfinden."

"Aber was haben Sie denn vor?"

"Ich zweifle nicht, Herr, daß es uns gelingen wird, irgend ein Geschäft zu eröffnen. Sir Charles' Freigiebigkeit hat uns die Mittel verschafft. Und nun, meine Herren, ist es wohl am besten, wenn ich Ihnen Ihre Zimmer zeige."

Eine breite, von Balustraden eingefaßte Galerie lief dicht unter der Decke um die Halle herum; eine Doppeltreppe führte zu ihr hinauf. Von diesem Mittelpunkt aus erstreckten sich zwei lange Korridore, die die Türen zu allen Schlafzimmern enthielten, über die ganze Länge des Gebäudes hin. Mein Zimmer lag im selben Flügel wie das Sir Henrys, beinahe Tür an Tür. Diese Zimmer waren augenscheinlich viel moderner als der Mittelbau des Schlosses, und ihre hellen Tapeten sowie zahlreiche brennende Kerzen taten das ihre, um den düsteren Eindruck zu verscheuchen, der sich bei unserer Ankunft meines Geistes bemächtigt hatte.

Aber der Speisesaal, in den man von der Halle aus gelangte, war wieder trübselig und düster. Ein langes Zimmer mit einem erhöhten Ende, wo die Familie gespeist hatte; eine Stufe führte zu dem für die Dienstleute bestimmten niedrigeren Teil des Raumes. An einem Ende befand sich in halber Höhe eine Galerie, von wo aus die Barden ihre Vorträge gehalten hatten. Altersgeschwärzte Balken zogen sich über unseren Häuptern unter der rauchdunklen Decke hin. Von brennenden Fackeln erhellt, von den bunten Farben und der derben Heiterkeit eines mittelalterlichen Gelages erfüllt, mochte der Saal nicht so übel ausgesehen haben. Nun aber saßen in dem riesigen Raum nur zwei schwarzbefrackte Herren in dem kleinen Lichtkreis, der vom Schirm der Tischlampe begrenzt wurde, und da sank die Stimme zum Flüstern herab, und die Stimmung wurde melancholisch. Eine Reihe von Ahnenbildern in allen möglichen Trachten, vom Ritter der Elisabethischen Heldenzeit bis zum Dandy aus den Kreisen des Prinzregenten, starrten in der Halbdämmerung auf uns hernieder und bedrückten uns durch ihre schweigende Gesellschaft. Wir sprachen wenig, und ich für mein Teil war herzlich froh, als das Essen vorüber war und wir uns in das modern eingerichtete Billardzimmer zurückziehen konnten, um eine Zigarette zu rauchen.

"Es ist wahrlich kein sehr heiteres Haus," begann Sir Henry. "Ich glaube wohl, daß man sich allmählich eingewöhnen kann, aber augenblicklich komme ich mir noch ein bißchen verwirrt vor. Ich wundere mich nicht, daß mein Onkel ein wenig absonderlich wurde, wenn er ganz allein in solch einem Haus wohnte ... Doch wenn es Ihnen recht ist, wollen wir heute früh zu Bett gehen; vielleicht sieht das Ganze im Morgenlicht doch heiterer aus."

Ich zog, bevor ich mich zu Bett legte, die Vorhänge zurück und sah aus dem Fenster. Es ging auf den Rasenplatz vor dem Haupteingang. Im Hintergrund rauschten zwei Baumgruppen und wiegten sich im Nachtwind. Der Halbmond trat durch die Lücken der eilig ziehenden Wolken. In seinem kalten Licht sah ich hinter den Bäumen zackige Felsklippen und den langen niedrigen Bogen des melancholischen Moores. Ich zog die Vorhänge wieder zu; dieser letzte Eindruck paßte zu meiner bereits vorhandenen Stimmung.

Und doch war es noch nicht der allerletzte Eindruck. Ich war ermüdet und konnte trotzdem nicht einschlafen; unruhig warf ich mich von einer Seite auf die andere und suchte den Schlaf, der nicht kommen wollte. In der Ferne schlug jede Viertelstunde eine Glocke, sonst lag Totenstille über dem Haus. Dann plötzlich, in dem tiefen Grabesschweigen der Nacht, klang ein Laut an mein Ohr – ein heller, deutlicher, unverkennbarer Ton. Es war das Weinen einer Frau, ein unterdrücktes, halberSticktes Schluchzen, von Schmerz und Kummer gequält. . Ich setzte mich im Bett aufrecht und horchte mit gespannter Aufmerksamkeit. Das Geräusch konnte nicht weitab gewesen sein; ganz gewiß kam es aus dem Haus selbst. Eine halbe Stunde lang wartete ich mit Anspannung aller meiner Nerven, aber kein anderer Ton ließ sich hören als das Schlagen der Glocke und das Rascheln des Nachtwindes im Epheu draußen an der Wand.

Siebentes Kapitel
Die Stapletons von Merripit House

Der schöne frische Morgen des nächsten Tages tat einiges, um den trübseligen ersten Eindruck von Baskerville Hall etwas zu verwischen. Als Sir Henry und ich am Frühstückstisch saßen, flutete das Sonnenlicht durch die hohen Bogenfenster herein und warf bunte Farbflecke von den Wappen, womit die Scheiben bemalt waren, auf Diele und Wände. Das dunkle Holzgetäfel glühte in den goldenen Strahlen wie Bronze, und wir konnten uns kaum vorstellen, daß wir in demselben Zimmer saßen, welches am Abend vorher unsere Seelen so trübe gestimmt hatte.

"Mich dünkt, wir selber haben die Schuld daran gehabt und nicht das Haus." rief der Baronet. "Wir waren ermüdet von der Reise und kalt von der langen Wagenfahrt, deshalb kam uns das Haus so grau vor. Jetzt sind wir frisch und munter, und auch das Haus sieht wieder ganz heiter aus."

"Und doch ist es nicht nur auf unsere Einbildungskraft zurückzuführen," antwortete ich. "Haben Sie nicht zum Beispiel jemanden – ich glaube, es war eine Frau – während der Nacht schluchzen gehört?"

"Das ist sonderbar, was Sie da sagen. Es kam mir nämlich, als ich halb eingeschlafen war, vor, als hörte ich so etwas. Ich wartete ziemlich lange, aber es ließ sich nichts mehr hören, und ich nahm daher an, es wäre nur ein Traum gewesen."

"Ich hörte es ganz genau und bin sicher, daß es in der Tat das Schluchzen einer Frau war."

"Wir müssen uns sofort danach erkundigen." Er klingelte und fragte Barrymore, ob er uns über unsere Wahrnehmung Aufschluß geben könnte. Es kam mir so vor, als ob die bleichen Züge des Kammerdieners noch um eine Schattierung blasser würden, als er die Frage seines Herrn vernahm.

"Es sind nur zwei weibliche Personen im Haus, Sir Henry," antwortete er. "Die eine ist die Hausmagd, die im vorderen Flügel schläft; die andere ist meine Frau, und ich weiß bestimmt, daß die Töne unmöglich von ihr herrühren können."

Seine Worte waren indessen eine Lüge. Denn zufällig begegnete ich nach dem Frühstück der Frau Barrymore in dem langen Korridor, wo ihr das Sonnenlicht voll ins Gesicht fiel. Sie war eine großgewachsene Frau mit einem Ausdruck von Gleichmütigkeit auf ihren grobgeschnittenen Zügen und einem festgeschlossenen, ernsten Mund. Aber ihre Augen waren verräterisch, sie waren rot und sahen mich aus geschwollenen Lidern an. Also war sie es gewesen, die in der Nacht geweint hatte; und wenn dies der Fall war, so mußte ihr Mann es wissen. Trotzdem hatte er es gewagt, eine so leicht zu entdeckende Lüge vorzubringen. Warum? Und warum hatte sie so bitterlich geweint? Schon umschwebte diesen hübschen, blassen, schwarzbärtigen Mann eine geheimnisvolle Atmosphäre. Er hatte zuerst Sir Charles' Leichnam entdeckt; nur auf seiner Aussage beruhte unsere Kenntnis von den Umständen, die mit dem Tod des alten Herrn in Verbindung standen. War es vielleicht doch Barrymore, den wir in Regent Street in der Droschke gesehen hatten? Der Bart konnte wohl derselbe sein. Nach der Beschreibung des Droschkenkutschers war jener Mann bedeutend kleiner, aber bei solchen Angaben ist leicht ein Irrtum möglich. Wie konnte ich in dieser Beziehung völlige Klarheit erlangen? Offenbar war es vor allem anderen notwendig, den Postmeister von Grimpen zu besuchen und mich zu vergewissern, ob das Telegramm wirklich an Barrymore zu eigenen Händen abgeliefert worden war. Mochte die Antwort ausfallen, wie sie wollte, jedenfalls hatte ich bereits etwas an Sherlock Holmes zu berichten.

Sir Henry hatte nach dem Frühstück zahlreiche Papiere durchzusehen, so daß die Zeit für meinen Ausgang günstig war. Es war ein angenehmer Spaziergang von vier Meilen; ich wanderte am Rand des Moores entlang und kam schließlich zu einem altersgrauen Dörfchen, worin sich zwei größere Gebäude – das Wirtshaus und Dr. Mortimers Haus – hoch über die niedrigen Hütten erhoben. Der Postmeister, der zugleich den Kramladen des Örtchens führte, erinnerte sich des Telegramms noch vollkommen deutlich und sagte:

"Gewiß, Herr; das Telegramm habe ich genau nach Vorschrift an Herrn Barrymore bestellen lassen."

"Wer bestellte es?"

"Mein Junge hier. James, du bestelltest doch letzte Woche das Telegramm an Herrn Barrymore in der Hall, nicht wahr?"

"Ja, Vater, ich bestellte es."

"Zu eigenen Händen?" fragte ich.

"Je nun, er war gerade in dem Augenblick oben auf dem Boden; ich konnte es deshalb nicht eigenhändig an ihn bestellen, aber ich gab es an Frau Barrymore selber ab, und sie versprach, ihm das Telegramm sofort zu bringen."

"Bekamen Sie Herrn Barrymore zu sehen?"

"Nein, Herr; wie ich Ihnen sagte, war er auf dem Boden."

"Na, seine eigene Frau mußte doch wohl wissen, wo er war," sagte der Postmeister mürrisch. "Hat er denn das Telegramm nicht bekommen? Wenn irgend ein Versehen vorgefallen ist, so ist es Herrn Barrymores Sache, sich selber zu beschweren."

Es schien mir aussichtslos zu sein, noch weitere Fragen zu stellen. So viel war aber jedenfalls klar, daß wir trotz Sherlock Holmes' List keinen Beweis dafür hatten, daß Barrymore nicht doch in London gewesen war. Angenommen, es war so – angenommen, derselbe Mann, der zuletzt Sir Charles lebend gesehen hatte, sei der erste gewesen, der hinter dem neuen Herrn herspioniert hatte, als dieser nach England zurückgekehrt war – was folgte daraus? Handelte er im Auftrag anderer, oder trug er sich mit eigenen bösen Absichten?

Was für ein Interesse konnte er daran haben, die Baskervillesche Familie zu verfolgen? Mir fiel die seltsame Warnung ein, die aus dem Leitartikel der Times ausgeschnitten war. War das sein Werk, oder ging das möglicherweise von einem anderen aus, der seine Pläne durchkreuzen wollte? Der einzige Beweggrund, der sich denken ließ, war der von Sir Henry angedeutete: daß die Barrymores für Lebzeiten ein angenehmes Heim haben würden, wenn es ihnen gelänge, die Familie fortzugraulen. Aber eine solche Annahme reichte bei weitem nicht aus, um die augenscheinlich tief durchdachten und fein angelegten Pläne zu erklären, womit der junge Baronet wie mit einem unsichtbaren Netz umwoben worden war. Holmes selber hatte gesagt, ein verwickelterer Fall sei ihm während seiner ganzen ereignisvollen Tätigkeit nicht vorgekommen. Und als ich die einsame graue Straße entlang zurückwanderte, da betete ich zu Gott, mein Freund möchte sich bald von seinen Geschäften freimachen und herkommen können, um die schwere Last der Verantwortlichkeit von meinen Schultern zu nehmen.

Plötzlich wurde ich in meinem Nachdenken gestört, indem ich hinter mir schnelle Fußtritte und eine Stimme hörte, die meinen Namen rief. Ich drehte mich um, in der Erwartung, Dr. Mortimer zu sehen, zu meiner Überraschung aber war es ein Unbekannter, der mir nachlief. Es war ein kleiner hagerer Herr mit einem zarten, glattrasierten Gesicht, flachsblond und hohlwangig, dreißig bis vierzig Jahre alt, mit einem grauen Anzug und Strohhut bekleidet. Eine Botanisierbüchse hing über seiner Schulter, und in der einen Hand trug er ein grünes Schmetterlingsnetz.

"Gewiß werden Sie die Freiheit entschuldigen, die ich mir herausnehme, Herr Dr. Watson," sagte er, als er keuchend die Stelle, wo ich ihn erwartete, erreicht hatte. "Hier auf dem Moor sind wir Leute ohne viele Umstände und warten's nicht erst ab, daß wir in aller Form vorgestellt werden. Vielleicht haben Sie meinen Namen bereits von unserem beiderseitigen Bekannten Dr. Mortimer gehört. Ich bin Stapleton von Merripit House."

"Das hätten mir schon Ihr Netz und die Botanisierbüchse sagen können," antwortete ich, "denn ich wußte bereits, daß Herr Stapleton Naturforscher ist. Aber wie kommt es, daß Sie mich kennen?"

"Ich hatte bei Mortimer vorgesprochen, und er zeigte Sie mir vom Fenster aus, als Sie vorbeigingen. Da wir denselben Weg haben, so dachte ich, ich könnte Sie einholen und mich Ihnen selbst vorstellen. Ich nehme an, daß Sir Henry seine Reise gut bekommen ist?"

"Er ist wohl auf, danke."

"Wir befürchteten eigentlich alle, daß nach Sir Charles' traurigem Ende der neue Baronet vielleicht nicht hier würde wohnen wollen. Es ist von einem reichen Mann viel verlangt, in eine solche Gegend zu ziehen und sich selbst lebendig zu begraben. Aber ich brauche Ihnen nicht zu sagen, daß für die Gegend sehr viel darauf ankommt. Sir Henry hegt doch wohl keine abergläubischen Befürchtungen?"

"Das halte ich für sehr unwahrscheinlich."

"Natürlich kennen Sie die Legende von dem Höllenhund, der das Geschlecht verfolgt?"

"Ich habe davon gehört."

"Es geht über alle Begriffe, was für ein leichtgläubiges Volk die Bauern hier herum sind. Vom Ersten bis zum Letzten sind sie bereit, zu schwören, sie hätten solch ein Geschöpf auf dem Moor gesehen." Er sagte dies mit einem Lächeln,; ich glaubte indessen seinen Augen anzusehen, daß er die Sache ernster auffaßte. "Die Geschichte beschäftigte Sir Charles' Gedanken in hohem Maß und ich zweifle nicht, daß sie die Ursache seines tragischen Endes wurde."

"Aber wieso denn?"

"Seine Nerven waren so zerrüttet, daß der Anblick irgend eines Hundes wohl eine tödliche Wirkung haben konnte. Meiner Meinung nach hat der herzkranke Baronet in jener letzten Nacht wirklich etwas Derartiges in der Taxusallee gesehen. Ich fürchtete schon längst, ihm möchte irgend ein Unglücksfall zustoßen, denn ich hatte den alten Herrn sehr gern und ich wußte, daß sein Herz schwach war."

"Woher wußten Sie das?"

"Mein Freund Mortimer erzählte es mir."

"Sie glauben also, irgend ein Hund verfolgte Sir Charles und er starb aus Angst vor dem Tier?"

"Wissen Sie eine bessere Erklärung?"

"Ich habe mir noch keine bestimmte Meinung gebildet."

"Aber Herr Sherlock Holmes?"

Mir stand bei diesen Worten einen Augenblick der Atem still, aber ein schneller Blick auf das unbefangene Gesicht und die ruhigen Augen meines Begleiters zeigte mir, daß er es nicht auf eine Überrumpelung abgesehen hatte.

"Wir können nicht leugnen, daß Sie uns bekannt sind, Herr Doktor," sagte er. "Die Berichte von den Taten Ihres Detektivs sind auch zu uns gedrungen, und Sie konnten ihn nicht berühmt machen, ohne zugleich selber bekannt zu werden. Als Mortimer mir Ihren Namen nannte, konnte er es nicht ableugnen, daß Sie der wohlbekannte Gefährte des Herrn Holmes seien. Wenn Sie nun hier sind, so folgt daraus, daß Herr Sherlock Holmes sich für die Sache interessiert, und natürlich bin ich neugierig und möchte gerne hören, welche Ansicht er darüber hat."

"Diese Frage werde ich Ihnen wohl leider nicht beantworten können."

"Darf ich fragen, ob er uns mit seinem persönlichen Besuch zu beehren gedenkt?"

"Zur Zeit kann er nicht aus London fort. Seine Aufmerksamkeit ist von anderen Fällen in Anspruch genommen."

"Wie schade! Er hätte vielleicht etwas Licht in dieses Dunkel hineingebracht, das uns umgiebt. Wenn ich Ihnen aber bei Ihren eigenen Nachforschungen in irgendeiner Weise von Nutzen sein kann, so bitte ich Sie, über mich zu verfügen. Wenn ich irgend einen Anhalt hätte, in welche Richtung Ihr Verdacht geht, oder wie Sie Ihre Untersuchungen zu betreiben gedenken, so könnte ich Ihnen vielleicht sogar schon jetzt nützlichen Rat geben."

"Ich versichere Ihnen, ich bin ganz einfach hier auf Besuch bei meinem Freund Sir Henry und brauche keine Hilfe irgendwelcher Art."

"Ausgezeichnet!" sagte Stapleton. "Sie haben vollkommen recht, daß Sie vorsichtig und verschwiegen sind. Sie haben mir für meine, wie ich fühle, unentschuldbare Zudringlichkeit eine wohlverdiente Zurechtweisung erteilt, und ich verspreche Ihnen, die Sache nicht wieder zu erwähnen."

Wir waren inzwischen an eine Stelle gekommen, wo ein schmaler; grasbewachsener Pfad von der Straße abzweigte, um sich in Schlangenlinien über das Moor zu winden. Zur Rechten lag ein steiler, mit Felsblöcken übersäter Hügel, der in früherer Zeit als Steinbruch benutzt worden war. Die uns zugewandte Seite bildete eine dunkle Felswand, aus deren Spalten und Höhlungen Farnkräuter nickten und Brombeerbüsche hervorlugten. In einiger Entfernung schwankte am Himmel wie eine Riesenfeder eine graue Rauchwolke hin und her.

"Ein kleiner Spaziergang diesen Moorpfad entlang bringt uns nach Merripit House," sagte Stapleton. "Wenn Sie vielleicht eine Stunde übrig haben, so könnte ich mir das Vergnügen machen, Sie meiner Schwester vorzustellen."

Mein erster Gedanke war, daß ich eigentlich an Sir Henrys Seite gehörte. Aber dann erinnerte ich mich des Stoßes von Papieren und Rechnungen, mit denen sein Schreibtisch überdeckt war. Ich wußte, daß ich ihm beim Ordnen derselben nicht helfen konnte. Und Holmes hatte mir ausdrücklich gesagt, ich möchte die Nachbarn auf dem Moor genau studieren. Ich nahm also Stapletons Einladung an und wir gingen miteinander den schmalen Weg entlang.

"'s ist eine wunderbare Gegend, das Moor," sagte er und dabei ließ er seinen Blick über die langen grünen Hügelwellen mit ihren phantastischen Zackenkronen von Granit hinschweifen. "Des Moors wird man niemals überdrüssig. Sie glauben gar nicht, was für wunderbare Geheimnisse es verbirgt. Es ist so weit und so wüst und so geheimnisvoll."

"Sie kennen es wohl genau?"

"Ich bin erst seit zwei Jahren hier. In den Augen der Einheimischen bin ich noch immer ein Neuling. Wir kamen kurz nachdem Sir Charles sich niedergelassen hatte. Aber meine Liebhabereien trieben mich an, jeden Fleck hier in der Gegend genau zu erforschen, und ich glaube, daß es wenig Leute in dieser Gegend gibt, die sie besser kennen als ich."

"Ist es so schwer, sich hier zurechtzufinden?"

"Sehr schwer. Sehen Sie zum Beispiel die große Ebene da nach Norden hin, woraus die eigentümlich geformten Erhöhungen hervorstechen. Bemerken Sie irgend etwas Auffälliges daran?"

"Es wäre ein ausgezeichneter Platz für einen Galopp."

"Es ist ganz natürlich, daß Sie so denken, und dieser Gedanke hat schon manchen das Leben gekostet. Sie bemerken die hellgrünen Flecken, womit die Fläche dicht übersäet ist?"

"Ja, sie scheinen fruchtbarer zu sein als das übrige Land."

Stapleton lachte und rief:

"Das ist das große Grimpener Moor. Ein Fehltritt bringt Menschen wie Tieren den Tod. Erst gestern sah ich eins von den Moorponies hineingeraten. Es kam nie wieder empor. Eine ziemlich lange Zeit sah ich den Kopf des Tieres aus dem Morastloch hervorragen, aber schließlich saugte der Sumpf es doch hinunter. Sogar in den trockenen Jahreszeiten ist es gefährlich, über das Moor zu gehen, aber jetzt nach den Herbstregen ist es geradezu ein fürchterlicher Ort. Trotzdem finde ich meinen Weg zu den verborgensten Stellen und kehre lebend und gesund wieder zurück. Beim Himmel, da ist wieder eines von den unglücklichen Ponies im Sumpf!"

Etwas Braunes rollte und wälzte sich in den grünen Binsen. Dann schoß ein langer Hals, in Todesangst sich reckend, in die Höhe, und ein furchtbarer Schrei hallte über das Moor. Mich überlief es kalt vor Entsetzen, aber mein Begleiter schien stärkere Nerven zu besitzen als ich.

"Weg ist es," sagte er. "Der Sumpf hat's. Zwei in zwei Tagen und vielleicht noch viele mehr, denn sie streifen bei trockenem Wetter überall auf dem Moor herum und wissen nie den Morast vom festen Boden zu unterscheiden, bis der Sumpf sie gepackt hat. Ein gefährlicher Ort, das große Grimpener Moor."

"Und Sie sagen, Sie können sich hinaufwagen?"

"Ja, es sind ein oder zwei Fußpfade vorhanden, die ein sehr gewandter Mann benutzen kann. Ich habe sie aufgefunden."

"Aber warum begeben Sie sich denn auf einen so fürchterlich gefährlichen Boden?"

"Je nun, sehen Sie die Hügel dahinten? Das sind richtige Inseln, auf allen Seiten von dem ungangbaren Sumpf umschlossen. Da findet man die seltensten Pflanzen und Schmetterlinge, wenn man hinzugelangen weiß."

"Da werde ich auch nächstens mal mein Glück versuchen."

Er sah mich mit ganz verdutztem Gesicht an und rief:

"Schlagen Sie sich um Gottes willen einen solchen Gedanken aus dem Kopf! Ihr Blut würde über mein Haupt kommen. Ich versichere Ihnen, Sie hätten nicht die geringste Aussicht, lebendig wieder zurückzukommen. Auch ich vermag das nur, weil ich mir mehrere sehr schwer zu beschreibende Kennzeichen gemerkt habe."

"Hallo!" rief ich. "Was ist denn das?"

Ein langes tiefes Stöhnen von unbeschreiblich traurigem Ausdruck schwebte gleichsam über das Moor zu uns heran. Es erfüllte die ganze Luft, und doch war es unmöglich, genau zu sagen, woher es kam. Erst war es wie ein eintöniges Geflüster, dann schwoll es an zu einem tiefen Brüllen und verhallte wieder zu einem melancholischen, zitterigen Flüstern. Stapleton sah mich mit einem eigentümlichen Gesichtsausdruck an und sagte:

"Sonderbarer Ort, dieses Moor."

"Aber was war das?"

"Das Landvolk sagt, es sei der Hund von Baskerville, der nach seiner Beute brüllt. Ich habe es bisher ein- oder zweimal gehört, aber niemals so laut."

Ein Angstgefühl machte mir das Herz kalt, ich blickte rings um mich auf die gewaltige, von grünen Stellen übersprenkelte Ebene. Nichts regte sich auf der weiten Fläche als ein Paar Raben, die mit lautem Gekrächz auf einer Felsspitze hinter uns saßen.

"Sie sind ein wissenschaftlich gebildeter Mann," sagte ich. "Sie glauben doch nicht an einen solchen Unsinn? Was ist nach Ihrer Meinung die Ursache des seltsamen Tones?"

"Morastlöcher bringen manchmal sonderbare Geräusche hervor. Es kommt von herabsinkendem Schlamm oder vom aufsteigenden Wasser oder etwas ähnlichen."

"Nein, nein, das war die Stimme eines lebendigen Wesens."

"Nun, vielleicht war es das. Haben Sie schon mal eine Rohrdommel brüllen gehört?"

"Nein, niemals."

"Der Vogel ist in England jetzt sehr selten, man kann sagen, ausgestorben; aber auf dem Moor ist alles möglich. Ja, ich sollte mich nicht wundern, wenn sich feststellen ließe, daß der eben vernommene Ton der Schrei der letzten Rohrdommel war."

"Ich habe nie in meinem Leben so etwas Sonderbares, Geisterhaftes gehört."

"Ja, es ist eine recht unheimliche Gegend. Sehen Sie mal zu der Hügelreihe drüben. Was sehen Sie da?"

Der ganze steile Abhang war mit mindestens zwanzig ringförmigen grauen Steinbauten bedeckt.

"Was sind es denn für Dinger? Schafhürden?"

"Nein, es sind Heimstätten unserer werten Vorväter. In der vorgeschichtlichen Zeit war das Moor dicht von Menschen bevölkert, und weil später niemand mehr da gewohnt hat, so finden wir ihre ganze häusliche Einrichtung so, wie sie sie verlassen haben. Das sind ihre Wigwams ohne Dächer. Sie können sogar noch ihre Kochherde und ihre Lagerstätten sehen, wenn die Neugierde Sie hineinführt."

"Aber das ist ja eine richtige Stadt! Wann war sie bewohnt?"

"In der neueren Steinzeit – Datum unbekannt."

"Was taten die Menschen hier?"

"Sie weideten ihr Vieh auf diesen Abhängen; dann lernten sie nach Zinn zu graben, als das Bronzeschwert das Steinbeil zu verdrängen begann. Sehen Sie da, die tiefe Grube am gegenüberliegenden Hügel? Das sind ihre Spuren. Ja, Sie werden allerlei Absonderliches auf unserem Moor finden, Herr Doktor. O, entschuldigen Sie mich einen Augenblick. Ganz gewiß ist das ein Cyklopides."

Ein kleiner Käfer oder Falter war vor uns über den Weg geflattert, und im nu rannte Stapleton mit außerordentlicher Schnelligkeit und Gewandtheit hinter ihm her. Zu meinem Bedauern flog das kleine Ding auf den Morast zu, aber mein neuer Bekannter sprang, ohne sich zu besinnen, von einem Grasbüschel zum anderen, daß sein grünes Schmetterlingsnetz in der Luft flatterte. Ich sah ihm nach mit einem gemischten Gefühl von Bewunderung für seine außergewöhnliche Gewandtheit und von Furcht, er möchte den festen Grund unter den Füßen verlieren und in den trügerischen Morast hineingeraten. Plötzlich hörte ich Schritte und sah, als ich mich umdrehte, dicht vor mir auf dem Fußsteig eine weibliche Gestalt. Sie war aus der Richtung gekommen, in der, nach der Rauchsäule zu urteilen, Merripit House lag, aber die Bodenerhebung des Moores hatte sie meinen Blicken verborgen, bis sie mir ganz nahe war.

Ich konnte nicht daran zweifeln, daß ich Fräulein Stapleton, von der ich schon gehört hatte, vor mir sah; denn Damen mußten überhaupt sehr selten auf dem Moor sein, und ich erinnerte mich, daß von ihr als einer Schönheit gesprochen wurde. Eine Schönheit war die auf mich zukommende Frau ganz sicherlich, und zwar eine Schönheit ganz eigener Art. Man konnte sich keine größere Unähnlichkeit denken als zwischen diesem Geschwisterpaar; Stapleton hatte helles Haar und graue Augen, wie man's jeden Tag sieht, sie dagegen war die dunkelste Brünette, die ich bis dahin in England gesehen hatte – schlank, groß, elegant, ihr stolzes, feingeschnittenes Antlitz war so regelmäßig, daß man es hätte für ausdruckslos halten können, wären nicht die schönen Lippen und die lebhaften dunklen Augen gewesen. Mit ihrer tadellosen Figur und eleganten Kleidung war sie in der Tat eine eigenartige Erscheinung auf einem einsamen Moorfußpfad. Ihre Augen folgten ihrem Bruder, als ich mich umdrehte; dann beschleunigte sie ihren Schritt und kam auf mich zu. Ich hatte meinen Hut gelüftet und wollte einige erklärende Worte sagen, aber ihre Anrede lenkte alle meine Gedanken in eine neue Bahn.

"Reisen Sie ab!" sagte sie. "Reisen Sie augenblicklich wieder nach London!"

Ich starrte sie völlig verblüfft und sprachlos an. Ihre Augen blitzten mich an, und sie stampfte ungeduldig mit dem Fuß auf.

"Erklärungen kann ich nicht geben."

Sie sprach schnell, mit tiefer Stimme, an der mir ein eigentümliches Lispeln auffiel.

"Um's Himmels willen, tun Sie doch, worum ich Sie bitte! Reisen Sie ab und setzen Sie niemals wieder Ihren Fuß auf das Moor!"

"Aber ich bin ja gerade erst angekommen."

"Mann, Mann!" rief sie. "Können Sie nicht auf eine Warnung hören, die zu Ihrem eigenen Besten ist? Gehen Sie wieder nach London! Reisen Sie heute abend noch ab! Entfernen Sie sich unter allen Umständen von diesem Ort ... Schscht! Da kommt mein Bruder. Lassen Sie von meiner Warnung kein Wort gegen ihn verlauten. Wollen Sie so freundlich sein, mir die Orchidee dort hinten zwischen den Schachtelhalmen zu pflücken? Wir haben hier auf dem Moor sehr viele Orchideen; freilich sind Sie ein bißchen spät im Jahr gekommen, um noch alle Schönheiten unserer Gegend würdigen zu können."

Stapleton hatte die Jagd aufgegeben und kam mit heißen Wangen und schwerem Atem zu uns zurück.

"Sieh da, Beryl!" sagte er, und es kam mir vor, als klänge der Ton seiner Begrüßung nicht gerade sehr herzlich.

"Nun, Jack, du bist ja recht erhitzt."

"Ja, ich war auf der Jagd nach einem Cyclopides. Er ist sehr selten, besonders im Spätherbst. Schade, daß ich ihn nicht fangen konnte."

Er sprach in gleichgültigem Ton, aber seine kleinen, hellen Augen flogen dabei fortwährend zwischen dem Mädchen und mir hin und her.

"Du hast dich selbst bekannt gemacht, wie ich sehe," fuhr er fort.

"Ja. Ich sagte gerade zu Sir Henry, er sei ein bißchen spät gekommen, um die eigenartige Schönheit des Moors zu sehen."

"Sir Henry? Für wen hältst du denn den Herrn hier?"

"Ich denke, er muß Sir Henry Baskerville sein."

"Nein, nein!" rief ich. "Ich bin ein schlichter Bürgerlicher; aber ich bin sein Freund. Mein Name ist Dr. Watson."

Eine Blutwelle des Ärgers schoß über ihr ausdrucksvolles Gesicht, und sie sagte: "Unser Gespräch war also ein Mißverständnis."

"Na, zu einem Gespräch hattest du nicht viel Zeit," bemerkte ihr Bruder, wieder mit einem forschenden Blick.

"Ich sprach, als wäre Dr. Watson ein Bewohner unserer Gegend statt eines Besuchers," sagte sie. "Ihm muß es ziemlich gleichgültig sein, ob die Jahreszeit früh oder spät für Orchideen ist ... Aber Sie kommen doch gewiß mit nach Merripit House?"

Es war nur noch ein kurzer Weg bis zu dem nüchtern aussehenden echten Moorlandhaus, das früher der Gutshof eines wohlhabenden Viehzüchters war, sich jetzt aber im Innern zu einem modernen Wohnhaus gewandelt hatte. Ein Obstgarten umgab es, aber die Bäume wären verkümmert und verkrüppelt, und das Ganze machte einen ungemütlichen und melancholischen Eindruck. Der alte verschrumpfte Diener in schlechtsitzender Livree, der uns empfing, paßte zu seiner Umgebung.

Das Haus enthielt indessen geräumige Zimmer, die mit einer Eleganz eingerichtet waren, in der ich den Geschmack einer Dame zu erkennen glaubte. Ich warf durch das Fenster einen Blick auf das unendliche, mit Granitblöcken übersäte Moor, das sich ohne Unterbrechung bis zum fernen Horizont erstreckte, und ich mußte unwillkürlich bei mir denken: was kann denn nur einen feingebildeten Mann und ein schönes Mädchen veranlaßt haben, sich eine solche Gegend als Wohnort auszusuchen?

"Nicht wahr, ein sonderbarer Wohnsitz?" fragte er, als habe er meine Gedanken gelesen. "Und trotzdem fühlen wir uns hier recht glücklich – was, Beryl?"

"Sehr glücklich," erwiderte sie; aber ihre Worte klangen nicht eben überzeugend.

"Ich hatte eine Schule," fuhr Stapleton fort; "da oben im Norden. Die mechanische Arbeit war für einen Mann meiner Veranlagung nicht gerade interessant, aber ich empfand es doch als ein großes Glück, täglich mit dem jungen Volk zu verkehren, die Knabenseelen zu formen und sie mit meinen eigenen Idealen zu erfüllen. Leider war das Schicksal uns feindlich gesinnt. Eine gefährliche Epidemie brach in der Schule aus, und drei von den Knaben starben. Von diesem Schlag vermochte die Anstalt sich nicht wieder zu erholen, und der größte Teil meines Kapitals war unwiederbringlich verloren. Der Verlust des prächtigen Verkehrs mit meinen Jungen war mir sehr schmerzlich; aber davon abgesehen möchte ich mich über mein Mißgeschick beinahe freuen, denn ich finde hier ein unbegrenztes Arbeitsfeld für mein großes Interesse an Botanik und Zoologie, und meine Schwester liebt die Natur ebenso wie ich. Diese lange Rede, Herr Doktor Watson, hat sich nun über Ihrem Haupt entladen, weil sie mit so nachdenklicher Miene auf das Moor hinaussahen."

"Es ging mir allerdings durch den Sinn, es möchte hier wohl ein bißchen langweilig sein – weniger vielleicht für Sie, als für Ihre Schwester."

"O nein, ich langweile mich niemals," rief sie schnell.

"Wir haben unsere Bücher, unsere Studien, und wir haben interessante Nachbarn. Dr. Mortimer ist in seinem Fach ein sehr gelehrter Herr. Der arme Sir Charles war ebenfalls ein prächtiger Gesellschafter. Wir kannten ihn gut und vermissen ihn mehr, als ich Ihnen sagen kann. Glauben Sie, daß ich ungelegen käme, wenn ich schon heute nachmittag nach Baskerville Hall ginge und Sir Henrys Bekanntschaft machte?"

"Gewiß nicht; im Gegenteil, er wird sich sehr freuen."

"Dann sind Sie vielleicht so gut, ihm zu sagen, daß ich die Absicht habe. Wir können vielleicht unseren kleinen Teil dazu beitragen, ihm die Eingewöhnung in der neuen Umgebung zu erleichtern. Wollen Sie mit nach oben kommen, Herr Doktor, und sich meine Schmetterlingssammlung ansehen? Ich glaube, sie ist die vollständigste im südwestlichen England. Bis Sie damit fertig sind, wird wohl das Essen bereit sein."

Aber es trieb mich, wieder zu Sir Henry zu kommen. Die Melancholie der Moorlandschaft, der Tod des armen Pferdes, der geisterhafte Ton, der am hellen Mittag die grausige Sage von dem Höllenhund wieder heraufbeschworen hatte – dies alles gab meinen Gedanken eine düstere Richtung. Dann war zu diesen mehr oder weniger unbestimmten Eindrücken Fräulein Stapletons deutliche und gar nicht mißzuverstehende Warnung gekommen; sie hatte mit so eindringlichem Ernst gesprochen, daß es ohne Zweifel wichtige Gründe dazugab. Ich lehnte deshalb trotz allem Drängen die Einladung zum Frühstück ab und machte mich sofort auf den Rückweg.

Ich ging den grasbewachsenen Fußweg, auf dem wir gekommen waren; es mußte aber wohl noch einen kürzeren Weg geben, der den Eingeweihten bekannt war; denn bevor ich die Landstraße wieder erreicht hatte, sah ich zu meinem Erstaunen Fräulein Stapleton auf einem großen Stein neben dem Fußweg sitzen. Ihr Gesicht war von eiligem Lauf gerötet, wodurch sie übrigens noch schöner erschien, und sie hielt ihre Hand auf das Herz gepreßt.

"Ich bin den ganzen Weg gelaufen, um Sie zu überholen, Herr Doktor," sagte sie. "Ich hatte nicht mal so viel Zeit, um mir meinen Hut aufzusetzen. Lange darf ich mich nicht aufhalten, sonst würde mein Bruder meine Abwesenheit bemerken. Ich wollte Ihnen sagen, wie leid mir mein dummes Versehen tut, daß ich Sie für Sir Henry hielt. Bitte, vergessen Sie meine Worte, die für Sie durchaus keine Bedeutung haben."

"Aber ich *kann* sie nicht vergessen, Fräulein Stapleton," antwortete ich. "Ich bin Sir Henrys Freund, und sein Wohlergehen liegt mir sehr am Herzen. Sagen Sie mir, warum Sie so dringend auf Sir Henrys Rückkehr nach London bestehen?"

"Eine Weiberlaune, Herr Doktor. Wenn Sie mich näher kennen, so werden Sie sehen, daß ich nicht immer imstande bin, für meine Worte oder Handlungen Gründe anzugeben."

"Nein, nein! Der Ton Ihrer Stimme klingt mir noch in den Ohren. Ihr Blick steht mir noch vor Augen. Bitte, bitte, seien Sie offen gegen mich, Fräulein Stapleton; denn seit meiner Ankunft hier fühle ich mich von seltsamen Schatten umgeben. Das Leben kommt mir vor wie das große Grimpener Moor mit seinen unzähligen grünen Morastflecken, in denen man versinken kann. Und nirgends ein Führer, um den Pfad zu weisen. Bitte, sagen Sie mir, was Ihre Worte bedeuten und ich verspreche Ihnen, Ihre Warnung an Sir Henry zu bestellen."

Ein Ausdruck von Unentschlossenheit glitt einen Augenblick über ihr Gesicht; aber ihre Augen hatten bereits wieder ihren harten, kalten Glanz gewonnen, als sie mir antwortete:

"Sie legen meinen Worten eine zu große Bedeutung bei, Herr Doktor. Meinem Bruder und mir ging Sir Charles' Tod sehr nahe. Wir hatten sehr vertrauten Umgang mit ihm, denn sein Lieblingsweg führte ihn über das Moor zu unserem Haus. Er fühlte sehr tief den Fluch, der über seinem Geschlecht hing; als dann sein tragisches Ende kam, da hatte ich den ganz natürlichen Eindruck, seine oftmals geäußerten Befürchtungen könnten nicht ganz unbegründet gewesen sein. Es machte mir daher Angst, daß wieder ein Angehöriger seines Geschlechtes hier wohnen wollte, und ich hatte das Gefühl, ich müßte ihn vor der ihm drohenden Gefahr warnen. Weiter beabsichtigten meine Worte nichts."

"Aber worin besteht die Gefahr?"

"Sie kennen die Geschichte von dem Hund?"

"An solchen Unsinn glaube ich nicht."

"Aber ich! Wenn Sie irgendeinen Einfluß auf Sir Henry haben, so bringen Sie ihn weg von einem Ort, der für seine Familie stets verhängnisvoll gewesen ist. Die Welt ist groß. Warum soll er gerade an einem so gefährlichen Ort leben wollen?"

"Eben weil der Ort gefährlich ist. Das ist Sir Henrys Natur. Ich befürchte, wenn Sie mir keine bestimmtere Auskunft geben, so werde ich ihn keinesfalls zum Fortgehen bewegen können."

"Irgend etwas Bestimmtes kann ich nicht sagen, denn ich weiß nichts."

"Ich möchte an Sie noch eine Frage richten, Fräulein Stapleton. Wenn Sie mit Ihren ersten Worten, die Sie zu mir sagten, nur eine so unbestimmte Warnung beabsichtigten, warum waren Sie denn so ängstlich und besorgt, Ihren Bruder nichts davon hören zu lassen? Daran ist doch nichts, wogegen er oder sonst ein Mensch etwas einwenden könnte."

"Meinem Bruder liegt viel daran, daß Baskerville Hall bewohnt ist; er glaubt, das sei zum Vorteil unserer armen Moorleute. Er würde sehr ärgerlich sein, wenn er wüßte, daß ich irgend etwas sagte, was Sir Henry zum Fortgehen veranlassen könnte ... Aber ich habe jetzt meine Pflicht getan und will nichtsmehr sagen. Ich muß jetzt nach Hause; sonst merkt er, daß ich fort war und wird mich im Verdacht haben, daß ich mit Ihnen gesprochen habe. Leben Sie wohl!"

Sie drehte sich um und war in wenigen Minuten hinter den Granitblöcken verschwunden. Ich dagegen setzte meinen Weg nach Baskerville Hall fort, das Herz von unbestimmten Befürchtungen erfüllt.

Achtes Kapitel.
Erster Bericht des Doktor Watson

Von jetzt an will ich dem Gang der Ereignisse anhand meiner an Sherlock Holmes gerichteten Briefe folgen. Sie liegen vor mir auf meinem Schreibtisch. Ein Blatt fehlt; sonst aber teile ich sie genau so mit, wie sie geschrieben wurden, denn sie geben meine wechselnden Gefühle und Verdachtsgründe getreuer wieder, als es meinem Gedächtnis möglich wäre, obwohl auch dieses die tragischen Ereignisse klar und deutlich aufbewahrt hat:

Baskerville Hall, den 13. Oktober.

Mein lieber Holmes,

meine bisherigen Briefe und Depeschen haben Dich so ziemlich auf dem Laufenden erhalten, und Du weißt wohl alles, was in diesem höchst gottverlassenen Erdenwinkel vorgeht. Je länger man hier bleibt, desto tiefer drückt sich der Geist des Moors der Seele ein, seine Öde und auch sein schauriger Reiz. Hat man sich ihm einmal zu eigen gegeben, so ist man vom modernen England völlig abgeschnitten; dafür lernt man aber die Wohnstätten und den Tageslauf des vorgeschichtlichen Menschen um so genauer kennen. Wohin man geht, überall stößt man auf die Häuser dieses längst verschollenen Volkes, auf ihre Gräber und die großen Steinblöcke, die man für die Markstätten ihrer Tempel hält. Sieht man ihre grauen Steinhütten an den Hügelabhängen, so vergißt man die Zeit, in der man selber lebt; und käme aus der niedrigen Tür ein fellbehangener, behaarter Mann herausgekrochen, der seinen Pfeil mit Flintsteinspitze auf die Bogensehne leg – seine Anwesenheit würde einem ganz natürlich vorkommen. Das Sonderbarste ist die Frage, wie sie so dichtgedrängt auf einem Boden haben leben können, der zu allen Zeiten höchst unfruchtbar gewesen sein muß. Ich bin kein Altertumsforscher, aber ich möchte glauben, sie waren ein unkriegerisches, von vielen Feinden geplagtes Volk, das wohl oder übel mit dem zufrieden sein mußte, was kein anderer begehrte.

Doch dies alles hat mit der mir übertragenen Aufgabe nichts zu tun und wird wahrscheinlich Deinem streng aufs Praktische gerichteten Geist sehr wenig interessant vorkommen. Ich erinnere mich noch sehr gut, wie völlig gleichgültig es Dir war, ob die Sonne sich um die Erde, oder ob die Erde sich um die Sonne bewegt. Ich will mich also wieder den mit Sir Henry Baskerville in Verbindung stehenden Tatsachen zuwenden.

Daß Du in den letzten Tagen keinen Bericht erhieltest, erklärt sich daraus, daß nichts von Bedeutung zu melden war. Dann aber trat ein ganz überraschender Umstand ein, mit dem ich Dich im Verlauf meiner Darstellung bekannt machen werde. Vor allen Dingen aber muß ich Dich mit einigen anderen Umständen auf dem laufenden halten.

Eine von diesen ist die von mir bisher nur flüchtig erwähnte Flucht des Zuchthäuslers von Princetown. Er hatte das Moor erreicht; jetzt ist aber mit gutem Grund anzunehmen, daß er die Gegend gänzlich verlassen hat, was für die einsam wohnenden Landleute eine große Erleichterung von schwerer Sorge ist. Seit seiner Flucht sind zwei Wochen vergangen, und während dieser ganzen Zeit hat man von ihm weder etwas gesehen noch gehört. Daß er sich über diese vierzehn Tage auf dem Moor halten konnte, erscheint ausgeschlossen. Er hätte sich natürlich mit der größten Leichtigkeit verbergen können. Jede beliebige Steinhütte von dem prähistorischen Volk könnte ihm als Versteck dienen. Aber er würde nichts zu essen finden, wenn er nicht etwa ein Moorschaf finge und schlachtete. Wir glauben daher, daß er fort ist, und die Pächter am Moorrand schlafen jetzt wieder viel besser.

Wir im Schloß sind vier rüstige Männer, könnten uns also eines Angriffes leicht erwehren; aber ich gestehe, daß ich um die Stapletons besorgt war. Sie wohnen meilenweit von jeder menschlichen Hilfe entfernt. In ihrem Haus sind ein Dienstmädchen, der alte Diener, die Schwester und der Bruder, und dieser ist kein sehr kräftiger Mann. Sie wären völlig hilflos gewesen, wenn ein verzweifelter Bursche, wie der Mörder von Notting Hill, in ihr Haus eingedrungen wäre. Sir Henry begriff ebenso gut die Gefährlichkeit ihrer Lage und schlug ihnen vor, den Stallknecht Perkins zu ihnen zu schicken, um in Merripit House zu schlafen, aber Stapleton wollte nichts davon wissen.

Es läßt sich nicht leugnen, daß unser Freund, der Baronet, ein bedeutendes Interesse an unserer schönen Nachbarin zu zeigen beginnt. Das ist auch kein Wunder, denn einem so sehr an Tätigkeit gewöhnten Mann, wie Sir Henry, muß hier wohl die Zeit lang werden, und sie ist ein bezaubernd schönes Weib. Sie hat etwas Tropisches, Exotisches an sich, was in eigenartiger Weise von dem kühlen und verstandesmäßigen Wesen ihres Bruders absticht. Doch muß ich manchmal denken, daß auch in ihm ein verborgenes Feuer glüht. Ganz gewiß übt er auf sie einen sehr bedeutenden Einfluß aus, denn ich habe bemerkt, daß sie beim Sprechen fortwährend nach ihm hinsieht, als wollte sie sich bei jedem Wort, das sie sagt, seines Einverständnisses versichern. Ich will hoffen, daß er sie freundlich behandelt. In seinen Augen liegt ein kalter Glanz, und um seine dünnen Lippen zeigt sich ein fester Zug; beides läßt auf einen bestimmten und möglicherweise etwas herben Charakter schließen. Du würdest ihn mit Interesse näher studieren.

Schon am ersten Tag machte er Sir Henry seinen Besuch, und gleich am anderen Morgen nahm er uns mit zu der Stelle, wo der Sage nach der verruchte Hugo seinen Tod fand. Der Ort liegt ein paar Meilen jenseits des Moores und macht einen so traurigen Eindruck auf das Gemüt, daß man das Entstehen der Legende sehr wohl begreift.

Zwischen schroffen Felsen führt ein kurzes Tal auf einen offenen grasbewachsenen Raum, in dessen Mitte zwei große Steine mit scharfen Spitzen wie die riesigen Fangzähne eines ungeheuren Raubtiers aus dem Boden emporragen. Der Platz entspricht in jeder Beziehung der Szene der alten Tragödie, wie die Sage sie überliefert hat. Sir Henry fragte Stapleton mehr als einmal, ob er wirklich an die Möglichkeit glaube, daß übernatürliche Mächte sich in die Geschicke sterblicher Menschen einmischen könnten. Er sagte das in scherzendem Ton, aber es war leicht zu merken, daß er die Sache vollkommen ernst meinte. Stapleton war in seinen Antworten vorsichtig; er sagte offenbar nicht alles, was er dachte, und hielt seine wahre Ansicht aus Rücksicht auf die Gefühle des Baronets zurück. Er erzählte von ähnlichen Fällen von Familien, die unter solchen Verfolgungen zu leiden gehabt hätten, und wir hatten den Eindruck, daß er den Volksglauben in diesem Fall vollkommen teile.

Auf dem Rückweg kehrten wir zum Frühstück in Merripit House ein, und hier machte Sir Henry Fräulein Stapletons Bekanntschaft. Vom ersten Augenblick an schien er sich stark zu ihr hingezogen zu fühlen, und ich müßte mich sehr irren, wenn das Gefühl nicht gegenseitig wäre. Auf dem Heimweg fing er immer wieder an von ihr zu sprechen, und seitdem ist kaum ein Tag vergangen, an dem wir das Geschwisterpaar nicht gesehen haben. Heute abend speisen sie hier, und es ist die Rede davon, daß wir nächste Woche zu ihnen eingeladen werden sollen. Man sollte denken, eine solche Partie müßte Stapleton sehr willkommen sein, indessen habe ich mehr als einmal auf seinem Gesicht einen Ausdruck schärfster Mißbilligung gelesen, wenn Sir Henry seiner Schwester irgend ein Kompliment machte. Stapleton ist ihr freilich ohne jeden Zweifel sehr zugetan und sein Leben würde ja sehr einsam werden, wenn sie von ihm ginge, aber es wäre doch der Gipfel der Selbstsucht, wenn er ihr bei einer so überaus glänzenden Verbindung Hindernisse in den Weg legen wollte.

Aber so viel steht für mich fest: er wünscht nicht, daß ihr vertrauter Verkehr sich zu Liebe entwickelt, und ich habe verschiedene Male bemerkt, daß er sich bemühte, ein Zusammensein unter vier Augen zu verhindern. Nebenbei bemerkt würde Deine Weisung, ich dürfe Sir Henry niemals allein ausgehen lassen, noch viel lästiger werden, wenn zu unseren anderen Schwierigkeiten auch noch eine Liebesgeschichte hinzukäme. Meine Beliebtheit würde sehr bald ins Wanken geraten, wenn ich Deine Vorschriften in diesem Punkt buchstäblich ausführte.

Neulich – ganz genau am Donnerstag – frühstückte Dr. Mortimer bei uns. Er hat in Long Down einen Grabhügel untersucht und einen prähistorischen Schädel gefunden, der ihn mit großer Freude erfüllt. Er ist ein ganz großer Enthusiast. Nach dem Essen kamen auch die Stapletons, und der gute Doktor führte uns alle zu der Taxusallee, um uns auf Sir Henrys Bitten genau zu erklären, wie sich der Vorgang in der verhängnisvollen Nacht abspielte.

Die Taxusallee ist ein langer, öder Weg zwischen zwei hohen, beschnittenen Hecken; ein schmaler Grasstreifen befindet sich an jeder Seite.

Ungefähr auf halbem Weg ist die Moorpforte, wo der alte Herr seine Zigarrenasche hinterließ. Es ist eine weiße Lattentür, die mit einem Riegel verschlossen ist. Dahinter erstreckt sich das weite Moor. Ich erinnerte mich an deine Mutmaßung über den Hergang und versuchte mir ein Bild davon zu machen. Als der alte Herr an der Pforte stand, sah er irgend etwas über das Moor kommen, irgend ein Etwas, das ihn so in Schrecken setzte, daß er die Besinnung verlor und rannte und rannte, bis er vor nackter Angst und Erschöpfung tot umfiel. Was verfolgte ihn? Ein Schäferhund vom Moor? Oder ein schwarzer, schweigender, ungeheurer Gespensterhund? Waren Menschenhände dabei im Spiel? Wußte der wachsame blasse Barrymore mehr als er sagen wollte? Alles ist schwankend und vage, aber überall wirft ein Verbrechen seine dunklen Schatten über dieses Rätsel.

Seitdem ich meinen letzten Brief schrieb, habe ich noch einen anderen Nachbarn kennengelernt: Herrn Frankland von Lafter Hall, vier Meilen von uns in südlicher Richtung gelegen. Er ist ein älterer Herr mit rotem Gesicht, weißem Haar und höchst cholerischem Gemüt. Seine Leidenschaft ist das britische Recht, und er hat ein bedeutendes Vermögen in Prozessen draufgehen lassen. Er kämpft aus reiner Lust am Kampf und ist stets bereit, die eine oder die andere Seite eines Rechtsstreites zu seiner Sache zu machen; es ist daher kein Wunder, daß sich sein Vergnügen als recht kostspielig herausgestellt hat. Zuweilen erläßt er ein Verbot, irgend einen Weg zu benutzen; dann muß die Gemeinde erst einen Prozeß führen, um die Öffnung desselben durchzusetzen. Dann wieder reißt er eigenhändig irgend ein anderen Leuten gehörendes Gatter nieder und behauptet, es habe seit undenklichen Zeiten an der betreffenden Stelle ein freier Weg existiert. Dann muß der Eigentümer ebenfalls erst einen Prozeß führen, um sein Zugangsrecht zu behalten. Er ist ein Experte in altem Kommunal- und Gutsrecht, und er wendet sein Wissen manchmal zugunsten der Dörfler von Fernworthy an und manchmal gegen sie; so wird er zur verschiedenen Zeiten einmal im Triumph über die Dorfstraße getragen, ein andermal aber hätten sie ihn am liebsten verbrannt.

. Gegenwärtig soll er sieben Prozesse schweben haben, die wahrscheinlich den Rest seines Vermögens verschlingen werden; dann wird ihm der Stachel genommen und er in Zukunft ein harmloser alter Herr sein. Abgesehen von seiner Prozeßsucht macht er den Eindruck eines freundlichen und gutmütigen Menschen, und ich erwähne ihn nur, weil Du mir besonders einschärftest, ich sollte die Personen in unserer Umgebung genauer beschreiben.

Gegenwärtig hat er eine sonderbare Beschäftigung: er ist Amateur-Astronom und besitzt deshalb ein ausgezeichnetes Fernrohr. Mit diesem liegt er nun den ganzen Tag auf dem Dach seines Hauses und sieht auf das Moor hinaus in der Hoffnung, den entsprungenen Zuchthäusler zu entdecken. Wollte er seine Tatkraft hierauf beschränken, so wäre alles schön und gut, aber wie das Gerücht wissen will, beabsichtigt er dem Dr. Mortimer wegen seiner Ausgrabung des vorgeschichtlichen Schädels in Long Down einen Prozeß anzuhängen, weil er ohne Einwilligung des nächsten Anverwandten ein Grab geöffnet hat. Herr Frankland bringt ein bißchen Abwechselung in unser gar zu eintöniges Leben hier und sorgt für etwas Komik, die wir hier wirklich bitter nötig haben.

Und nun, nachdem ich Dir über den entsprungenen Sträfling, über die Stapletons, Dr. Mortimer und Herrn Frankland von Laster Hall alles mir Bekannte mitgeteilt habe, will ich mich zum Schluß dem wichtigsten Teil meines Berichtes zuwenden und Dir einiges Neue über die Barrymores melden, besonders eine überraschende Wendung, die die vorige Nacht gebracht hat.

Zunächst noch einiges über das Telegramm, das Du von London aus sandtest, um Gewißheit zu bekommen, ob Barrymore in Wirklichkeit hier war oder nicht. Wie ich bereits auseinandersetzte, geht aus dem Zeugnis des Postmeisters von Grimpen hervor, daß es keinerlei gültigen Beweis für den einen oder den anderen Fall gibt. Ich sagte Sir Henry, wie die Sache steht, und in seiner geraden offenen Art ließ er sofort Barrymore rufen und fragte ihn, ob er das Telegramm selber in Empfang genommen hätte. Der Kammerdiener bejahte die Frage.

"Lieferte der Junge es zu Ihren eigenen Händen ab?" fragte der Baronet weiter.

Barrymore machte ein überraschtes Gesicht, dachte eine kleine Weile nach und sagte dann:

"Nein; ich war in dem Moment gerade auf dem Dachboden und meine Frau brachte es mir herauf."

"Beantworteten Sie es selber?"

"Nein, ich sagte meiner Frau, was zu antworten sei, und sie ging hinunter, um es aufzuschreiben."

Am Abend kam Barrymore von selbst auf das Thema zurück, indem er sagte:

"Ich konnte nicht recht verstehen, welche Absicht Ihre Fragen von heute früh verfolgten, Sir Henry. Es war damit doch gewiß nicht bezweckt, mir eine Täuschung Ihres Vertrauens zur Last zu legen?"

Sir Henry mußte ihm versichern, dies sei nicht der Fall und gab ihm schließlich, um ihn nur wieder zu beruhigen, einen beträchtlichen Teil seiner alten Sachen; die in London bestellte neue Ausstattung ist nämlich jetzt eingetroffen. Frau Barrymore interessiert mich. Sie ist eine derbe, grobschlächtige Person, sehr beschränkt, durch und durch ehrenwert und mit einer Neigung zum Puritanischen. Rührselig ist sie sicherlich nicht im geringsten. Und doch hörte ich sie in der ersten Nacht meines Hierseins schluchzen, wie ich Dir bereits schrieb, und seitdem habe ich mehr als einmal auf ihrem Gesicht die Spuren von Tränen bemerkt. Irgend ein tiefer Kummer nagt ihr am Herzen. Manchmal frage ich mich, ob vielleicht ein schuldbeladenes Gewissen sie quält, manchmal habe ich Barrymore im Verdacht, ein Haustyrann zu sein. Von Anfang an hatte ich das Gefühl, daß sein Charakter seltsam und fragwürdig sei, aber mein Erlebnis von voriger Nacht gibt meinem Verdacht eine bestimmte Richtung – obgleich es Dir vielleicht an und für sich unbedeutend vorkommen wird.

Wie du weißt, habe ich keinen sehr festen Schlaf, und seitdem ich hier auf meinem Beobachtungsposten bin, ist mein Schlummer leiser denn je. Heute nacht – es war gegen zwei Uhr morgens – weckte mich das Geräusch verstohlener Schritte auf dem Korridor. Ich stand auf, öffnete meine Tür und lugte hinaus. Ein langer schwarzer Schatten schwebte den Gang entlang. Es war ein Mann, der mit einer Kerze in der Hand behutsam den Korridor hinunterging. Er war in Hemd und Hosen und barfüßig; ich konnte nur die Umrisse seiner Gestalt sehen, merkte aber an der Größe, daß es Barrymore war. Er ging sehr langsam und vorsichtig und seine ganze Erscheinung hatte etwas unbeschreiblich Scheues und Schuldbewußtes an sich.

Wie ich Dir bereits schrieb, wird der Korridor von der rund um die große Halle laufenden Empore unterbrochen, hat aber eine Fortsetzung jenseits derselben. Ich wartete, bis Barrymore verschwunden war und ging ihm dann nach. Als ich an der Empore vorbei war, hatte er bereits das andere Ende des Korridors erreicht und war, wie ich an einem aus einer offenen Thür herausfallenden Lichtschein sehen konnte, in eines der Zimmer getreten. Da nun alle diese Räume unbewohnt und unmöbliert sind, so wurde sein Vorhaben immer rätselhafter für mich. Der Lichtschein blieb immer auf einer Stelle, woraus man schließen konnte, daß

Barrymore still stand. Ich schlich mich so geräuschlos wie möglich den Gang entlang und sah in das Zimmer hinein. Barrymore hockte am Fenster und hielt sein Licht an die Scheibe. Sein Profil war mir halb zugewandt und sein Gesicht war starr gespannt; er spähte in die auf dem Moor liegende Finsternis hinaus. Mehrere Minuten lang wartete er; dann stieß er einen tiefen Seufzer aus und löschte das Licht. Sofort ging ich zu meinem Zimmer zurück, und ganz wenige Augenblicke darauf kamen wieder die verstohlenen Schritte an meiner Tür vorbei.

Viel später, als ich in einen leichten Schlummer gefallen war, hörte ich einen Schlüssel in einem Schloß drehen, konnte aber nicht feststellen, aus welcher Richtung der Laut kam.

Ich kann dir nicht erklären, was dies alles bedeutet, aber soviel ist sicher: etwas Geheimnisvolles geht in diesem Haus vor, und früher oder später werden wir dahinter kommen. Ich will Dich nicht mit Theorien behelligen, denn Du batest mich ja, bloß Tatsachen mitzuteilen. Ich habe heute früh ein langes Gespräch mit Sir Henry gehabt, und wir haben auf Grund meiner in der vorigen Nacht gemachten Beobachtungen einen Schlachtplan entworfen. Ich will heute nichts mehr darüber sagen, um auch meinem nächsten Bericht zu einer spannenden Lektüre werden zu lassen.

Neuntes Kapitel.
Zweiter Bericht des Doktor Watson

Das Licht über dem Moor

Baskerville Hall, den 15. Oktober.

Mein lieber Holmes!

Wenn ich in den ersten Tagen meiner hiesigen Tätigkeit genötigt war, Dich mit recht spärlichen Nachrichten abzuspeisen, so mußt Du zugeben, daß ich das Versäumte jetzt nachhole, denn die Ereignisse drängen und jagen jetzt einander. Der Höhepunkt meines letzten Berichtes war die überraschende Beobachtung Barrymores am Fenster; und heute habe ich wieder einen ganzen Haufen an Neuigkeiten, von denen ich annehmen darf, daß sie Dich nicht wenig überraschen werden. Die Ereignisse haben eine Wendung genommen, die sich gar nicht vorhersehen ließ. Die Verhältnisse sind in den letzten achtundvierzig Stunden in mancher Beziehung viel klarer, in mancher Beziehung aber auch viel verworrener geworden. Aber ich will Dir das Ganze berichten, und Du kannst dann selber urteilen.

Ehe ich mich am anderen Morgen zum Frühstück begab, ging ich in den Korridor hinunter und untersuchte das Zimmer, worin Barrymore die Nacht vorher gewesen war. Das Fenster in der Westwand, durch welches er mit so gespannter Aufmerksamkeit in die Nacht hinausgespäht hatte, zeichnet sich, wie ich sofort bemerkte, vor allen anderen Fenstern des Gebäudes durch eine ganz besondere Eigentümlichkeit aus: Man hat von dort einen vollkommenen Überblick über das Moor. Durch eine Lücke zwischen zwei Bäumen sieht man es ganz nahe und deutlich vor sich liegen, während man von den anderen Fenstern aus nur entferntere Partien des Moors in verschwommenen Umrissen sieht. Da also nur dies eine Fenster die erwähnte Aussicht aufweist, so folgt daraus, daß Barrymore irgendwen oder irgendwas auf dem Moor suchte. Die Nacht war sehr finster, ich kann mir daher kaum vorstellen, wie er hoffen konnte, jemanden in der Dunkelheit zu sehen. Mir war der Gedanke gekommen, es könnte sich möglicherweise um irgendeine Liebesaffäre handeln. Das hätte sein heimliches Umherschleichen und zugleich auch die niedergedrückte Stimmung seiner Frau erklärt. Der Mann ist ein auffallend hübscher Bursche, von dem man sich wohl denken kann, daß er einem Landmädel das Herz zu stehlen vermag; die Annahme erschien daher nicht ganz unbegründet. Das Öffnen der Tür, das ich später im gehört hatte, ließ sich damit erklären, daß er zu einem heimlichen Stelldichein ins Freie gegangen war. Mit diesem Gedanken beschäftigte ich mich den Morgen über, und ich wollte Dir meinen Verdacht doch jedenfalls mitteilen, wenngleich der Lauf der Ereignisse wohl dargetan dürfte, daß derselbe unbegründet war.

Aber mochte nun Barrymores nächtliches Herumwandern hiermit oder auf eine andere Weise zu erklären sein – ich fühlte, daß die Verantwortlichkeit, das Rätsel so lange für mich allein zu behalten, bis ich selber die Lösung gefunden, zu schwer auf mir lasten würde. Ich suchte also nach dem Frühstück den Baronet in seinem Arbeitszimmer auf und teilte ihm alles mit, was ich gesehen hatte. Er war weniger überrascht, als ich es erwartet hatte.

"Ich wußte bereits," sagte er, "daß Barrymore nächtlicherweile herumgeht und hatte die Absicht, mit ihm darüber zu sprechen. Zwei- oder dreimal habe ich, gerade um die von Ihnen genannte Stunde, seine Schritte im Korridor kommen und gehen hören."

"Dann macht er also vielleicht jede Nacht den Gang zu jenem Fenster?"

"Kann sein. Wenn es der Fall wäre, so könnten wir ihm ja heimlich nachgehen und sehen, was er dort treibt. Was würde wohl Ihr Freund Holmes tun, wenn er hier wäre?"

"Vermutlich genau dasselbe, was Sie soeben anregten," antwortete ich. "Er würde Barrymore nachgehen und mit eigenen Augen sehen, was er macht."

"Dann wollen wir zusammen gehen."

"Aber er würde uns ganz gewiß hören."

"Der Mann ist ziemlich schwerhörig – aber einerlei, wir müssen es darauf ankommen lassen. Wir wollen heute nacht aufbleiben und in meinem Zimmer warten, bis er vorbeikommt."

Sir Henry rieb sich vergnügt die Hände; augenscheinlich begrüßte er das Abenteuer als eine Abwechslung von seinem so ruhigen Leben auf dem Moor.

Der Baronet hat sich mit dem Baumeister, der für Sir Charles die Pläne entworfen hatte, und auch mit einem Londoner Bauunternehmer in Verbindung gesetzt; wir können daher erwarten, daß hier in kurzer Zeit große Veränderungen platzgreifen. Möbellieferanten und Tapezierer waren von Plymouth hier, und aus allem geht hervor, daß unser Freund sich mit großen Plänen trägt, und weder Geld noch Mühe zu sparen gedenkt, um den alten Glanz seiner Familie wiederherzustellen. Wenn das Haus umgebaut und neu eingerichtet ist, fehlt bloß noch eine Frau, um es vollständig zu machen. Unter uns gesagt: es geht aus recht deutlichen Anzeichen hervor, daß es daran nicht fehlen wird, wenn nur die Dame will, denn ich habe selten jemand so verliebt gesehen, wie er es in unsere schöne Nachbarin, Fräulein Stapleton ist. Es geht jedoch mit dieser Liebe nicht so sacht und eben, wie man es den Umständen nach erwarten sollte. Heute zum Beispiel kam ganz unerwartet etwas in die Quere, was unseren Freund sehr überrascht und geärgert hat.

Nach der soeben geschilderten Unterhaltung betreffs Barrymores setzte Sir Henry seinen Hut auf und machte sich zum Ausgehen fertig. Natürlich tat ich dasselbe.

"Was, gehen Sie auch aus, Watson?" fragte er, indem er mich ganz sonderbar ansah.

"Das kommt darauf an, ob Sie aufs Moor hinausgehen," antwortete ich.

"Jawohl, das tue ich."

"Nun, Sie wissen, was für Vorschriften ich habe. Es tut mir leid, mich aufzudrängen, aber Sie hörten ja selbst, wie ernstlich Holmes darauf bestand, daß ich Ihnen nicht von der Seite gehen, und besonders, daß ich Sie nicht allein aufs Moor hinauslassen dürfe."

Sir Henry legte mit einem freundlichen Lächeln seine Hand auf meine Schulter und sagte:

"Mein lieber Junge, Holmes hat in aller seiner Weisheit gewisse Dinge nicht vorausgesehen, die sich während meines Aufenthaltes hier auf dem Moor zugetragen haben. Sie verstehen mich. Ich bin gewiß, Sie sind der letzte, der den Spielverderber machen möchte. Ich muß allein gehen."

Das brachte mich in eine höchst unangenehme Lage. Ich wußte nicht, was ich sagen oder machen sollte, und bevor ich mit mir selbst im reinen war, hatte er seinen Stock genommen und war gegangen.

Als ich die Angelegenheit aber nochmals überdachte, machte ich mir die bittersten Vorwürfe, daß ich ihn, unter welchem Vorwand auch immer, den Augen gelassen hatte. Ich malte mir aus, mit welchen Gefühlen ich Dir vor Augen treten würde, wenn ich bekennen mußte, es hätte sich durch meine Vernachlässigung Deiner Anweisungen irgend ein Unglück zugetragen. Ich kann Dir sagen, bei dem bloßen Gedanken errötete ich. Dann fiel mir ein, es könnte vielleicht noch nicht zu spät sein ihn einzuholen; ich machte mich daher unverzüglich in die Richtung nach Merripit House auf den Weg.

So schnell ich laufen konnte, eilte ich die Straße entlang, konnte aber von Sir Henry nichts entdecken, bis ich an die Stelle kam, wo der Fußweg über das Moor abzweigt.. In der Befürchtung, ich wäre vielleicht überhaupt auf ganz falschem Weg, erstieg ich einen Hügel, von dem aus ich eine weite Aussicht haben mußte. Wirklich sah ich ihn sofort. Er ging ungefähr eine Viertelmeile entfernt auf dem Moorweg, und an seiner Seite befand sich eine Dame, die nur Fräulein Stapleton sein konnte. Offenbar herrschte bereits ein Einverständnis zwischen ihnen; sie mußten sich auf Verabredung getroffen haben. In ihr Gespräch vertieft gingen sie langsam auf dem Fußpfad weiter. Oft machte sie rasche, kleine Handbewegungen, als wenn sie etwas mit besonderem Nachdruck sagte; er hingegen hörte ihr mit gespannter Aufmerksamkeit zu und schüttelte ein paarmal in energischer Verneinung den Kopf. Hinter einem Felsblock verborgen, beobachtete ich sie mit größter Aufmerksamkeit; ich war ganz ratlos, was ich weiter tun sollte. Wäre ich ihnen nachgegangen und hätte mich in ihre vertrauliche Unterhaltung eingemischt, so wäre das eine beleidigende Taktlosigkeit gewesen; dabei aber schrieb mir meine Pflicht klar und deutlich vor, ihn keinen Augenblick aus den Augen zu verlieren. Einen Freund auszuspionieren war eine erbärmliche Aufgabe. Ich fand jedoch keinen anderen Ausweg, als ihn von meinem Hügel aus zu beobachten und ihm dies hinterher einzugestehen und dadurch mein Gewissen zu erleichtern. Wäre er von einer plötzlichen Gefahr bedroht worden, dann war ich freilich zu weit entfernt, um ihm von Nutzen sein zu können; Du wirst mir aber gewiß zugeben, daß ich in schwieriger Lage, und daß eine andere Handlungsweise für mich nicht möglich war.

Unser Freund Sir Henry und die Dame waren stehen geblieben und hatten augenscheinlich über ihrem Gespräch die ganze Außenwelt vergessen; plötzlich bemerkte ich, daß ich nicht der einzige Zeuge ihrer Zusammenkunft war. Es flatterte irgend etwas Grünes in der Luft und als ich näher hinsah, bemerkte ich, daß dieses Grüne an einem Stock befestigt war, und daß ein Mann, der sich schnell über den Moorgrund bewegte, diesen Stock trug, e. Es war Stapleton mit seinem Schmetterlingsnetz.

Er war viel näher bei dem Paar als ich und ging scheinbar auf sie zu. In diesem Augenblick zog Sir Henry Fräulein Stapelton an seine Seite. Sein Arm hielt sie umschlungen, aber mir schien, daß sie sich mit abgewandtem Gesicht losmachen wollte. Er bog seinen Kopf zu ihrem hinunter, aber sie hob eine Hand wie zur Abwehr. Im nächsten Augenblick lösten sie sich abrupt voneinander und wirbelten herum. Stapleton war Stapleton war der Störenfried. Er sprang in großen Sätzen auf sie zu, wobei sein Schmetterlingsnetz in lächerlicher Weise hinter ihm in der Luft flatterte. Er gestikulierte heftig, es sah fast so aus, als führte er einen wilden Tanz vor dem Liebespaar auf. Die Bedeutung der ganzen Szene konnte ich mir nicht erklären, aber mir kam es vor, als ob Stapleton Sir Henry heftige Vorwürfe machte. Dieser gab, wie es schien, Erklärungen ab und wurde dann auch ärgerlich, als der andere davon nichts hören wollte. Die Dame stand in stolzem Schweigen dabei.

Zuletzt drehte Stapleton sich kurz um und winkte mit gebieterischer Gebärde seiner Schwester; diese warf noch einen unentschlossenen Blick auf Sir Henry und entfernte sich dann an der Seite ihres Bruders. An den zornigen Gebärden des Naturforschers ließ sich erkennen, daß er auch mit seiner Schwester unzufrieden war. Der Baronet sah ihnen etwa eine Minute lang nach, dann ging er gesenkten Hauptes langsam den Weg zurück, den er gekommen war; ein Bild tiefer Niedergeschlagenheit.

Die Bedeutung des Vorfalls war mir, wie gesagt, unklar, aber ich schämte mich aufs tiefste, ohne Wissen meines Freundes einem nicht für Zeugen bestimmten Auftritt beigewohnt zu haben. Ich eilte daher den Hügel hinunter und traf unten mit dem Baronet zusammen. Sein Gesicht war vor Ärger gerötet und seine Augenbrauen waren in scharfem Nachdenken zusammengezogen, als wüßte er nicht, welchen Entschluß er fassen sollte.

"Hallo, Watson!" rief er, als er mich bemerkte. "Wo kommen Sie denn hergeschneit? Sie sind mir doch nicht etwa trotz alledem nachgegangen?"

Ich gab ihm eine offene Erklärung, daß es mir unmöglich gewesen wäre, zurückzubleiben, daß ich ihm deshalb gefolgt wäre und den ganzen Vorfall mit angesehen hätte. Zuerst sah er mich mit funkelnden Augen an, aber meine Freimütigkeit entwaffnete seinen Zorn, und zuletzt brach er in ein allerdings ziemlich trauriges Lachen aus und sagte:

"Man hätte doch denken sollen, daß man mitten in dieser Einöde ungestört seinen Privatangelegenheiten nachgehen könnte; aber, zum Donnerwetter, die ganze Nachbarschaft scheint sich auf die Beine gemacht zu haben, um sich meine Liebeswerbung anzusehen – freilich, eine recht klägliche Liebeswerbung. Welchen Platz hatten Sie denn, Doktor?"

"Ich war da oben auf dem Hügel."

"Also Stehplatz ganz hinten. Dafür aber war ihr Bruder ganz vorn, sozusagen Orchesterfauteuil. Sahen Sie ihn auf uns loskommen?"

"Ja."

"Machte er je auf Sie den Eindruck, daß er verrückt ist – ich meine ihren Bruder?"

"Das kann ich nicht von ihm sagen."

"Ich auch nicht. Ich hielt ihn bis heute für vollkommen vernünftig, aber glauben Sie mir, entweder er oder ich gehören in eine Zwangsjacke. Nun, wie steht's denn mit mir? Sie haben jetzt mehrere Wochen in meiner Gesellschaft gelebt, Watson. Sagen Sie mir frei heraus: Ist irgend etwas an mir, das verhindern könnte, für das Weib, das ich liebe, ein guter Gatte zu sein?"

"Das kann man ganz gewiß nicht behaupten."

"Gegen meine Stellung in der Welt kann er nichts einzuwenden haben, also muß ich selber ihm nicht recht sein. Was hat er gegen mich? Ich habe, soviel ich weiß, meiner Lebtage weder einem Mann noch einer Frau etwas zuleide getan. Und dabei will er mich nicht mal ihre Fingerspitzen anrühren lassen."

"Sagte er das?"

"Das und noch viel mehr. Wissen Sie, Watson, ich kenne sie erst diese paar Wochen, aber vom ersten Augenblick an fühlte ich, daß sie für mich geschaffen ist, und auch sie – sie war glücklich, wenn sie mit mir zusammen war, darauf will ich schwören. In einem Frauenauge ist ein gewisser Glanz, der deutlicher spricht als Worte. Aber er ließ uns nie ungestört beisammen sein und heute, zum ersten Mal, ergab sich die Möglichkeit, ein paar Worte mit ihr unter vier Augen zu sprechen. Sie freute sich ebenfalls, mit mir zusammen zukommen, aber als wir uns dann trafen, wollte sie nichts vonLiebe hören, geschweige denn selbst davon sprechen. Fortwährend kam sie darauf zurück, daß die Gegend gefahrvoll wäre und daß sie nicht mehr glücklich sein könnte, bevor ich den Ort verlassen hätte. Ich sagte ihr: seit ich sie gesehen, hätte ich's mit der Abreise durchaus nicht eilig, und wenn sie wirklich wünschte, daß ich ginge, so gebe es kein anderes Mittel, als wenn sie mit mir ginge. Und ich bot ihr in beredten Worten mich als Gatten an; aber bevor sie antworten konnte, da kam ihr Bruder auf uns losgesprungen mit einem Gesicht wie ein Irrsinniger. Er war kreideweiß vor Wut, und seine hellblauen Augen schleuderten Blitze. Was machte ich da mit der Dame? Wie könnte ich's wagen, ihr Aufmerksamkeiten zu erweisen, die ihr nicht willkommen wären. Glaubte ich vielleicht, weil ich Baronet wäre, könnte ich tun was mir gefiele?

Wäre er nicht ihr Bruder gewesen, so hätte ich wohl die richtige Antwort für ihn gehabt. So begnügte ich mich damit ihm zu sagen, meine Gefühle für seine Schwester wären von der Art, daß ich mich ihrer nicht zu schämen brauchte, und ich hoffte, sie würde mir die Ehre erweisen, meine Frau zu werden. Diese

Erklärung hatte aber anscheinend keine Wirkung; da verlor auch ich die Geduld und antwortete ihm hitziger als ich's wohl eigentlich hätte dürfen, da sie ja neben uns stand. Das Ende vom Liede war, daß er mit ihr fortging, wie Sie sahen, und hier stehe ich nun und bin ich völlig ratlos. Sagen Sie mir doch um Gottes willen, Watson, was dies alles bedeutet!"

Ich versuchte ein paar Erklärungen zu geben, aber ich war in der Tat selber vollkommen verwirrt. Unseres Freundes Adelstitel, sein Vermögen, sein Alter, sein Charakter, seine äußere Erscheinung – dies alles spricht zu seinen Gunsten, und ich weiß nicht, was man überhaupt gegen ihn anführen könnte – abgesehen vielleicht von dem düsteren Verhängnis, das seine Familie verfolgt. Daß sein Antrag so schroff zurückgewiesen wird, ohne daß die Dame überhaupt nur um ihre Meinung gefragt wurde, und daß die Dame sich ohne ein Wort des Protestes in diese Lage fügt – das ist sehr überraschend. Wir wurden indessen der Beschäftigung mit unseren Mutmaßungen bald überhoben, denn der Bruder machte noch am selben Nachmittag einen Besuch auf Baskerville Hall. Er kam, um sich wegen seines ungezogenen Benehmens zu entschuldigen, und das Endergebnis einer langen Unterredung, die er mit Sir Henry unter vier Augen in dessen Arbeitszimmer hatte, ist, daß der Bruch wieder vollkommen geheilt ist und daß wir zum Zeichen der Versöhnung am Freitag nach Merripit House zum Essen kommen sollen.

"Ich will nicht behaupten, daß er nicht verrückt ist," sagte Sir Henry zu mir. "Ich kann den Ausdruck nicht vergessen, der in seinen Augen lag, als er heute früh auf mich losstürzte, aber ich muß zugeben, daß niemand eine bessere Entschuldigung vorbringen konnte, als er es getan hat."

"Gab er irgend eine Erklärung für sein Benehmen?"

"Er sagt, seine Schwester sei sein ein und alles. Das ist ja auch ganz natürlich, und ich freue mich sogar darüber, daß er ihren Wert zu schätzen weiß. Sie sind immer zusammen gewesen, und er war, wie er sagt, jederzeit ein einsamer Mann, der niemals andere Gesellschaft hatte außer ihr; der Gedanke, sie verlieren zu müssen, sei für ihn daher geradezu fürchterlich gewesen. Er hätte nichts davon gemerkt, daß sich ein Verhältnis zwischen uns anbahnt, als er es dann aber mit eigenen Augen gesehen hätte und ihm zum Bewußtsein gekommen wäre, daß sie ihm vielleicht genommen würde, da hätte ihm das einen solchen Schlag versetzt, daß er eine Zeitlang nicht gewußt hätte, was er sagte oder tat. Der ganze Vorfall täte ihm außerordentlich leid, und er müßte zugeben, daß es töricht und selbstsüchtig von ihm sei sich einzubilden, daß er ein schönes Mädchen wie seine Schwester ihr ganzes Leben lang für sich behalten könne. Wenn sie ihn denn doch verlassen müßte, so wäre es ihm noch lieber, ein Nachbar wie ich bekäme sie, als sonst jemand. Aber jedenfalls wäre es ein harter Schlag für ihn, und er bedürfe einer gewissen Zeit, um sich damit abzufinden. Er wollte seinerseits auf jeden Widerstand verzichten, wenn ich dafür verspräche, drei Monate lang die Angelegenheit ruhen zu lassen, um mich damit zu begnügen, während dieser Zeit der Dame meine Freundschaft zu bezeigen und nicht um ihre Liebe zu werben. Das versprach ich ihm, und somit ist die Sache vorläufig erledigt."

So ist also eines von unseren Rätsel gelöst. Es bedeutet schon etwas in diesem Morast, im dem wir uns bewegen, wenigstens an einer Stelle auf festen Grund gekommen zu sein. Wir wissen jetzt, warum Stapleton mit so scheelen Blicken auf seiner Schwester Freier sah, obwohl dieser Freier ein so begehrenswerter Mann ist wie Sir Henry.

Und nun komme ich zu dem anderen Faden, den ich aus dem wirren Knäuel freigemacht habe, zu dem Geheimnis der nächtlichen Seufzer, der Tränenspuren auf Frau Barrymores Gesicht, der verstohlenen Wanderungen des Schloßverwalters zu dem Fenster an der westlichen Seite des Hauses. Wünsche mir Glück, mein lieber Holmes, und sage mir, daß ich Dich in meiner Tätigkeit als Dein Abgesandter nicht enttäuscht habe – daß Dir das Vertrauen, das Du mir mit Übertragung dieser Sendung zeigtest, nicht leid tut. Alle diese dunklen Punkte sind durch die Tätigkeit einer einzigen Nacht vollkommen aufgeklärt worden.

Ich sagte: ›durch die Tätigkeit einer einzigen Nacht,‹ aber in Wirklichkeit brauchten wir zwei Nächte dazu, denn in der ersten war unsere Mühe völlig vergeblich. Ich saß mit Sir Henry bis gegen drei Uhr früh in seinem Zimmer auf, aber kein Laut irgendwelcher Art ließ sich vernehmen; nur die Wanduhr auf dem Treppenflur hörten wir schlagen. Es war eine höchst melancholische Nachtwache, die damit endete, daß wir alle beide in unseren Stühlen einschliefen. Zum Glück waren wir durch unseren Mißerfolg nicht entmutigt, sondern wir beschlossen, noch einen Versuch zu machen. Am nächsten Abend schraubten wir wieder unser Lampenlicht niedrig und saßen Zigaretten rauchend in lautloser Stille da. Die Stunden schlichen mit unglaublicher Langsamkeit dahin; doch half uns eine Art von geduldiger Neugier darüber hinweg, wie sie wohl der Jäger zu spüren mag, der neben einer Falle, in der er ein wildes Tier zu fangen hofft, auf der Lauer liegt.

Es schlug eins – dann zwei – und wir hätten es beinahe zum zweitenmal, am Erfolg zweifelnd, aufgegeben – da plötzlich richteten wir uns beide zugleich kerzengerade in unseren Stühlen auf; alle unsere Sinne waren aufs schärfste angespannt: wir hörten auf dem Gang das leise Geräusch von Schritten.

Ganz leise, leise hörten wir den Mann entlangschleichen, bis das Geräusch in der Ferne erstarb. Dann öffnete der Baronet vorsichtig die Tür, und wir machten uns zur Verfolgung auf. Unser Mann war bereits bei der Galerie um die Ecke gebogen, und der Korridor lag in tiefer Finsternis da. Leise schlichen wir den Gang entlang zu dem anderen Flügel. Wir erhaschten gerade noch den Anblick der langen, schwarzbärtigen Gestalt, die, vornübergebeugt und auf den Zehenspitzen gehend, den Korridor entlangschlich. Dann trat er in dieselbe Tür ein wie das vorige Mal, und in dem Kerzenlicht zeichnete sich der viereckige Türrahmen mit gelbem Schein auf dem schwarzen Korridor ab. Wir tasteten uns vorsichtig nach jener Stelle hin; jedes Brett untersuchten wir erst mit dem Fuß, ehe wir wagten, es mit unserem ganzen Gewicht zu belasten. Aus Vorsicht hatten wir auch unsere Stiefel vorher ausgezogen, aber trotzdem ächzten und knarrten die alten Bretter unter unseren Tritten. Zuweilen dachten wir, es wäre unmöglich, daß er unsere Annäherung nicht hört. Aber der Mann ist zum Glück wirklich recht schwerhörig, und zudem waren seine Gedanken völlig von seinem Tun in Anspruch genommen. Nachdem wir endlich die Tür erreicht hatten und durch die Öffnung in das Zimmer spähten, sahen wir ihn mit der Kerze in der Hand vor dem Fenster hocken, das blasse Gesicht mit einem Ausdruck gespannter Aufmerksamkeit gegen eine der Scheiben gepreßt. Es war genau dieselbe Stellung, in der ich ihn zwei Nächte vorher überrascht hatte.

Wir hatten keinen bestimmten Plan, aber dem Wesen des Baronets entspricht es, stets den geradesten Weg zu gehen. Er betrat das Zimmer, und sofort sprang Barrymore mit einem scharfen, keuchenden Atemzug von seinem Platze am Fenster auf und stand bleich und zitternd vor uns. Seine dunklen Augen glühten aus der Blässe seines maskengleichen Gesichtes hervor und blickten voll von entsetzter Überraschung auf Sir Henry und mich.

"Was machen Sie hier, Barrymore?"

"Nichts, Herr!"

Seine Aufregung war so groß, daß er kaum sprechen konnte; er zitterte so stark, daß die Kerze, die er hielt, hüpfende Schatten an die Wand warf.

"Es war das Fensters, Herr! Ich mache nachts die Runde, um nachzusehen, ob die Fenster auch geschlossen sind."

"Im zweiten Stock?"

"Jawohl, Herr, ich untersuche alle Fenster."

"Hören Sie zu, Barrymore," sagte Sir Henry ernst. "Wir sind entschlossen, die Wahrheit aus Ihnen herauszubekommen. Sie sparen sich also Unannehmlichkeiten, wenn Sie sofort die Wahrheit sagen, anstatt noch länger damit zu warten. Also vorwärts! Keine Lügen! Was wollten Sie an diesem Fenster?"

Der Mann sah uns mit einem hilflosen Ausdruck an und krampfte die Hände zusammen, wie wenn er im höchsten Grade verzweifelt wäre.

"Ich tat nichts Böses, Herr. Ich hielt bloß ein Licht an das Fenster."

"Und warum hielten Sie ein Licht an das Fenster?"

"Fragen Sie mich nicht danach, Sir Henry – bitte, fragen Sie mich nicht! Ich gebe Ihnen mein Wort, Herr, daß es nicht *mein* Geheimnis ist, und daß ich es also nicht sagen kann. Wenn es nur mich selber beträfe, so würde es nicht vor Ihnen verbergen."

Ein plötzlicher Gedanke durchfuhr mich, und ich nahm die Kerze von dem Fensterbrett, worauf der Mann sie gestellt hatte.

"Er muß die Kerze als ein Zeichen ans Fenster gehalten haben," sagte ich. "Wir wollen doch mal sehen, ob nicht irgend eine Antwort darauf gegeben wird."

Ich hielt das Licht genau so, wie Barrymore es getan hatte, und spähte in die nächtliche Finsternis hinaus. Nur undeutlich konnte ich die schwarze Masse der Baumwipfel unterscheiden und dahinter die hellere Fläche des Moors, denn der Mond war hinter den Wolken verborgen. Dann auf einmal stieß ich einen triumphierenden Ruf aus, denn ein feines, nadelförmiges Lichtpünktchen durchbrach plötzlich den schwarzen Schleier und glühte, auf demselben Fleck bleibend, in dem dunklen, vom Fenster eingerahmten Viereck.

"Da ist's!" rief ich.

"Nein, nein, Herr; es ist nichts, wirklich nichts!" fiel der Diener ein. "Ich versichere Ihnen, Herr ..."

"Bewegen Sie Ihr Licht vor dem Fenster hin und her, Watson," rief der Baronet. "Sehen Sie, das andere bewegt sich ebenfalls. Nun, Sie Schurke, leugnen Sie immer noch, daß es ein Signal ist? Vorwärts, heraus mit der Sprache! Wer ist Ihr Mitverschworener da draußen, und was für eine Verschwörung ist hier im Gange?"

Barrymores Gesicht nahm plötzlich einen trotzigen Ausdruck an; er sagte:

"Das ist meine Sache und nicht Ihre. Ich sage nichts."

"Dann verlassen Sie auf der Stelle meinen Dienst."

"Sehr wohl, Herr. Wenn es sein muß, so tu' ich's."

"Und mit Schimpf und Schande gehen Sie aus meinem Haus. Zum Donnerwetter, Sie sollten sich doch schämen! Ihre Familie hat mit der meinigen seit einem Jahrhundert unter diesem Dach gewohnt, und hier finde ich Sie in eine lichtscheue Verschwörung gegen mich verwickelt."

"Nein, Herr, nein! Nicht gegen Sie!"

Es war eine weibliche Stimme, die diese Worte sprach, und als wir uns umdrehten, sahen wir Frau Barrymore noch bleicher und verstörter, als ihr Mann es war, in der Tür stehen. Ihre vierschrötige Gestalt, die in einen Unterrock und ein Umschlagetuch gehüllt war, machte fast einen komischen Eindruck; dieser verschwand jedoch sofort, wenn man den Ausdruck tiefer Angst auf ihrem Gesicht bemerkte.

"Wir müssen gehen, Eliza. Das ist das Ende vom Lied. Du kannst unsere Sachen packen." sagte der Mann.

"O, John, John, habe ich dich dahingebracht? Es ist meine Schuld, Sir Henry – nur meine ganz allein. Er hat nichts getan, als mir zu Gefallen zu sein, und weil ich ihn darum bat."

"Dann heraus mit der Sprache! Was bedeutet das alles?"

"Mein unglücklicher Bruder irrt hungernd auf dem Moor umher. Wir können ihn nicht unmittelbar vor unserer Tür umkommen lassen. Das Licht ist ein

Zeichen für ihn, daß wir Lebensmittel für ihn bereit halten, und das Licht dort drüben bezeichnet die Stelle, wohin wir das Essen bringen müssen."

"Dann ist also Ihr Bruder ...?"

"Der entsprungene Sträfling, ja, Herr ... der Verbrecher Selden."

"Das ist die Wahrheit, Herr," bestätigte Barrymore. "Ich sagte Ihnen, es wäre nicht mein Geheimnis, und ich könnte Ihnen nichts sagen. Aber nun haben Sie es selber gehört, und Sie werden verstehen, daß es keine Verschwörung gegen Sie war, wenn überhaupt von einer solchen die Rede sein kann."

Das also war die Erklärung des heimlichen nächtlichen Herumschleichens und des an das Fenster gehaltenen Lichtes. Sir Henry und ich starrten die Frau ganz verdutzt an. War es möglich, konnte diese augenscheinlich beschränkte, aber dabei ehrbare Person vom selben Fleisch und Blut sein wie einer der berüchtigtsten Verbrecher im ganzen Land?

"Ja, Herr," fuhr sie fort. "Ich hieß früher Selden, und er ist mein jüngerer Bruder. Wir verzogen ihn zu sehr als er ein kleiner Knirps war, und ließen ihm in allem seinen Willen, bis er zuletzt dachte, die ganze Welt sei nur zu seinem Vergnügen da, und er könnte tun, was ihm gefällt. Als er dann älter wurde, kam er in schlechte Gesellschaft, und der Teufel wurde Herr über ihn, bis er zuletzt meiner Mutter Herz brach und unseren guten Namen in den Schmutz zog. Von Verbrechen zu Verbrechen sank er immer tiefer und tiefer, und nur Gottes Gnade hat ihn vor dem Galgen bewahrt. Für mich aber, Herr, war er immer der krausköpfige kleine Junge, den ich als ältere Schwester aufgezogen und mit dem ich gespielt habe. Deshalb brach er aus dem Zuchthaus aus, Herr. Er wußte, daß ich hier war und ihm meine Hilfe nicht verweigern würde. Und als er sich dann eines Nachts erschöpft und halb verhungert an unsere Tür schleppte und die Verfolger ihm dicht auf den Fersen waren – ja, was konnten wir da tun? Wir ließen ihn ein und gaben ihm zu essen und pflegten ihn. Dann kamen Sie hierher, Herr, und mein Bruder dachte, es wäre sicherer für ihn draußen auf dem Moor, bis der erste Lärm und die Hetzjagd vorüber wären; deshalb verbarg er sich draußen. Aber jede zweite Nacht vergewissern wir uns, ob er noch da ist, indem wir ein Licht ins Fenster stellen, und wenn er auf dieses Zeichen antwortet, bringt mein Mann ihm Brot und Fleisch hinaus. Jeden Tag hoffen wir, er wäre fort, aber so lange er noch hier ist, können wir ihn nicht im Stich lassen. Das ist die ganze Wahrheit – so wahr ich eine ehrliche Christin bin, und Sie werden einsehen, wenn dabei jemand zu tadeln ist, so fällt der Vorwurf nicht auf meinen Mann, sondern nur auf mich allein, denn nur um meinetwillen hat er das alles getan."

Die Frau sprach mit solchem Ernst, daß man von ihrer Wahrhaftigkeit überzeugt sein mußte.

"Ist dies wahr, Barrymore?"

"Ja, Sir Henry! Vom ersten bis zum letzten Wort."

"Nun, ich kann Sie nicht dafür tadeln, daß Sie Ihrer Frau geholfen haben. Vergessen Sie, was ich Ihnen gesagt habe. Gehen Sie mit Ihrer Frau in Ihr Zimmer; morgen wollen wir weiter darüber sprechen."

Als sie fort waren, sahen wir wieder aus dem Fenster. Sir Henry hatte es aufgestoßen, und der kalte Nachtwind schlug uns ins Gesicht. In der finsteren Ferne glomm noch immer das gelbe Lichtpünktchen.

"Ich wundere mich, daß er das wagt," rief Sir Henry.

"Vielleicht ist das Licht so aufgestellt, daß es nur von hier aus sichtbar ist."

"Höchstwahrscheinlich. Wie weit ist es Ihrer Meinung nach entfernt?"

"Es scheint mir bei Clest Tor zu sein."

"Also nur eine oder zwei Meilen von hier?"

"Kaum so weit."

"Jedenfalls kann es nicht sehr weit sein, da Barrymore die Lebensmittel hinauszubringen hatte. Und da draußen wartet der Schurke, neben seinem Licht. Zum Donnerwetter, Watson, ich will hinaus und den Kerl festnehmen!"

Derselbe Gedanke war auch mir schon gekommen. Es konnte nicht davon die Rede sein, daß die Barrymores uns ins Vertrauen gezogen hatten. Ihr Geheimnis war ihnen mit Gewalt entrissen worden. Der Mann war eine Gefahr für die menschliche Gesellschaft, ein unbarmherziger Schurke, für den es kein Erbarmen und kein Mitleid gab. Wir taten nur unsere Pflicht, wenn wir ihn an den Ort zurückbrachten, wo er keinen Schaden anrichten konnte. Ließen wir diesen rohen, gewalttätigen Verbrecher aus den Händen, so würden andere dafür büßen müssen. Jede Nacht waren zum Beispiel unsere Nachbarn, die Stapletons, durch einen Angriff von ihm bedroht; vielleicht war es dieser letztere Gedanke, der Sir Henry so besonders erpicht auf das Abenteuer machte.

"Ich werde mitkommen," sagte ich.

"Dann holen Sie Ihren Revolver und ziehen Sie Ihre Stiefel an. Je eher wir uns auf den Weg machen, desto besser, sonst bläst der Kerl vielleicht sein Licht aus und macht sich davon."

Keine fünf Minuten später waren wir draußen. Schnell durchschritten wir den finsteren Baumgarten; der Nachtwind brauste eintönig, die fallenden Blätter raschelten. Die Nachtluft war drückend schwer von Nebel und Dunst. Ab und zu wurde der Mond für einen Augenblick sichtbar, aber der Himmel war dicht von eilenden Wolken überzogen, und gerade als wir auf das Moor hinaustraten, begann ein feiner Regen zu fallen. Das Licht brannte noch immer gerade vor uns auf demselben Fleck.

"Sind Sie bewaffnet?" fragte ich.

"Ich habe eine Jagdpeitsche."

"Wir müssen blitzschnell über ihn herfallen, denn er soll ein ganz verzweifelter Geselle sein. Wir werden ihn überraschen und überwältigen, ehe er nur an Widerstand denken kann."

"Na, Watson," sagte der Baronet, "was würde Holmes dazu sagen? Wie war das noch mit der Stunde der Finsternis, da die Macht des Bösen entfesselt ist?"

Gleichsam als Antwort auf diese Frage erhob sich plötzlich aus der düsteren weiten Fläche des Moors jener seltsame Schrei, den ich schon einmal, am Rande des großen Grimpener Sumpfes, vernommen hatte. Der Wind trug ihn durch das nächtliche Schweigen zu uns heran – ein langes, tiefes Stöhnen, dann ein anschwellendes Heulen und dann das grausige Seufzen, worin es ausklang. Immer und immer wieder erhob sich der Laut, die ganze Luft schien von dem wilden, drohenden, durchdringenden Klang erfüllt zu sein. Der Baronet packte mich am Ärmel, und ich sah trotz der Finsternis, daß sein Gesicht leichenblaß geworden war.

"Um Gottes willen, was ist das, Watson?"

"Ich weiß es nicht. Es ist ein Laut, der dem Moor eigentümlich ist. Ich hörte ihn früher schon einmal."

Der Ton verstummte, und tiefstes Schweigen umhüllte uns. Wir lauschten mit Anspannung aller unserer Nerven, aber es kam nichts mehr.

"Watson," sagte der Baronet, "es war das Geheul eines Hundes."

Mir erstarrte das Blut in den Adern, denn seine Stimme klang ganz gebrochen; offenbar hatte ihn ein plötzliches Entsetzen gepackt.

"Wie nennt man diesen Laut?" fragte er.

"Wer?"

"Nun, die Leute hier in der Gegend."

"Ach, das ist ja unwissendes Volk. Was kümmert es Sie, was die Leute darüber sagen."

"Sprechen Sie, Watson. Was sagen sie darüber?"

Ich zauderte, aber ich konnte der Beantwortung der Frage nicht ausweichen.

"Man sagt, es sei das Geheul des Hundes der Baskervilles."

Er stöhnte und schwieg einige Augenblicke. Endlich sagte er:

"Ein Hund war es; aber das Geheul schien aus weiter Ferne zu kommen; von dort drüben her, glaube ich."

"Es läßt sich schwer angeben, woher es kam."

"Es schwoll an und wurde schwächer mit dem Wind. Liegt nicht in jener Richtung der große Grimpener Sumpf?"

"Ja."

"Hm, dorther kam es. Seien Sie ehrlich, Watson. Glauben Sie nicht selber, es war das Geheul eines Bluthundes? Ich bin kein Kind. Sie können ohne Furcht die Wahrheit sagen."

"Stapleton war bei mir, als ich es das vorige Mal hörte; er sagte, es könnte möglicherweise der Schrei eines seltenen Vogels sein."

"Nein, nein, es war ein Hund. Mein Gott, kann denn wirklich etwas Wahres an all diesen Geschichten sein? Ist es möglich, daß mich wirklich eine so geheime, dunkle Gefahr bedroht? Sie glauben doch nicht daran, Watson, nicht wahr?"

"Nein, nein."

"Und doch, in London konnte man wohl darüber lachen, aber es ist was anderes, hier in der Finsternis auf dem Moor zu stehen und ein solches Geheul zu hören.

Und mein Onkel! Neben der Stelle, wo er lag, war die Fußspur eines riesigen Hundes. Es paßt alles zusammen. Ich denke, ich bin wirklich kein Feigling Watson, aber bei jenem Ton war es mir, als gefröre das Blut in meinen Adern. Fühlen Sie meine Hand."

Sie war so kalt wie ein Stück Marmor.

"Morgen wird Ihnen wieder ganz wohl sein."

"Ich glaube nicht, daß mir das Geheul je wieder aus dem Kopf geht. Was sollen wir Ihrer Meinung nach jetzt tun?"

"Sollen wir umkehren?"

"Zum Donnerwetter, nein! Wir sind hierher gekommen, um den Kerl zu fangen, und wir werden ihn fangen. Wir sind hinter dem Sträfling her, und ein Höllenhund ist ohne Zweifel hinter *uns* her. Vorwärts! Wir wollen die Sache zu Ende führen, und wenn alle Teufel der Hölle auf das Moor losgelassen wären."

Wir tappten langsam in der Finsternis vorwärts, rings um uns war der schwarze Kranz der zerklüfteten Felsenhügel, vor uns brannte, immer auf demselben Fleck, der gelbe Lichtpunkt. Über nichts täuscht man sich so leicht wie über die Entfernung eines Lichtes in stockfinsterer Nacht; zuweilen sah es aus wie ein Flimmern am fernen Horizont, dann wieder schien es ein paar Ellen vor uns zu sein. Schließlich aber sahen wir, woher der Schein kam, und erkannten zugleich, daß wir ganz dicht dabei waren. Eine tropfende Kerze war in eine Felsenspalte gestellt; das Gestein schützte die Flamme auf beiden Seiten vor dem Wind und bewirkte zugleich, daß der Lichtschein nur von Baskerville Hall her gesehen werden konnte. Ein Granitblock ermöglichte uns, ungesehen näher zu kommen; wir kauerten uns hinter dieser Deckung zusammen und spähten nach dem Signallicht. Einen seltsamen Anblick bot diese einsame Kerze, die hier mitten auf dem Moor brannte. Kein Zeichen des Lebens ringsum – nur diese eine gelbe Flamme und der Widerschein des Lichtes auf dem Fels zu beiden Seiten.

"Was sollen wir jetzt tun?" flüsterte Sir Henry.

"Hier warten. Er muß in der Nähe seines Lichtes sein. Wir wollen versuchen, ihn zu Gesicht zu bekommen."

Ich hatte kaum diese Worte ausgesprochen, als wir ihn beide sahen. Über den Felsen, in der Spalte, worin das Licht brannte, streckte sich ein fahlgelbes Gesicht vor, ein scheußlich viehisches Gesicht, von niedrigen Leidenschaften verzerrt und durchfurcht. Vom Morast besudelt, von zottigem Bart und wirrem Haar umgeben, hätte man es wohl für das Gesicht eines jener vorgeschichtlichen Wilden halten können, die in den Höhlen am Hügelabhang gelebt hatten. Das unter ihm brennende Licht spiegelte sich in seinen kleinen schlauen Augen, die mit wildem Blick sich nach rechts und links durch die Finsternis bohrten, wie die Augen eines listigen Raubtiers, das den Schritt des Jägers gehört hat.

Augenscheinlich hatte irgend etwas seinen Verdacht erregt. Vielleicht hatte sonst Barrymore irgend ein anderes Zeichen gegeben, das wir nicht kannten, vielleicht hatte der Mann auch einen anderen Grund, anzunehmen, daß nicht alles in Ordnung war. Die Furcht war deutlich auf seinem Verbrechergesicht zu lesen. Jeden Augenblick konnte er sich mit einem Sprung aus dem Lichtschein entfernen und in der Dunkelheit verschwinden. Ich sprang deshalb auf ihn zu, und Sir Henry folgte meinem Beispiel. Im selben Augenblick schrie der Zuchthäusler uns einen wütenden Fluch entgegen und schleuderte einen großen Stein, der an dem uns bisher zur Deckung dienenden Granitblock in Stücke zerschellte. Als er auf die Füße sprang und sich zur Flucht wandte, konnte ich einen kurzen Blick auf seine kurze, stämmige und kräftige Gestalt werfen. Im selben Augenblick hatten wir das Glück, daß der Mond die Wolken durchbrach. Wir sprangen eiligst auf den Gipfel des Hügels hinauf, und da sahen wir unseren Mann mit großer Schnelligkeit auf der anderen Seite herunterrennen und die Steine, die ihm im Wege waren, mit der Gewandtheit einer Bergziege überspringen. Ein glücklicher Schuß meines Revolvers hätte ihn vielleicht zum Krüppel machen können, aber ich hatte die Waffe nur zu meiner Verteidigung mitgenommen und nicht, um auf einen unbewaffneten und fliehenden Menschen zu schießen.

Wir waren beide gute Läufer und beide gesund und kräftig, aber wir fanden bald, daß wir keine Aussicht hatten, ihn einzuholen. Lange sahen wir ihn im Mondschein vor uns herrennen, bis er sich schließlich nur noch wie ein kleiner Punkt zwischen den Granitblöcken am Abhang eines entfernten Hügels in eiligem Laufe hindurchwand. Wir rannten und rannten, bis uns der Atem völlig ausging, aber der Abstand wurde nur immer größer. Schließlich gaben wir die Verfolgung auf und setzten uns keuchend auf zwei große Steine; von hier aus sahen wir ihn in der Ferne verschwinden.

Und in diesem Augenblick trat etwas ganz Seltsames und Unerwartetes ein. Wir waren von unseren Steinblöcken aufgestanden, um nach Hause zu gehen, denn die Verfolgung hatten wir als gänzlich hoffnungslos aufgegeben. Zu unserer Rechten stand der Mond niedrig am Himmel, und die zackige Spitze eines Granitfelsens hob sich von dem unteren Rand der silbernen Mondscheibe ab. Und in scharfen Umrissen, schwarz wie eine Ebenholzstatue von dem leuchtenden Hintergrund sich abhebend, sah ich die Gestalt eines Mannes auf der Felsspitze stehen.

Glaube ja nicht, Holmes, es sei eine Sinnestäuschung gewesen. Ich versichere Dir, ich habe nie in meinem Leben etwas klarer und deutlicher gesehen. Soweit ich es beurteilen konnte, war es die Gestalt eines großen, schlanken Mannes. Er stand mit etwas auseinandergespreizten Beinen, mit gefalteten Armen und gesenktem Kopf, als betrachte er grübelnd die ungeheure Einöde von Moor und Granit, die da vor ihm lag. So konnte man sich den bösen Geist denken, der diesem furchtbaren Ort gebot. Der Sträfling war es nicht. Dieser Mann stand weitab von der Stelle, wo Selden verschwunden war. Außerdem war er viel größer. Mit einem Ausruf der Überraschung streckte ich meinen Arm aus, um ihn dem Baronet zu zeigen; aber in dem Augenblick, wo ich mich zu Sir Henry umgedreht hatte, war der Mann verschwunden. Die scharfe Granitspitze hob sich noch immer vom unteren Rand der Mondscheibe ab, aber von der schweigenden und regungslosen Gestalt war kein Spur mehr zu sehen. Ich wäre gern hingegangen und hätte die Felsspitze untersucht, aber die Entfernung bis dahin war ziemlich groß. Des Baronets Nerven waren noch von jenem Geheul angegriffen, das ihm das düstere Schicksal seiner Familie zum Bewußtsein gebracht hatte, und er war nicht in der Stimmung, neue Abenteuer zu suchen. Er hatte den einsamen Mann auf der Felsenspitze nicht gesehen und konnte den Schauer nicht fühlen, der mich beim Anblick der seltsamen, herrischen Gestalt durchrieselt hatte.

"Ohne Zweifel einer von den Zuchthausaufsehern." bemerkte Sir Henry. "Seit der Flucht dieses Kerls wimmelt das Moor von ihnen."

Nun, vielleicht mag er mit dieser Erklärung recht haben, aber es wäre mir doch lieb, noch weitere Beweise dafür zu bekommen. Heute gedenken wir, den Beamten von Princetown mitzuteilen, wo sie nach ihrem Flüchtling suchen müssen, aber es tut uns doch außerordentlich leid, daß wir nicht den Triumph gehabt haben, ihn als unseren eigenen Gefangenen einzuliefern.

Dies sind also die Ereignisse der letzten Nacht, mein lieber Holmes, und Du wirst zugeben, daß ich Dich mit meinem Bericht sehr gut bedient habe. Ohne Zweifel wird vieles von dem Angeführten ohne jede Bedeutung sein, ich bin aber überzeugt, es ist das beste, wenn ich Dir alle Tatsachen ohne Ausnahme übermittle und Dich selber eine Auswahl treffen lasse, um Deine Schlüsse zu ziehen. Ganz sicherlich machen wir Fortschritte. In Bezug auf die Barrymores haben wir den Beweggrund für ihr Handeln ausfindig gemacht, und das hat die Lage ganz bedeutend aufgeklärt. Aber das Moor mit seinen Geheimnissen und seinen seltsamen Bewohnern bleibt unergründlich wie immer. Vielleicht kann ich in meinem nächsten Brief auch diese Dunkelheit ein wenig aufhellen. Am allerbesten aber wäre es, Du kämst selber zu uns herüber.

Kapitel 10.
Auszug dem Tagebuch von Dr. Watson

Bis zu diesem Punkt meiner Erzählung brauchte ich nur die Berichte abzuschreiben, die ich am Anfang meines Aufenthaltes auf Baskerville Hall an Sherlock Holmes sandte. Jetzt bin ich jedoch an einer Stelle, wo diese Methode sich nicht mehr anwenden läßt; ich muß von nun an wieder aus meinen Erinnerungen schöpfen, habe dabei aber als Unterlage die Aufzeichnungen, die ich damals in mein Tagebuch eintrug. Ich gebe zunächst einige Auszüge daraus und komme dann sofort zu jenen Ereignissen, die sich in unauslöschlichen Zügen meinem Gedächtnis eingeprägt haben. Ich beginne mit dem Morgen, der auf unsere ergebnislose Jagd nach dem Sträfling und auf die anderen seltsamen Erscheinungen in der Mooreinsamkeit folgte.

Den 16. Oktober. Ein trüber, nebeliger Tag mit unaufhörlichem feinen Sprühregen. Das Haus ist in schwere Wolken gehüllt, die sich von Zeit zu Zeit lichten und dann einen Blick auf die öden Wellenlinien der Moorlandschaft eröffnen; auf den Flanken der Hügel sieht man dünne, silberweiße Adern, und die Granitblöcke leuchten in der Ferne auf, wenn ein Lichtschein auf ihr nasses Gestein fällt. Melancholische Stimmung draußen und drinnen. Der Baronet ist nach den Aufregungen der letzten Nacht abgespannt und in düsterer Laune. Mir selber ist das Herz schwer, und ich habe das Gefühl, daß eine Gefahr droht – eine immer gegenwärtige Gefahr, die um so furchtbarer ist, da ich nicht angeben kann, worin sie besteht.

Und habe ich nicht Ursache zu solchen Befürchtungen? Wir blicken jetzt auf eine lange Reihenfolge einzelner Ereignisse zurück, die alle ohne Ausnahme darauf schließen lassen, daß irgend eine unheimliche Macht in unserer Nähe am Werk ist. Da ist zunächst der Tod des vorigen Schloßherrn, ein Ereignis, das so genau mit den Überlieferungen der alten Familiensage übereinstimmt. Dann haben wir die Berichte zahlreicher Landleute, die alle eine grausige Kreatur auf dem Moor gesehen haben. Zweimal hörte ich mit meinen eigenen Ohren jenen Laut, der dem fernen Gebell eines großen Hundes gleicht. Es ist unglaublich, ja unmöglich, daß dieser Laut wirklich dem Gebiet des Übernatürlichen angehört. Einen Gespensterhund, der körperliche Fußspuren zurückläßt und die Luft mit seinem Geheul erfüllt, den gibt es nicht, ganz gewiß nicht. Mag Stapleton sich solchem Aberglauben hingeben und Doktor Mortimer sich ihm anschließen – aber wenn ich überhaupt irgend eine hervorstechende Eigenschaft habe, so ist es nüchterner, gesunder Menschenverstand, und nichts wird mich dazu bringen, an so etwas zu glauben. Damit würde ich ja zu dem Niveau der armen Bauersleute herabsteigen, die nicht einmal mit einem gewöhnlichen Gespensterhund zufrieden sind, sondern ihn als ein Tier beschreiben, dem höllisches Feuer aus Maul und Augen sprüht. Von solchen Phantastereien würde Holmes nichts wissen wollen, und ich bin hier als sein Vertreter. Aber Tatsachen sind und bleiben Tatsachen, und ich habe zweimal sein Geheul auf dem Moor gehört. Nehmen wir an, es triebe sich wirklich irgendein riesiger Hund auf dem Moor herum – damit ließe sich ja alles erklären. Aber wo könnte ein solcher Hund verborgen liegen, wo bekäme er zu fressen, woher wäre er gekommen, und wie ginge es zu, daß kein Mensch ihn je bei Tage gesehen hat? Ich muß zugeben, daß die natürliche Erklärung fast ebenso viele Schwierigkeiten bietet wie die andere. Und ganz abgesehen vom Hund – es bleibt die Tatsache bestehen, daß in London irgendeine menschliche Hand im Spiel war; wir hatten den Mann in der Droschke und den Warnbrief, der Sir Henry aufforderte, dem Moor fernzubleiben. Dieser Brief zum mindesten existierte tatsächlich, aber er konnte ebenso von einem wohlgesonnenen Freund, wie von einem Feind ausgehen. Wo war in diesem Augenblick dieser Freund oder Feind? War er in London geblieben oder war er uns hierher gefolgt? Konnte er – konnte er der Fremde sein, den ich auf dem Moor gesehen hatte?

Allerdings habe ich nur jenen einzigen flüchtigen Blick auf ihn geworfen – und doch, es sind bei diesem Erlebnis verschiedene Umstände vorhanden, deren ich so sicher bin, daß ich darauf schwören kann. Der Fremde gehört nicht zu den

Leuten, mit denen ich hier bekannt geworden bin – und ich habe jetzt sämtliche Leute der ganzen Gegend gesehen. Er war der Gestalt nach viel größer als Stapleton, viel schlanker als Frankland. Barrymore hätte es möglicherweise sein können, aber diesen hatten wir im Haus zurückgelassen, und ich bin sicher, daß er uns nicht unbemerkt hätte folgen können. Also verfolgt uns hier ein Fremder auf Schritt und Tritt, gerade wie ein Fremder uns in London beschattet hat. Wir sind ihn die ganze Zeit über nicht losgeworden. Könnte ich meine Hand auf diesen Mann legen, so wären wir vielleicht am Ende aller unserer Schwierigkeiten. Zur Erreichung dieses Ziels muß ich jetzt alle meine Kräfte anspannen.

Mein erster Gedanke war, Sir Henry von allen meinen Plänen in Kenntnis zu setzen; ein zweiter und klügerer Gedanke jedoch brachte mich zum Entschluß, auf eigene Faust zu handeln und so wenig wie möglich von meinen Gedanken verlauten zu lassen. Sir Henry ist schweigsam und zerstreut. Seine Nerven haben einen seltsamen Stoß erlitten, seitdem er jenes Geheul auf dem Moor hörte. Ich will nichts sagen, was seine Beängstigungen womöglich noch bestärken könnte, aber ich will meine Vorkehrungen treffen, um mein Ziel zu erreichen.

Heute morgen nach dem Frühstück hatten wir eine kleine Szene. Barrymore bat Sir Henry um eine Unterredung, und sie verweilten kurze Zeit unter vier Augen in seinem Arbeitszimmer. Ich saß im Billardzimmer und hörte mehrere Mal, daß sie ihre Stimmen erhoben; ich konnte mir wohl denken, was den Gegenstand ihres Gespräches bildete. Nach einer Weile öffnete der Baronet die Thür und bat mich, hereinzukommen.

"Barrymore glaubt Grund zu einer Beschwerde zu haben," sagte er. "Er meint, es sei unredlich von uns gewesen, auf seinen Schwager Jagd zu machen, nachdem er uns freiwillig das Geheimnis mitgeteilt hatte."

Der Schloßverwalter stand, sehr bleich, jedoch vollkommen gefaßt, vor uns.

"Ich mag vielleicht zu heftig gesprochen haben, Herr," sagte er, "und wenn dies der Fall sein sollte, so bitte ich recht sehr um Vergebung. Ich war eben sehr überrascht, als ich die beiden Herren heute früh zurückkommen hörte und erfuhr, daß sie Selden verfolgt hatten. Der arme Kerl hat gerade genug durchzumachen und es war nicht nötig, daß sich ihm noch jemand auf die Hacken setzte."

"Wenn Sie es uns freiwillig verraten hätten, so wäre es allerdings etwas anderes," antwortete der Baronet. "Sie sprachen aber erst – oder vielmehr Ihre Frau tat es – als Sie nicht mehr anders konnten."

"Ich glaubte aber nicht, daß Sie von meiner Mitteilung Gebrauch machen würden, Sir Henry – wirklich, dieser Gedanke lag mir völlig fern."

"Der Mann ist eine Gefahr für die Menschheit. Überall über das Moor verstreut liegen einsame Häuser, und er ist ein Bursche, der vor nichts zurückschreckt. Man braucht nur mal einen Augenblick sein Gesicht zu sehen, um das zu wissen. Nehmen Sie zum Beispiel Herrn Stapletons Haus; da ist bloß er allein, der die Bewohner verteidigen könnte. Nein, die ganze Gegend ist unsicher, so lange Selden nicht wieder hinter Schloß und Riegel ist."

"Er bricht in kein Haus ein, Herr. Darauf gebe ich Ihnen mein heiliges Wort. Aber er wird überhaupt keinen Menschen mehr in dieser Gegend belästigen. Ich versichere Ihnen, Sir Henry, in ganz wenig Tagen werden die nötigen Vorkehrungen getroffen und mein Schwager wird nach Südamerika unterwegs sein. Um Himmels Willen, Herr, ich bitte Sie, teilen Sie der Polizei nicht mit, daß er noch auf dem Moor ist. Sie haben es aufgegeben, ihn dort zu suchen, und wenn er sich ruhig verhält, so kann er es aushalten, bis sein Schiff abgeht. Wenn Sie ihn anzeigen, so bringen Sie damit unbedingt auch meine Frau und mich in Ungelegenheiten. Ich bitte Sie, Herr, sagen Sie der Polizei nichts davon!"

"Was meinen Sie dazu, Watson?"

Ich zuckte die Achseln und erwiderte:

"Wenn er außer Landes wäre, so wäre der Steuerzahler eine Last los."

"Aber wenn er nun noch jemanden überfällt, ehe er abreist?"

"So eine Wahnsinnstat wird er nicht begehen, Herr. Wir haben ihn mit allem versorgt, was er nur braucht. Wenn er ein Verbrechen beginge, so würde dadurch ja bekannt werden, daß er sich hier im Moor versteckt."

"Da haben Sie recht," sagte Sir Henry. "Nun, Barrymore ..."

"O, Gott segne Sie, Herr! Ich danke Ihnen von ganzem Herzen. Es wäre meiner armen Frau Tod gewesen, hätte man ihren Bruder wieder ergriffen."

"Ich glaube, Watson, wir machen uns da einer Begünstigung schuldig. Aber nach dem, was ich gehört habe, glaube ich, ich könnte es nicht übers Herz bringen, den Mann anzuzeigen, – und damit basta! – Es ist gut, Barrymore, Sie können gehen."

Der Mann stammelte noch einige Worte des Dankes und ging. Plötzlich aber blieb er zögernd stehen, kam zurück und sagte:

"Sie sind so freundlich gegen uns gewesen, Herr, daß ich es gern vergelten möchte, so gut ich's nur kann. Ich weiß etwas, Sir Henry, und hätte es vielleicht früher sagen sollen, aber als ich Kenntnis davon erhielt, war seit Sir Charles' Leichenschau schon lange Zeit verstrichen. Ich habe bis jetzt zu keiner Menschenseele ein Wort davon verlauten lassen. Es betrifft den Tod meines armen früheren Herrn."

Der Baronet und ich sprangen beide gleichzeitig von unseren Stühlen auf und riefen:

"Wissen Sie, wie er ums Leben kam?"

"Nein, Herr, davon weiß ich nichts."

"Was wissen Sie denn?"

"Ich weiß, warum er um jene Stunde an der Pforte war. Er hatte eine Verabredung mit einer Frau."

"Mit einer Frau? Was?"

"Ja."

"Und wie hieß sie?"

"Den Namen kann ich Ihnen nicht angeben, wohl aber seine Anfangsbuchstaben. Diese sind L. L."

"Woher wissen Sie das, Barrymore?"

"Sehen Sie, Sir Henry, Ihr Onkel bekam an jenem Morgen einen Brief. Für gewöhnlich bekam er sehr viele Briefe, denn er war eine hervorragende Persönlichkeit hier in der Gegend, und seine Gutherzigkeit war allgemein bekannt; deshalb wandte sich jeder, der in Verlegenheit war, mit Vorliebe an Sir Charles. Aber an jenem Morgen war nur der einzige Brief angekommen; deshalb fiel er mir umsomehr auf. Der Brief war in Coombe Tracey aufgegeben und die Adresse von einer Frauenhand geschrieben."

"Weiter?"

"Nun, Herr, ich dachte nicht mehr daran und würde überhaupt nicht mehr daran gedacht haben. Vor ein paar Wochen jedoch räumte meine Frau Sir Charles' Arbeitszimmer auf – es war seit seinem Tod nichts darin angerührt worden –, und da fand sie hinten am Kaminrost die Asche von einem verbrannten Brief. Sein größerer Teil war in kleine Stückchen zerfallen, aber ein kleiner Streifen vom unteren Ende einer Seite hing noch zusammen, und die Schriftzüge waren zu lesen, weil sie sich grau von dem schwarzen Grunde abhoben. Wir hielten es für eine Nachschrift zu dem Brief, und die Worte lauteten folgendermaßen: ›Bitte, bitte! Da Sie ein Gentleman sind, so verbrennen Sie diesen Brief und seien Sie um zehn an der Pforte!‹ Unterzeichnet war dieser Satz mit den Buchstaben L. L."

"Haben Sie den Streifen aufbewahrt?"

"Nein, Herr, er zerfiel uns unter den Händen zu Asche."

"Hatte Sir Charles schon früher Briefe mit derselben Handschrift erhalten?"

"Ich sah mir sonst seine Briefe nicht an und achtete nicht besonders darauf. Ich hätte auch auf diesen Brief nicht geachtet, wenn er nicht allein gekommen wäre."

"Und Sie haben keine Ahnung, wer L. L. ist?"

"Nein, Herr – so wenig wie Sie selber. Aber ich nehme an, wenn wir die Dame ausfindig machen könnten, so würden wir mehr über Sir Charles' Ende erfahren."

"Ich begreife nicht, Barrymore, wie Sie dazu kamen, einen so wichtigen Umstand zu verheimlichen."

"Nun, Sir Henry, wir fanden den Brief gerade in jenen Tagen, als wir selber durch meinen Schwager in eine so fatale Verlegenheit versetzt wurden. Und dann, Herr – wir hatten alle beide Sir Charles sehr lieb gehabt – wie es ja nach allem, was er für uns getan hat, gar nicht anders sein konnte. Wenn wir die Geschichte wieder aufrührten, so konnte das unserem armen alten Herrn nichts nützen – und wenn irgendwo eine Dame im Spiel ist, so ist es besser, vorsichtig zu sein. Auch der beste Mensch ..."

"Sie meinten, es könnte seinem guten Ruf schaden?"

"Nun, jedenfalls dachte ich, es könnte nichts Gutes daraus entstehen. Aber jetzt sind Sie so gut zu uns gewesen, und ich fühle, es wäre nicht recht von mir, Ihnen nicht alles gesagt zu haben, was ich von der Geschichte weiß."

"Sehr gut, Barrymore! Sie können gehen."

Nachdem der Mann hinausgegangen war, wandte Sir Henry sich zu mir und sagte:

"Nun, Watson, was meinen Sie zu diesem neuen Licht, das auf meines Onkels Ende fällt?"

"Mir scheint, die Dunkelheit ist nur noch tiefer geworden, als sie schon war."

"Das ist auch meine Meinung. Aber wenn wir nur L. L. aufspüren könnten, so würde sich die ganze Sache aufklären. Was sollen wir nach Ihrer Meinung tun?"

"Vor allem sofort Holmes in Kenntnis setzen. Für ihn wird dies der Anhaltspunkt sein, nach dem er so lange gesucht hat."

Ich begab mich sogleich auf mein Zimmer, um für Holmes einen Bericht über das Gespräch dieses Morgens niederzuschreiben. Augenscheinlich mußte er in der letzten Zeit mit Arbeit überhäuft gewesen sein, denn ich hatte aus der Bakerstraße nur ein paar ganz kurze Notizen erhalten, worin von meinen Berichten überhaupt nicht die Rede war; sogar die Aufgabe, die ich auf Baskerville Hall zu erfüllen hatte, war nur ganz obenhin erwähnt. Ohne Zweifel nimmt die Untersuchung wegen der Erpressung alle seine Geisteskräfte in Anspruch.

Aber der heute neu hinzugekommene Umstand muß ganz gewiß seine Aufmerksamkeit fesseln und seine Teilnahme neu beleben. Ich wollte, er wäre hier ...

Den 17. Oktober. – Heute strömte den ganzen Tag der Regen hernieder, raschelte im Epheu des alten Hauses und troff aus den Dachrinnen. Ich dachte an den entsprungenen Sträfling, der obdachlos draußen auf dem öden kalten Moor umherirrt. Der arme Kerl! Wie furchtbar auch seine Verbrechen gewesen sind, er hat gelitten und dadurch wenigstens teilweise gesühnt. Und dann dachte ich an den anderen – den Mann, dessen Gesicht wir in der Droschke sahen, dessen Gestalt sich im Moor gegen die Mondscheibe abhob. War er ebenfalls draußen in der Regenflut – der unsichtbare Späher, der Mann der Finsternis?

Als es Abend wurde, zog ich meinen Regenmantel an und wanderte voll düsterer Gedanken weit hinaus in die regendurchweichte Heide, und ließ mir den kalten Regen ins Gesicht schlagen und den Wind um die Ohren pfeifen. Gott sei bei denen, die jetzt in den großen Morast hineingeraten, denn selbst das feste Land ist beinahe schon ein Sumpf. Ich fand die schwarze Felsspitze, auf deren

Höhe ich den einsamen nächtlichen Gesellen gesehen hatte; ich erklomm die schroffe Zacke, und blickte von der Höhe aus über die traurig düstere Hügellandschaft hin. Überall nichts als das öde Land, schwere Regengüsse, die die Flanken der Hügel peitschten, und langsam ziehende schiefergraue Wolken. Fern zur Linken ragten, halb verborgen durch den Nebel, die beiden schlanken Türme von Baskerville über den Bäumen auf. Sie waren die einzigen Anzeichen menschlichen Lebens, die ich erblicken konnte; die einzigen Behausungen weit und breit waren die plumpen prähistorischen Steinhütten auf den Abhängen der Hügel. Nirgends eine Spur von dem einsamen Mann, den ich in der vergangenen Nacht an derselben Stelle sah.

Auf dem Rückweg überholte mich Dr. Mortimer in seinem Wägelchen. Er kam auf holperigem Heideweg von dem einsam liegenden Pachthof Foulmire her. Er hat sich uns gegenüber sehr aufmerksam benommen, und es ist kaum ein Tag vergangen, an dem er nicht auf Baskerville Hall vorgesprochen und sich nach dem Fortgang unserer Nachforschungen erkundigt hätte. Er bat mich dringend, in seinen Wagen zu steigen, da er mich durchaus nach Hause bringen wollte. Ich fand ihn verstimmt und zerstreut, und die Zerstreutheit rührte von dem Verschwinden seines Hündchens her, das aufs Moor hinausgelaufen und nicht wieder zurückgekommen war. Ich suchte ihn möglichst zu trösten, konnte mich aber innerlich des Gedankens an das Pferd, das ich im Grimpener Sumpf verschwinden sah, nicht erwehren, und ich glaube nicht, daß er seinen kleinen Freund jemals wiedersehen wird.

"Ach, sagen Sie doch mal, Mortimer," fragte ich, als wir den schlechten Weg entlang rumpelten, "es gibt wohl wenig Leute hier in der Gegend, die Sie nicht kennen?"

"Wohl kaum einen einzigen Menschen."

"Können Sie mir dann vielleicht den Namen einer weiblichen Person sagen, deren Initialen L. L. sind?"

Er dachte ein paar Minuten nach und antwortete:

"Nein. Es gibt hier ein paar Zigeuner und einige Leute aus dem Arbeiterstand, über die ich nicht genau Bescheid weiß, aber unter dem Landvolk oder den Gebildeten gibt es keine, deren Namen mit diesen Buchstaben anfängt ... Doch halt! Warten Sie mal!" fuhr er nach einer kleinen Pause fort. "Da ist Laura Lyons – das stimmt mit den Buchstaben L. L. – sie wohnt jedoch in Coombe Tracey."

"Wer ist das?" fragte ich.

"Herrn Franklands Tochter."

"Was? Vom alten Frankland, dem Rechtsverdreher?"

"Ganz recht. Sie heiratete einen Maler Namens Lyons, der hierher aufs Moor kam, um Skizzen zu machen. Nachher stellte sich heraus, daß er ein Lump war, und er verließ sie. Nach allem, was ich gehört habe, mag indessen die Schuld nicht ausschließlich auf seiner Seite gelegen haben. Ihr Vater weigerte sich auch nur das Geringste zu tun; sie hatte nämlich gegen seinen Willen geheiratet, und vielleicht hatte er auch sonst noch einige Gründe. Sie hat sowohl mit dem alten Sünder als auch mit dem jungen einen ziemlich schweren Stand gehabt."

"Wovon lebt sie?"

"Ich glaube, der alte Frankland hat ihr eine Kleinigkeit ausgesetzt; viel kann das jedenfalls nicht sein, denn seine eigenen Verhältnisse sind ziemlich prekär. Mag sie auch an ihrem Unglück selber schuld sein, jedenfalls konnten wir nicht ruhig mitansehen, daß sie unter die Räder kam. Man beschäftigte sich mit ihrer Lage, und verschiedene von den Leuten hier in der Gegend sprangen ihr bei, um ihr eine anständige Erwerbsmöglichkeit zu schaffen. Stapleton tat etwas und Sir Charles ebenfalls; ich steuerte auch eine Kleinigkeit bei. Sie schaffte sich eine Schreibmaschine an und lebt nun von Schreibarbeiten."

Er wollte wissen, warum ich frage, doch gelang es mir, seine Neugier zu befriedigen, ohne ihm allzuviel zu sagen, denn wir haben durchaus keinen Anlaß, jedermann ins Vertrauen zu ziehen. Morgen früh werde ich mich nach Coombe Tracey aufmachen, und wenn es mir gelingt, diese Frau Laura Lyons von etwas zweifelhaftem Ruf zu sprechen, so bringt uns dies der Aufklärung von einem der vielen geheimnisvollen Ereignisse um ein gutes Stück näher. Ich kann von mir sagen, daß ich heute klug wie eine Schlange gewesen bin, denn als Dr. Mortimer mit seinen Fragen ein bißchen gar zu unbequem wurde, fragte ich ihn so ganz nebenbei, zu welchem Typus eigentlich Franklands Schädel gehöre. Die Folge davon war, daß ich während des ganzen Restes unserer Fahrt nichts als Schädellehre zu hören bekam. Ja, ich habe nicht umsonst jahrelang mit Sherlock Holmes zusammen gelebt.

Von dem heutigen trüben Regentag habe ich nur noch einen einzigen Vorfall zu verzeichnen. Ich hatte nämlich gerade eine Unterhaltung mit Barrymore und bekam dabei eine Trumpfkarte in die Hand, die sich gewiß als wertvoll erweisen wird, wenn der rechte Zeitpunkt da ist.

Mortimer blieb bei uns zu Tisch, und nach dem Essen spielten der Baronet und er Ecarts. Ich ging ins Bibliothekzimmer und ließ mir von Barrymore meinen Kaffee dorthin bringen. Da die Gelegenheit günstig war, so nutzte ich sie, ein paar Fragen an ihn zu richten.

"Na?" sagte ich. "Ist denn nun der ehrenwerte Schwager fort oder haust er noch auf dem Moor?"

"Ich weiß es nicht, Herr. Ich hoffe zu Gott, daß er fort ist, denn er hat uns nichts als Schwierigkeiten bereitet. Ich habe nichts mehr von ihm gehört, seitdem ich ihm das letztemal zu essen brachte, und das war vor drei Tagen."

"Sahen Sie ihn denn damals?"

"Nein; aber das Essen war verschwunden, als ich das nächste Mal zu jener Stelle ging."

"Dann muß er also ganz bestimmt dagewesen sein?"

"Man sollte das annehmen; indessen wäre es auch möglich, daß der andere es genommen hat."

Ich wollte gerade die Kaffeetasse an meine Lippen führen, hielt aber auf halbem Wege inne und starrte Barrymore an.

"Der andere? Sie wissen also, daß noch ein anderer Mann dort ist?"

"Ja, Herr; es ist noch einer auf dem Moor."

"Haben Sie ihn gesehen?"

"Nein."

"Woher wissen Sie denn etwas von ihm?"

"Selden erzählte mir von ihm; es mag etwa eine Woche her sein, vielleicht auch etwas länger. Er hält sich ebenfalls versteckt, ist aber kein entsprungener Sträfling, nach allem, was ich erfahren konnte. Es gefällt mir nicht, Herr Doktor – ich muß Ihnen aufrichtig sagen, die Sache gefällt mir ganz und gar nicht."

Es lag plötzlich ein seltsam eindringlicher Ernst in dem Ton, mit dem Barrymore sprach.

"Nun, Barrymore, hören Sie mal, was ich Ihnen sage. Ich verfolge bei dieser ganzen Angelegenheit kein Interesse als das Ihres Herrn. Ich bin nur zu dem Zweck hierhergekommen, ihm beizustehen. Sagen Sie mir also frei und offen: Was ist an dieser Sache, das Ihnen nicht gefällt?"

Barrymore zögerte einen Augenblick, als bedauere er, daß er sich zu einem Gefühlsausbruch hatte hinreißen lassen, oder als wisse er nicht die rechten Worte zu finden. Endlich aber rief er, indem er mit der Hand zu dem aufs Moor hinausgehenden Fenster deutete, gegen dessen Scheiben der Regen peitschte:

"Es sind all diese Vorgänge, Herr. Irgendwo ist ein Verbrechen im Spiel, und es wird irgendein fürchterlicher Schurkenstreich ausgebrütet, darauf will ich schwören! Ich wäre wirklich von Herzen froh, wenn ich Sir Henry erst wieder auf der Rückreise nach London wüßte."

"Aber was ist es denn, das Sie beunruhigt?"

"Nehmen Sie nur Sir Charles' Tod. Die Umstände waren ja schlimm genug, nach allem, was der Vorsitzende bei der Leichenschau sagte. Dann die Töne nachts auf dem Moor. Kein Mensch hier in der Gegend würde wagen, nach Sonnenuntergang übers Moor zu gehen, und wenn er noch so viel dafür bezahlt bekäme. Dann dieser Fremde, der sich da draußen versteckt hält und überall herumschleicht und herumschnüffelt. Was sucht er? Was bedeutet das alles? Sicherlich nichts Gutes für jeden, der den Namen Baskerville trägt – und ich will mich aufrichtig freuen, wenn Sir Henrys neue Dienerschaft hier in Baskerville Hall einzieht und ich nichts mehr damit zu tun habe."

"Aber was ist's denn mit diesem Fremden?" fragte ich. "Können Sie mir irgend etwas über ihn sagen? Was sagte Selden Ihnen? Hatte er das Versteck des Mannes herausbekommen, oder wußte er, welche Zwecke dieser verfolgte?"

"Er sah ihn ein- oder zweimal – aber er ist ein verschlossener Charakter und durchaus nicht mitteilsam. Zuerst dachte er, es wäre einer von der Polizei, doch merkte er bald, daß jener seine eigenen Absichten verfolgt. Worin die aber bestehen, das konnte er nicht entdecken, nur meinte er, es wäre wohl ein feiner Herr."

"Und wo haust der Mann nach Seldens Meinung?"

"In den alten Häusern am Hügel – in einer von den Steinhütten aus der Vorzeit."

"Aber wie verschafft er sich sein Essen?"

"Selden bemerkte, daß er einen Jungen hat, der ihm alles besorgt und ihn mit dem Notwendigsten versieht. Höchstwahrscheinlich holt er es aus Toombe Tracey."

"Schön, Barrymore. Wir werden gelegentlich wieder darüber sprechen."

Als der Diener gegangen war, trat ich an das schwarze Fenster und schaute durch die vom Regenwasser trüben Scheiben zu den ziehenden Wolken und den Baumwipfeln, die sich vor dem Sturmwind bogen. Eine unbehagliche Nacht hier drinnen – und wie muß sie erst draußen sein, auf dem Moor in einer Steinhütte! Welch ein leidenschaftlicher Haß muß den Mann beseelen, der sich in dieser Jahreszeit in solchen Verstecken verbirgt. Und welchen Zweck muß einer verfolgen, der sich solchen Strapazen unterzieht? Jedenfalls einen ernsten und wichtigen. Dort, in der Steinhütte auf dem Moor, liegt das wahre Zentrum des Problems, das mich so fürchterlich gemartert hat. Und ich schwöre, es soll kein Tag mehr vergehen, und ich werde alles tun, was in Menschenkräften steht, um dem Geheimnis auf den Grund zu kommen.

Kapitel 11.
Der Mann auf der Felsspitze

Der Auszug aus meinem Tagebuch, der das vorige Kapitel bildet, reicht bis zum 18. Oktober. An diesem Tag begannen die seltsamen Ereignisse sich schnell zu ihrem entsetzlichen Ende zu entwickeln. Die Vorfälle der nächsten Tage haben sich unauslöschlich meinem Gedächtnis eingegraben, und ich brauche, um sie zu erzählen; nicht meine damaligen Aufzeichnungen zu Hilfe zu nehmen.

Ich hatte, wie bereits berichtet, am 17. Oktober zwei Tatsachen von großer Bedeutung festgestellt: erstens, daß Frau Laura Lyons in Coombe Tracey an Sir Charles Baskerville geschrieben und ihn um ein Stelldichein gebeten hatte, und daß dieses Zusammentreffen genau an dem Ort und zu der Stunde seines jähen Todes hatte stattfinden sollen; zweitens, daß der Mann, der sich auf dem Moor versteckt hält, in den Steinhäusern am Hügelabhang zu finden ist. Mit dem Wissen um diese beiden Tatsachen mußte ich Licht in das düsteren Rätsel bringen, , wenn mich nicht etwa meine Intelligenz oder mein Mut im Stich ließen – und das war nicht zu befürchten.

Ich hatte keine Gelegenheit gefunden, dem Baronet noch im Laufe des Abends die neuen Kenntnissen über Frau Lyons mitzuteilen, denn Doktor Mortimer blieb bis tief in die Nacht hinein mit ihm am Spieltisch sitzen. Beim Frühstück jedoch teilte ich ihm meine Entdeckung mit und fragte ihn, ob er Lust hätte, mich nach Coombe Tracey zu begleiten. Zuerst war er Feuer und Flamme für diesen Plan; nach reiflicherem Überlegen jedoch schien es uns beiden, ich würde vielleicht mehr ausrichten, wenn ich allein ginge. Es war sehr leicht möglich, daß wir um so weniger erfuhren, je formeller wir den Besuch machten. Ich ließ daher, wenngleich nicht ohne einige Gewissensbisse, Sir Henry allein zurück und machte mich auf meinen Weg.

In Coombe Tracey angekommen, wies ich Perkins an, die Pferde einzustellen, und erkundigte mich nach der Dame, der mein Besuch galt. Ich fand ohne Mühe ihre Wohnung, die mitten im Ort lag und gut eingerichtet war. Ein Dienstmädchen ließ mich ohne weitere Förmlichkeiten in das Wohnzimmer eintreten, und eine Dame, die vor einer Remington-Schreibmaschine saß, sprang auf und bewillkommnete mich mit einem freundlichen Lächeln. Dieser Ausdruck von Freundlichkeit verschwand indessen, als sie sah, daß ich ein Unbekannter war; sie setzte sich wieder hin und fragte mich nach dem Anlaß meines Besuches.

Auf den ersten Blick machte Frau Lyons den Eindruck einer außerordentlichen Schönheit. Ihre Haare waren, wie die Augen, von dunkelbrauner Farbe, ihre Wangen waren zwar etwas sommersprossig, aber es lag auf ihnen der köstliche Flaum der Brünetten, jener zartrosa Hauch, der sich im Herzen der gelben Rose birgt. Bewunderung war, ich wiederhole es, das erste Gefühl, das sie einflößte; dann aber kam sofort die Kritik. Es lag in ihrem Gesicht ein eigentümlicher, wenig anziehender Ausdruck, vielleicht eine gewisse Härte des Blickes, eine Schlaffheit der Lippen – genug, die Vollkommenheit ihrer Schönheit wurde dadurch beeinträchtigt. Doch diese Gedanken machte ich mir natürlich erst hinterher. In jenem Augenblick hatte ich nur das Gefühl, mich einer sehr hübschen Frau gegenüber zu befinden, die mich fragte, warum ich sie besuche. Diese Frage brachte mir so recht zum Bewußtsein, wie delikat meine Aufgabe war.

"Ich habe das Vergnügen," begann ich, "Ihren Herrn Vater zu kennen."

Dies war nun freilich eine recht linkische Eröffnung des Gespräches, und die Dame gab mir das auch sofort zu verstehen.

"Zwischen meinem Vater und mir," sagte sie, "bestehen keine Beziehungen. Ich bin ihm nichts schuldig, und seine Freunde sind nicht die meinigen. Wäre nicht der verstorbene Sir Charles Baskerville gewesen, und hätte ich nicht noch einige andere gütige Herzen gefunden, so hätte ich hungern können – mein Vater hätte sich nicht darum gekümmert."

"Der Anlaß meines Besuches bei Ihnen betrifft gerade den verstorbenen Sir Charles Baskerville."

Die Dame wurde rot, so daß die Sommersprossen auf ihren Wangen deutlich hervortraten.

"Was könnte ich Ihnen über diesen Herrn sagen?" fragte sie, und ihre Finger spielten nervös auf den Tasten der Schreibmaschine.

"Sie kannten ihn, nicht wahr?"

"Wie ich Ihnen bereits sagte, bin ich seiner Freundlichkeit großen Dank schuldig. Wenn ich imstande bin, mein Brot selber zu verdienen, so habe ich das in großem Maß der Teilnahme zu verdanken, die ihm meine unglückliche Lage einflößte."

"Standen Sie mit ihm in brieflichem Verkehr?"

Sie warf einen raschen Blick auf mich, und in ihren nußbraunen Augen lag ein ärgerliches Funkeln.

"Was bezwecken Sie mit diesen Fragen?" rief sie dann scharf.

"Ich bezwecke damit einen öffentlichen Skandal zu vermeiden. Es ist besser, ich richte diese Frage hier an Sie als an einem anderen Ort, wo die Sache vielleicht eine Wendung nehmen möchte, gegen die wir nichts machen könnten."

Sie schwieg und ihr Gesicht war sehr blaß. Schließlich blickte sie auf, und aus ihrer Haltung sprach ein gewisser leichtfertiger und herausfordernder Trotz

"Gut, ich will antworten," sagte sie. "Fragen Sie."

"Standen Sie mit Sir Charles in Briefwechsel?"

"Gewiß; ich schrieb ihm ein- oder zweimal, um ihm für sein Zartgefühl und seinen Edelmut zu danken."

"Erinnern Sie sich an die Daten dieser Briefe?"

"Nein."

"Sind Sie jemals persönlich mit ihm zusammengetroffen?"

"Ja, ein- oder zweimal hier in Coombe Tracey. Er lebte sehr zurückgezogen, und zog es vor, Gutes im Verborgenen zu tun."

"Aber wenn Sie ihm so selten schrieben und ihn so selten sprachen, wie kommt es dann, daß er genug über Ihre Angelegenheiten wußte, um Ihnen helfen zu können, wie er es tat, nach dem, was Sie sagten?"

Auf diesen Einwurf war sie sofort mit einer Erklärung bei der Hand.

"Mehrere Herren kannten meine traurige Geschichte und taten sich zusammen, um mir zu helfen. Einer von ihnen war Herr Stapleton, ein Nachbar und intimer Freund von Sir Charles. Er war außerordentlich freundlich und durch ihn wurde Sir Charles über meiner Angelegenheiten unterrichtet."

Ich wußte bereits, daß Sir Charles Baskerville sich bei verschiedenen Gelegenheiten Stapletons als seines Almoseniers bedient hatte; die Angaben der Dame schienen daher glaubwürdig zu sein.

"Schrieben Sie jemals an Sir Charles, um ihn um eine Begegnung zu bitten?" fuhr ich fort.

Frau Lyons wurde abermals rot vor Ärger.

"In der Tat, mein Herr, das ist eine höchst sonderbare Frage."

"Es tut mir leid, gnädige Frau, aber ich muß sie wiederholen."

"Dann antworte ich Ihnen: nein! ich schrieb ganz gewiß nicht."

"Auch nicht an genau jenem Tag, als Sir Charles starb?"

Die Röte war augenblicklich verflogen und ein totenbleiches Antlitz starrte mich an. Ihre trockenen Lippen vermochten kaum das ›Nein‹ hervorzubringen, das ich mehr sah als hörte.

"Ihr Gedächtnis täuscht Sie ganz gewiß." sagte ich. "Ich kann sogar eine Stelle Ihres Briefes wiederholen. Sie lautet: ›Bitte, bitte, da Sie ein Gentleman sind, so verbrennen Sie diesen Brief und seien Sie um zehn Uhr an der Pforte.‹"

Ich glaubte, sie fiele in Ohnmacht, aber sie hielt sich mit großer Anstrengung aufrecht, doch stöhnte sie:

"So gibt es also keinen Gentleman mehr?!"

"Sie sind ungerecht gegen Sir Charles. Er verbrannte den Brief wirklich. Aber ein Brief kann zuweilen noch leserlich sein, selbst wenn er verbrannt ist. Sie geben also zu, daß Sie ihn geschrieben haben?"

"Ja, ich habe ihn geschrieben," rief sie, und die ganze Erregung ihrer Seele brach sich in einem Strom von Worten Bahn. " Warum sollte ich das leugnen? Ich habe keinen Grund, mich deswegen zu schämen. Ich wollte seine Hilfe und glaubte, wenn ich ihn persönlich sprechen könnte, so wäre mir seine Hilfe sicher, deshalb bat ich ihn um das Treffen."

"Aber warum zu solch einer Stunde?"

"Weil ich gerade erst erfahren hatte, daß er am nächsten Tage nach London reisen und vielleicht monatelang abwesend sein würde. Aus verschiedenen Gründen konnte ich nicht früher kommen."

"Aber warum ein Stelldichein im Garten statt eines Besuches im Haus?"

"Sind Sie der Meinung, eine Frau könnte zu solcher Stunde allein in die Wohnung eines unverheirateten Herrn gehen?"

"Und was passierte dann, als Sie an der Pforte ankamen?"

"Ich bin gar nicht hingegangen."

"Frau Lyons!"

"Nein. Ich schwöre es Ihnen bei allem, was mir heilig ist. Ich ging nicht. Es kam etwas dazwischen, was mich davon abhielt."

"Und was war das?"

"Das ist eine Privatangelegenheit. Ich kann es Ihnen nicht sagen."

"Sie geben also zu, daß Sie mit Sir Charles am Tag seines Todes eine Verabredung hatten und sogar zu der Stunde und an dem Ort, wo er starb, Sie leugnen aber, diese Verabredung eingehalten zu haben?"

"So ist es."

Immer und immer wieder fragte ich sie aus wie in einem Kreuzverhör, aber über diesen Punkt gelang es mir nicht hinwegzukommen. Schließlich stand ich auf, um dem langen und ergebnislosen Gespräch ein Ende zu machen.

"Frau Lyons," sagte ich, als ich mich erhob, "Sie laden eine sehr große Verantwortung auf sich und bringen sich selber in eine ganz schiefe Lage, indem Sie nicht frei heraus alles sagen, was Sie wissen. Wenn ich die Hilfe der Polizei anrufen muß, so werden Sie entdecken, wie ernstlich Sie sich bloßgestellt haben. Wenn Sie vollkommen unschuldig sind, warum leugnen Sie dann zuerst, daß Sie an jenem Tag an Sir Charles geschrieben haben?"

"Weil ich fürchte, es könnten falsche Schlußfolgerungen daraus gezogen werden, durch die ich möglicherweise in einen Skandal verwickelt würde."

"Und warum drangen Sie so sehr darauf, daß Sir Charles Ihren Brief vernichten sollte?"

"Wenn Sie den Brief gelesen haben, so werden Sie das ja selber wissen."

"Ich habe nicht behauptet, daß ich den ganzen Brief gelesen habe."

"Sie zitieren doch etwas daraus."

"Ja, die Nachschrift. Der Brief ist, wie ich bereits sagte, verbrannt worden, und es war nicht mehr alles leserlich. Ich frage noch einmal, warum Sie Sir Charles so dringend baten, diesen Brief zu vernichten, den er an seinem Todestag empfing."

"Die Angelegenheit ist rein persönlich."

"Umso mehr sollten Sie bemüht sein, eine öffentliche Untersuchung zu vermeiden."

"Nun, so will ich's Ihnen sagen. Wenn Sie einiges von meiner unglücklichen Geschichte gehört haben, so werden Sie wissen, daß ich mich unbesonnen verheiratet habe und Grund hatte, diesen Schritt zu bereuen."

"Ich habe davon gehört."

"Seither werde ich unaufhörlich von meinem Mann verfolgt, den ich verabscheue. Das Gesetz steht auf seiner Seite, und ich muß jeden Tag mit der Möglichkeit rechnen, daß er mich zwingt, wieder mit ihm zusammenzuleben. Als ich Sir Charles jenen Brief schrieb, hatte ich gerade erfahren, das ich meine Freiheit für eine gewissen Summe Geldes wiedererlangen könnte. Für mich hing alles davon ab: Seelenruhe, Glück, Selbstachtung – mit einem Wort: *alles*. Ich kannte Sir Charles' Freigiebigkeit, und ich dachte, wenn er die Geschichte aus meinem eigenen Mund hört, so würde er mir ganz gewiß helfen."

"Wie kommt es dann, daß Sie nicht hingingen?"

"Weil mir in der Zwischenzeit von anderer Seite Hilfe zuteil wurde."

"Aber warum schrieben Sie dies nicht an Sir Charles?"

"Ich hätte es getan, wenn ich nicht am anderen Morgen in der Zeitung von seinem Tod erfahren hätte."

Die Geschichte der Frau war in sich zusammenhängend, und mit all meinen Fragen gelang es mir nicht, ihre Aussagen ins Wanken zu bringen. Ich konnte nichts weiter tun, als Nachforschungen anstellen, ob sie wirklich zu der Zeit, zu der sich die Tragödie von Baskerville Hall abgespielt hatte, Schritte tat, um sich scheiden zu lassen.

Es war nicht anzunehmen, daß sie geleugnet hätte, in der Taxusallee von Baskerville Hall gewesen zu sein, wenn sie in Wirklichkeit dort gewesen wäre, denn, um dorthin zu gelangen, hätte sie sich unbedingt eines Wagens bedienen müssen, und dieser hätte nicht vor den frühen Morgenstunden wieder in Coombe Tracey anlangen können. Eine solche Ausfahrt ließ sich nicht geheim halten. Es war also anzunehmen, daß sie in dieser Hinsicht die Wahrheit sagte – oder wenigstens einen Teil der Wahrheit. Verwirrt und entmutigt verließ ich sie. Abermals stand ich vor jener unübersteiglichen Mauer, die anscheinend auf jedem Weg sich erhob, um mein Ziel zu versperren. Und doch, je mehr ich an das Mienenspiel und das Benehmen der Dame dachte, desto stärker wurde der Eindruck, daß sie mir irgend etwas verheimlichte.

Warum war sie so bleich geworden? Warum mußte ihr jedes Zugeständnis sozusagen abgekämpft werden? Warum war sie in jenen Tagen, als die Tragödie die ganze Gegend in Aufruhr versetzt hatte, so schweigsam gewesen? Ganz gewiß ließ dies alles sich nicht auf eine so unschuldige Art erklären, wie sie mich glauben machen wollte. Für den Augenblick konnte ich jedoch keine weiteren Schritte in diese Richtung tun, sondern mußte mich der anderen Spur zuwenden, die in den Steinhütten auf dem Moor zu suchen war.

Und das war eine von sehr ungewisser Art. Es kam mir so recht zum Bewußtsein, als ich auf der Rückfahrt bemerkte, wie Hügel um Hügel die Spuren des Heidenvolkes zeigte. Barrymore hatte nichts weiter sagen können, als daß der Fremde in einer von den verlassenen Hütten hauste, und nun sah ich, daß diese zu Hunderten überall übers Moor verstreut waren. Immerhin hatte ich mein eigenes nächtliches Erlebnis als Ausgangspunkt, denn ich hatte mit eigenen Augen den Mann selber auf dem Gipfel des ›Black Tor‹ stehen sehen. Von diesem Punkt aus mußte ich also meine Nachforschungen beginnen. Ich konnte nichts anderes tun, als von diesem Punkt aus jede Hütte auf dem Moor zu untersuchen, bis ich die richtige traf. War dieser Mann in der Hütte, so mußte er mir selber gestehen – wenn nötig, vor der Mündung meines Revolvers – wer er war und warum er uns so lange nachgespürt hatte. Im Gedränge der Regent Street konnte er uns wohl entschlüpfen, aber hier auf dem einsamen Moor sollte ihm das doch schwer werden.

Sollte ich dagegen die Hütte finden, ihr Bewohner aber nicht anwesend sein – nun, so mußte ich dort warten, bis er zurückkehrte, mochte meine Wache auch noch so lange dauern. Holmes hatte ihn in London entwischen lassen. Es wäre in der Tat ein Triumph für mich gewesen, hätte ich den Mann dingfest gemacht, den mein Meister nicht halten konnte.

Das Glück war während dieser Untersuchung wieder und wieder gegen uns gewesen – nun auf einmal kam es uns zu Hilfe. Und der Glücksbringer war niemand anderes als der alte Frankland, der mit seinem grauen Backenbart und rotem Gesicht vor seiner Gartenpforte auf dem Weg stand, den ich entlang fuhr.

"Guten Tag, Doktor Watson." rief er mit ungewohnt guter Laune. "Sie müssen wirklich Ihre Pferde ein bißchen ausruhen lassen und zu mir hereinkommen, um ein Glas Wein mit mir zu trinken und mir zu gratulieren."

Ich empfand durchaus keine freundschaftlichen Gefühle für den Mann, der nach allem, was man mir erzählte, seine Tochter so schlecht behandelt, aber mir lag viel daran, Perkins mit dem Fuhrwerk nach Hause zu schicken, und diese Gelegenheit war günstig. Ich stieg also aus und sagte dem Kutscher, er möchte Sir Henry bestellen, daß ich zur Essenszeit zu Hause wäre. Dann folgte ich Frankland in sein Speisezimmer.

"Heut ist ein großer Tag für mich, Herr Doktor – einer von den wenigen Tagen in meinem Leben, die ich rot anstreichen kann." rief er, unaufhörlich kichernd. "Ich habe einen Doppelsieg errungen Ja, ich will den Leuten hier beibringen, daß das Gesetz Gesetz ist, und daß es hier einen Mann gibt, der sich nicht fürchtet, es anzurufen. Ich habe ein Wegerecht mitten durch des alten Middletons Park nachgewiesen, mitten durch, Herr Doktor, keine hundert Ellen von seiner Haustür. Was sagen Sie dazu? Wir wollen diesen Magnaten zeigen, daß sie sich nicht so mir nichts dir nichts über die Rechte von uns Bürgerlichen hinwegsetzen können, hol' sie der Henker! Dann habe ich den Wald gesperrt, wo die Fernworthyer immer Picknicks hielten. Diese Höllenbrut scheint zu glauben, es gebe keine Eigentumsrechte und sie können nach freiem Belieben überall herumschwärmen mit ihren Flaschen und mit ihrem Butterbrotpapier. Beide Prozesse sind entschieden, Doktor Watson, und beide zu meinen Gunsten. Solch einen Tag habe ich nicht gehabt, seitdem ich Sir John Morland verurteilen ließ, weil er in seiner eigenen Fasanerie geschossen hat."

"Wie in aller Welt brachten Sie das denn fertig?"

"Lesen Sie's nur in den Büchern nach, Doktor. Es lohnt der Mühe! Frankland gegen Morland, Gerichtshof: Queens Bench. Es kostet mich 200 Pfund, aber ich setze mein Recht durch!"

"Haben Sie irgend einen Vorteil davon?"

"Keinen, Herr Doktor, gar keinen. Ich sage es voll Stolz, ich habe gar kein Interesse an der Sache. Ich handle durchaus nur aus Pflichtgefühl zum allgemeinen Besten. Ich bezweifle zum Beispiel nicht, daß die Leute von Fernworthy mich heute abend am liebsten verbrennen würden. Als sie's das letztemal versuchten, sagte ich der Polizei, sie müsse derart anstößige Auftritte verhindern. Die Grafschaftspolizei ist in einem skandalösen Zustand, Herr Doktor, und hat mir nicht den Schutz gewährt, auf den ich Anspruch habe. Der Prozeß Frankland gegen Reginam wird die Sache vor die Öffentlichkeit bringen. Ich sagte ihnen, es würde ihnen noch mal leid tun, mich so behandelt zu haben, und meine Worte haben sich denn auch bereits bewahrheitet!"

"Wieso?"

Der alte Mann machte ein sehr verschmitztes Gesicht.

"Weil ich ihnen was sagen könnte, was sie um ihr Leben gern wüßten; aber nichts soll mich dazu bringen, diesen Schuften in irgendeiner Weise zu helfen."

Ich hatte bereits nach einem Vorwand gesucht, diesem Geschwätz zu entgehen; die letzten Worte erregten jedoch in mir den Wunsch, mehr zu hören. Ich hatte von dem Widerspruchsgeist des alten Sünders genug gesehen, um nicht zu begreifen, daß er seine Herzensergüsse sofort einstellen würde, wenn ich mich irgendwie neugierig zeigte. Ich sagte daher mit möglichst gleichgültiger Miene:

"Jedenfalls handelt sich's um irgend eine Wilddieberei."

"Haha, mein Junge! Nein, um etwas viel, viel Wichtigeres. Was meinen Sie wohl? Es betrifft den Sträfling auf dem Moor."

Ich fuhr in die Höhe und rief:

"Sie wollen doch nicht etwa sagen, daß Sie wissen, wo der Mann ist?"

"Ich weiß vielleicht nicht ganz genau, wo er ist, aber ich bin vollkommen sicher, daß ich der Polizei helfen könnte, ihn festzunehmen. Ist es Ihnen niemals eingefallen, daß es kein besseres Mittel gibt, den Mann zu fangen, als wenn man ausfindig macht, von wem er seine Nahrungsmittel erhält? Man braucht nur die Spur zu verfolgen und man hat ihn."

Der alte Herr schien in der Tat in sehr unbequemer Weise dicht bei der Wahrheit zu sein.

"Ohne Zweifel haben Sie recht," antwortete ich, "aber wie wissen Sie überhaupt, daß er irgendwo auf dem Moor ist?"

"Das weiß ich, weil ich mit eigenen Augen den Boten gesehen habe, der ihm sein Essen bringt."

Ich bekam Angst um Barrymore. Es war keine Kleinigkeit, in der Gewalt dieses boshaften alten Querulanten zu sein. Aber als er weiter sprach, fiel mir ein Stein vom Herzen.

"Es wird Sie überraschen, wenn ich Ihnen sage, daß ihm sein Essen von einem Jungen gebracht wird. Ich sehe ihn jeden Tag durch mein Fernrohr, das oben auf meinem Dach steht. Er geht immer um dieselbe Zeit denselben Weg, und zu wem sollte er sonst gehen, als zu dem Sträfling?"

Das war allerdings wirklich Glück. Doch trotz meiner inneren Freude unterdrückte ich jedes Anzeichen von Neugier. Ein Knabe! Barrymore hatte gesagt, unser Unbekannter würde von einem Knaben versorgt. Auf dessen Spur und nicht auf die des Sträflings war Frankland geraten. Wenn ich ihn dazu bringen konnte, mir alles zu sagen, was er wußte, so ersparte mir das vielleicht eine lange und mühsame Jagd. Aber das beste Mittel dazu waren offen zur Schau getragene Ungläubigkeit und Gleichgültigkeit.

"Meiner Meinung nach dürfte es wahrscheinlicher sein, daß der Junge der Sohn irgend eines Moorschäfers ist und seinem Vater das Mittagessen bringt."

Bei dem geringsten Widerspruch sprühte der alte Autokrat sofort Feuer und Flammen. Er sah mich mit einem giftigen Blick an und seine grauen Barthaare sträubten sich wie die eines wütenden Katers.

"Was Sie nicht sagen!" rief er, und damit streckte er den Finger in der Richtung zum Moor aus. "Sehen Sie den ›Black Tor‹ dahinten? Sehen Sie darunter den niedrigen Hügel mit dem Dornbusch darauf? Das ist der steinigste Teil des ganzen Moores. Würde wohl ein Schäfer da sein Standquartier aufschlagen? Ihre Vermutung, Herr, ist völlig absurd."

Ich antwortete ganz kleinlaut, ich hätte gesprochen, ohne alle diese Tatsachen zu kennen. Meine Unterwürfigkeit gefiel ihm und veranlaßte ihn zu weiteren vertraulichen Mitteilungen.

"Verlassen Sie sich darauf, Doktor, ich habe meine guten Gründe, bevor ich mir eine Meinung bilde. Ich sah den Jungen wieder und immer wieder mit seinem Bündel. Jeden Tag und oft sogar zweimal täglich konnte ich – aber warten Sie doch mal, Doktor Watson. Täuschen meine Augen mich oder bewegt sich gerade in diesem Augenblick etwas den Hügel hinauf?"

Die Entfernung betrug mehrere Meilen, aber ich konnte ganz deutlich auf dem dunkelgrauen und grünen Grund einen schwarzen Fleck sich abheben sehen.

"Kommen Sie, kommen Sie!" rief Frankland und rannte dabei die Treppe hinauf. "Sie sollen mit Ihren eigenen Augen sehen und selber urteilen."

Das Fernrohr, ein riesiges Instrument auf einem dreibeinigen Gestell, stand auf dem flachen Dach des Hauses. Frankland legte das Auge an das Glas und stieß einen Schrei der Genugtuung aus.

"Schnell, Doktor Watson, schnell! Sonst verschwindet er hinter dem Hügel."

Richtig, da ging ein Junge mit einem kleinen Bündel auf der Schulter. Er stieg langsam den Hügel hinauf, und als er oben war, sah ich einen Augenblick lang die zerlumpte Gestalt sich gegen den kalten blauen Himmel abheben. Er sah sich mit vorsichtig um, wie einer, der verfolgt zu werden fürchtet. Dann verschwand er jenseits des Hügels.

"Na, hab' ich recht?"

"Jedenfalls ging da ein Junge, der irgend eine geheime Besorgung zu machen scheint."

"Und was das für eine Besorgung ist, das könnte sogar ein Grafschaftspolizist erraten. Aber kein Wort sollen sie von mir darüber erfahren, und ich verlange auch von Ihnen Verschwiegenheit, Doktor Watson. Kein Wort! Verstehen Sie?"

"Ganz wie Sie wünschen."

"Sie haben mich schändlich behandelt - schändlich! Wenn im Prozeß Frankland gegen Reginam die Tatsachen ans Licht kommen, so wird - das darf ich wohl annehmen - ein Schrei der Entrüstung durchs Land gehen! Nichts könnte mich dazu bringen, der Polizei in irgendeiner Weise beizustehen. Die hätte ja ruhig mit angesehen, wenn ich selber anstatt meines Abbildes von den Schurken da auf dem Scheiterhaufen verbrannt worden wäre ... Aber Sie gehen doch nicht schon? Sie werden mir doch noch helfen, zu Ehren dieses großen Anlasses die Karaffe zu leeren?"

Aber ich blieb allen Einladungen gegenüber standhaft und schließlich gelang es mir auch, ihn von seiner Absicht abzubringen mich nach Baskerville Hall zu begleiten. So lange er mir noch mit dem Auge folgen konnte, blieb ich auf der Straße; dann aber bog ich vom Weg ab in das Moorland hinein und schritt auf den Felsenhügel zu, auf dessen Kuppe der Junge verschwunden war. Alle Umstände hatten sich zu meinen Gunsten gewandt, und ich schwor mir selber, wenn der glückliche Zufall mir keinen Erfolg brächte, so sollte dies jedenfalls nicht am Mangel an Tatkraft oder Ausdauer von meiner Seite liegen.

Die Sonne näherte sich bereits dem Horizont, als ich den Gipfel des Hügels erreichte, und die langgestreckten Schluchten zu meinen Füßen glänzten auf der einen Seite in goldigem Grün und waren auf der anderen in graue Schatten gehüllt.

Aus dem Nebelstreifen, der in der Ferne den Horizont verbarg, ragten die phantastisch geformten Umrisse des Belliver und des Vixen Tor hervor. Auf der ganzen weiten Fläche kein Laut, keine Bewegung. Ein großer grauer Vogel, eine Möwe oder ein Brachvogel, schwebte hoch über mir in der blauen Luft. Er und ich schienen die einzigen lebenden Wesen zwischen dem Riesengewölbe des Himmels und der weiten Wüste zu sein. Die traurige Landschaft, das Gefühl der Einsamkeit, das Geheimnisvolle und Dringliche meiner Aufgabe – dies alles ergriff mein Herz mit einem kalten Schauer. Der Junge war nirgends zu sehen. Aber tief unter mir in einer Schlucht war ein Kreis der alten Steinhütten, und in ihrer Mitte bemerkte ich eine, die noch hinreichend gut erhalten war, um gegen die Unbilden des Wetters Schutz bieten zu können. Das Herz klopfte mir, als ich sie sah. Dies mußte das Versteck sein, worin der Fremde hauste. Endlich berührte mein Fuß die Schwelle seiner Zufluchtsstätte – sein Geheimnis lag greifbar vor mir.

Vorsichtig näherte ich mich der Hütte – ich mußte an Stapleton denken, wenn er sich mit seinem Netz an den Schmetterling heranschlich, der sich auf einer Pflanze niedergelassen – und ich bemerkte mit Befriedigung, daß die Stätte wirklich als Wohnung benutzt wurde. Ein kaum sichtbarer Fußweg führte zwischen den Granitblöcken hindurch zu dem verfallenen Eingang der Hütte. Drinnen war alles still. Vielleicht hielt der Unbekannte sich dort versteckt, vielleicht aber streifte er auf dem Moor umher. Erregung und Abenteuerlust hielten meine Nerven auf das höchste gespannt. Ich warf meine Zigarette weg, umspannte mit der Faust den Kolben des Revolvers und ging schnellen Schrittes auf die Tür zu. Ich sah hinein. Der Raum war leer.

Es gab jedoch Anzeichen in Hülle und Fülle dafür, , daß ich nicht auf der falschen Fährte war. Ganz sicher mußte der Mann hier wohnen. In einen wasserdichten Regenmantel eingewickelt lagen mehrere Wolldecken auf der Steinplatte, die schon den Heiden der Vorzeit als Schlummerstätte gedient hatte. Auf einem primitiven Feuerrost lag ein Haufen Asche. Daneben bemerkte ich einige Küchengeräte und einen halbvollen Wassereimer. Eine Anzahl aufeinander geworfener leerer Konservenbüchsen bewiesen mir, daß die Hütte schon seit einiger Zeit bewohnt sein müsse, und als meine Augen sich erst an das Halbdunkel gewöhnt hatten, sah ich in der Ecke eine Pfanne und eine angebrochene Flasche Branntwein.

Mitten im Raum lag ein flacher Stein, der als Tisch diente, und auf diesem lag, in ein Tuch eingewickelt, ein kleines Bündel – ohne Zweifel dasselbe, das ich durch das Fernrohr auf der Schulter des Jungen bemerkt hatte. Es enthielt einen Laib Brot, eine Büchse mit Zunge und zwei Dosen mit eingemachten Pfirsichen. Ich prüfte alle diese Gegenstände sorgfältig, und als ich sie wieder hinlegte, bemerkte ich plötzlich mit Herzklopfen, daß unter dem Bündel ein Blatt Papier lag, worauf etwas geschrieben war. Ich nahm es in die Hand und las folgende Worte, die in unbeholfenen Zügen mit Bleistift gekritzelt waren:

›Doktor Watson ist nach Coombe Tracey gefahren.‹

Eine Minute lang stand ich, das Papier in der Hand haltend, regungslos da. Was bedeutete diese kurze Botschaft? So war ich es also und nicht Sir Henry, der von diesem geheimnisvollen Mann belauert wurde? Er war mir nicht selber gefolgt, sondern hatte einen Agenten – vielleicht den Jungen – auf meine Spur gesetzt, und dies war der Bericht. Vielleicht hatte ich seit meiner Ankunft auf dem Moor keinen einzigen Schritt getan, der nicht beobachtet und berichtet worden war. Immer wieder drängte sich mir das Gefühl auf, daß eine unsichtbare Macht uns umgab, daß mit außerordentlicher Geschicklichkeit und Sorgfalt ein feines Netz um uns gesponnen wurde – ein so leichtes und feines Netz, daß wir uns nur in gewissen, entscheidenden Augenblicken bewußt wurden, in seine Maschen verstrickt zu sein. Wenn der Fremde einen Bericht bekommen hatte, so mochten wohl deren mehrere vorhanden sein. Aber ich fand nicht die allergeringste Spur davon. Ebensowenig entdeckte ich irgend ein Anzeichen, woraus ich auf den Charakter oder die Absichten des Mannes hätte schließen können, der sich eine so ungewöhnliche Wohnung ausgesucht hatte. Nur so viel ergab sich klar und deutlich, daß er ein Mann von spartanischen Lebensgewohnheiten sein mußte, und daß er sich aus bequemer Häuslichkeit wenig machte. Wenn ich an die schweren Regengüsse der letzten Zeit dachte und mir die klaffenden Lücken der Bedachung ansah, so konnte ich mich der Überzeugung nicht verschließen, daß nur eine starke und unerschütterliche Willenskraft ihn vermögen konnte, an einem so unwirtlichen Platz zu bleiben. War er unser erbitterter Feind oder etwa unser Schutzengel? Ich nahm mir fest vor, die Hütte nicht eher zu verlassen, als bis ich mir darüber Klarheit verschafft hatte.

Draußen ging gerade die Sonne unter, und über den westlichen Himmel ergoß sich eine Glut von Rot und Gold. Ihr Widerschein lag in rötlichen Flecken auf den Wasserlachen im fernen, großen Grimpener Sumpf. Ich sah die beiden Türme von Baskerville Hall, und eine undeutliche Rauchsäule zeigte mir den Ort an, wo das Dorf Grimpen lag. Zwischen diesen beiden Punkten, hinter dem Hügel, sah ich das Stapletonsche Haus. So sanft und friedlich lag das alles da in der goldenen Abendsonne, und doch, als mein Blick darüber schweifte, da fühlte meine Seele nichts von dem Frieden der Natur, sondern sie erbebte nur in einem unbestimmten Grauen vor dem Zusammentreffen, das jede Minute näher rückte. Aufgeregt, aber fest entschlossen, saß ich im finsteren Versteck der Hütte und erwartete mit düsterer Geduld die Heimkehr ihres Bewohners.

Endlich hörte ich ihn. Ein scharfes Klappen von einem Stiefel, der fest auf den Felsgrund auftrat. Und noch ein Klappen und wieder und wieder eins, näher und immer näher. Ich zog mich ganz in die dunkelste Ecke zurück und spannte den Revolver in meiner Tasche, fest entschlossen, meine Anwesenheit nicht eher zu verraten, als bis es mir gelungen war, einen Blick auf den Fremden zu werfen. Dann kam eine lange Pause; ich hörte nichts mehr – offenbar war er stehen geblieben. Dann kamen wieder die Fußtrittenäher, und ein Schatten fiel quer über die Türöffnung.

"Es ist ein schöner Abend, mein lieber Watson," sagte eine wohlbekannte Stimme. "Ich glaube wirklich, du sitzt hier draußen angenehmer als drinnen."

Zwölftes Kapitel.
Tod auf dem Moor

Für einen Augenblick oder zwei stockte mir der Atem, kaum wollte ich meinen Ohren trauen. Dann wurde ich wieder Herr meiner Sinne, und die erdrückende Last der Verantwortung schien mir plötzlich von der Seele genommen. Diese kalte, schneidende, ironische Stimme konnte auf der ganzen Welt nur einem einzigen Mann angehören.

"Holmes!" rief ich – "Holmes!"

"Komm heraus," sagte er, "und sei vorsichtig mit dem Revolver."

Ich bückte mich und kroch unter dem roh behauenen Steinblock durch, der quer über der Türöffnung lag. Richtig, da saß Holmes draußen auf einem Stein, und seine grauen Augen leuchteten vor Vergnügen, als sein Blick auf mein erstauntes Gesicht fiel. Er war mager und abgezehrt, dabei aber frischund gesund, sein scharfgeschnittenes Gesicht war von der Sonne gebräunt und vom Wind gegerbt. Mit seinem Tweedanzug und seiner Stoffmütze sah er wie ein gewöhnlicher Tourist auf dem Moor aus, und dank seiner katzenhaften Reinlichkeit war sein Kinn so glatt rasiert und seine Wäsche so sauber, als wäre er in seiner Wohnung in der Bakerstraße.

"Nie im Leben habe ich beim Anblick eines Menschen eine solche Freude empfunden," rief ich, als ich ihm die Hand schüttelte.

"Und noch nie solches Erstaunen, he?"

"Ja, das muß ich freilich zugeben."

"Die Überraschung war durchaus nicht einseitig, das kann ich dir versichern. Ich hatte keine Ahnung, daß du meinen Schlupfwinkel herausgefunden hast und noch viel weniger, daß du in eigener Person darin sitzen würdest, bis ich zwanzig Schritte von meiner Tür entfernt war."

"Du hast wahrscheinlich meine Fußabdrücke bemerkt?"

"Nein, Watson, so weit geht denn doch meine Beobachtungsgabe nicht, daß ich deine Fußspur unter allen Fußspuren der ganzen Welt herausfinden könnte. Wenn du mich im Ernst in eine Falle locken möchtest, mußt du dir einen anderen Tabakslieferanten anschaffen; denn wenn ich einen Zigarettenstummel finde, worauf die Firma ›Bradley, Oxford Street‹ steht, so weiß ich, daß mein Freund Watson in der Nähe ist. Du kannst den Stummel dort neben dem Fußweg sehen. Ohne Zweifel warfst du ihn im letzten Augenblick weg, als du deinen Angriff auf die leere Hütte machtest."

"Ganz recht."

"Das dachte ich mir wohl – und da ich deine bewunderungswürdige Ausdauer kenne, so war ich überzeugt, daß du, mit einer Schußwaffe in Griffweite, im Hinterhalt sitzt und auf die Heimkehr des Hüttenbewohners lauerst. Du glaubtest also wirklich, ich sei der Verbrecher?"

"Ich wußte nicht, wer der Mann war, aber ich war fest entschlossen, das herauszubekommen."

"Ausgezeichnet, Watson! Und wie hast du meine Wohnstätte gefunden? Sahst du mich vielleicht in jener Nacht, wo du auf der Jagd nach dem Sträfling warst? Ich war damals so unvorsichtig, den Mond hinter mir aufgehen zu lassen."

"Ja, ich sah dich in jener Nacht."

"Und hast ohne Zweifel alle Hütten durchsucht, bis du zu dieser hier kamst?"

"Nein, dein Junge ist beobachtet worden, und dadurch bekam ich einen Anhaltspunkt, wo ich zu suchen hätte."

"Jedenfalls von dem alten Herrn mit dem Fernrohr. Ich konnte erst gar nicht herausbekommen, was es war, als ich die Reflexion des Sonnenlichts von der Linse seines Instruments sah." Holmes stand auf und warf einen Blick in die Hütte. "Ah, ich sehe, Cartwright hat mir wieder einige Vorräte gebracht. Doch was bedeutet denn dieser Zettel? Du bist also in Coombe Tracey gewesen, richtig?"

"Ja."

"Und hast Frau Laura Lyons besucht."

"Ganz recht."

"Ausgezeichnet. Unsere Nachforschungen haben sich offenbar in paralleler Richtung bewegt, und wenn wir unsere Ergebnisse zusammenführen, so dürften wir eine ziemlich vollständige Kenntnis des ganzen Falles besitzen."

"Nun, jedenfalls bin ich von Herzen froh, daß du hier bist, denn die Verantwortlichkeit und das Geheimnisvolle der Sache, das beides zusammen, wurde wirklich allmählich zu viel für meine Nerven. Aber warum um alles in der Welt kamst du denn hierher und was hast du hier getrieben? Ich glaubte, du säßest in der Bakerstraße und zerbrächst dir den Kopf über jene Erpressungsgeschichte."

"Das solltest du auch glauben."

"Dann benutzt du mich also für deine Zwecke und traust mir doch nicht?" rief ich ziemlich bitter. "Ich glaube, ich habe Besseres um dich verdient, Holmes."

"Mein lieber Freund, du bist bei diesem wie bei vielen anderen Fällen von unschätzbarem Wert für mich gewesen und ich bitte dich, mir zu verzeihen, wenn ich dir anscheinend einen kleinen Streich gespielt habe. In Wirklichkeit geschah das hauptsächlich in deinem eigenen Interesse, und eben weil ich die Größe der Gefahr kannte, von der du bedroht warst, kam ich her, um den Fall ganz in der Nähe zu beobachten. Wäre ich bei Sir Henry und dir gewesen, so hätte ich augenscheinlich vom selben Standpunkt aus geurteilt wie ihr beide, und meine Anwesenheit würde unsere höchst gefährlichen Gegner gewarnt haben, so daß sie auf der Hut gewesen wären. Indem ich auf eigene Faust handelte, konnte ich mich in einer Weise frei bewegen, wie es nicht möglich gewesen wäre, hätte ich im Schloß gewohnt. So bleibe bei der Entwicklung der Angelegenheit ein unbekannter Faktor, und kann im kritischen Moment mein ganzes Gewicht in die Wagschale werfen."

"Aber warum hast du mich im Dunkeln gelassen?"

"Hättest du gewußt, daß ich auf dem Moor bin, so konnte uns das nichts nützen, möglicherweise aber zu meiner Entdeckung führen. Du hättest den Wunsch gehabt, mir irgend etwas mitzuteilen oder mir in deiner Gutherzigkeit die eine oder die andere Bequemlichkeit herausgebracht, und das alles wären ganz überflüssige Wagnisse gewesen. Ich habe mir Cartwright mitgenommen – du erinnerst dich wohl: der kleine Bursche von der Expreßgesellschaft – und er hat für meine einfachen Bedürfnisse gesorgt: ein Laib Brot und ein reiner Kragen – was braucht ein Mann mehr? An ihm hatte ich ein zweites Paar Augen und ein Paar sehr flinker Füße, und beides ist für mich von unschätzbarem Wert gewesen."

"Dann waren also alle meine Berichte zu gar nichts gut?"

Meine Stimme zitterte unwillkürlich, denn ich dachte an die große Mühe, die ich mir gegeben, und an den Stolz, womit ich sie ausgearbeitet hatte.

Holmes zog ein Päckchen Papiere aus der Tasche und sagte:

"Hier sind deine Berichte, mein lieber Freund, und ganz gehörig durchgearbeitet, das kannst du mir glauben. Ich hatte ausgezeichnete Vorkehrungen getroffen, und die Berichte gelangten nur um einen einzigen Tag verspätet in meine Hände. Ich muß dir meine allergrößten Komplimente machen über den Eifer und die Intelligenz, die du bei einem so ungewöhnlich schwierigen Fall bewiesen hast."

Ich war immer noch etwas empfindlich wegen der Komödie, die Holmes mir gespielt hatte, aber sein warmes Lob verscheuchte doch meinen Ärger. Ich fühlte auch, daß er mit dem, was er sagte, im Grunde genommen völlig recht hatte, und daß es in der Tat für unsere Absichten besser war, daß ich von seiner Anwesenheit auf dem Moor nichts gewußt hatte.

"So ist's besser," sagte Holmes, als ersah, das meine Miene sich aufhellte. "Und nun erzähl mir, was du mit deinem Besuch bei Frau Laura Lyons ausgerichtet hast

– daß du bei ihr warst, konnte ich unschwer erraten, denn sie ist in Coombe Tracey die einzige Person, die in dieser Angelegenheit für uns von Nutzen sein kann. In der Tat, wärst du nicht heute bei ihr gewesen, so wäre ich aller Wahrscheinlichkeit nach morgen selber zu ihr hingegangen."

Die Sonne war untergegangen, und die Dämmerung senkte sich auf das Moor herab. Die Luft war kühl geworden und daher zogen wir uns in die Hütte zurück, wo es wärmer war. Dort saßen wir im Zwielicht nebeneinander und ich berichtete Holmes von meiner Unterhaltung mit der Dame. Sie interessierte ihn in so sehr, daß ich manche Stellen wiederholen mußte, ehe er zufrieden war.

"Dies ist von höchster Wichtigkeit," rief er, als ich fertig war. "Eine Lücke in diesem sehr verwickelten Fall, die ich nicht überbrücken konnte, ist jetzt ausgefüllt. Du weißt vielleicht, daß zwischen der Dame und diesem Stapleton eine sehr innige Beziehung besteht?"

"Von enger Vertraulichkeit war mir nichts bekannt."

"In dieser Beziehung kann kein Zweifel bestehen. Sie kommen zusammen, sie schreiben sich, es herrscht zwischen ihnen ein vollkommenes Einverständnis. Nun, durch deine Unterredung haben wir eine sehr wirksame Waffe in unsere Hände bekommen. Wenn ich diese nur anwenden könnte, um seine Frau von ihm abzubringen ..."

"Seine Frau?"

"Ja, jetzt bekommst du von mir etwas Neues zu hören als Ausgleich für all das, was ich durch dich erfahren habe. Die Dame, die hier für Fräulein Stapleton gilt, ist in Wirklichkeit seine Frau."

"Um Himmels willen, Holmes! Bist du dir auch sicher, was du da sagst? Wie hätte er Sir Henry erlauben können, sich in sie zu verlieben?"

"Wenn Sir Henry sich in sie verliebte, so konnte das keinem Menschen schaden, als nur dem Baronet selber. Er paßt mit ganz besonderer Sorgfalt darauf auf, daß Sir Henry seine Liebe zu ihr nicht in Handlungen umsetzt; das hast du ja selber bemerkt. Ich wiederhole, die Dame ist seine Frau und nicht seine Schwester."

"Aber wozu diese umständliche Täuschung?"

"Weil er vorausgesehen hat, daß sie ihm als Unverheiratete von viel größerem Nutzen sein würde."

Mein vager Verdacht, alle meine unausgesprochenen Empfindungen, nahmen plötzlich feste Gestalt an, und alles sprach gegen den Naturforscher. In diesem farb- und leidenschaftslosen Mann mit seinem Strohhut und dem Schmetterlingsnetz glaubte ich jetzt etwas Furchtbares zu sehen – ein Geschöpf voll unendlicher Geduld und Geschicklichkeit, mit lächelndem Antlitz und einem Mord im Herzen.

"So ist also er unser Feind – er war es, der uns in London nachspürte?"

"Das halte ich für des Rätsels Lösung."

"Und die Warnung – die muß dann von ihr gekommen sein."

"Ganz gewiß."

Ein furchtbares Schurkenwerk, halb gesehen, halb nur geahnt, trat aus der Dunkelheit hervor, die mich so lange umfangen gehalten hatte.

"Aber bist du deiner Sache auch sicher, Holmes? Woher weißt du, daß sie seine Frau ist?"

"Weil er sich so weit vergessen hat, dir beim ersten Zusammentreffen ein Stück seiner wirklichen Lebensgeschichte zu erzählen, und verlaß dich darauf, das hat ihm seither schon manches Mal leid getan. Er hatte wirklich früher eine Schule in Nordengland. Nun kann man über keinen Menschen leichter etwas erfahren als über einen Schullehrer. Es gibt Stellenvermittelungsagenten für Lehrer, durch die man die Identität eines jeden feststellen kann, der einmal diesem Beruf angehört hat. Durch eine kleine Nachforschung erfuhr ich, daß eine Schule unter entsetzlichen Umständen zu Grunde gegangen, und daß ihr Eigentümer – dessen Name anders lautete – mit seiner Frau verschwunden war. Die Personenbeschreibungen passen. Als ich erfuhr, daß der Flüchtling sich ganz besonders für Schmetterlingskunde interessiert, war kein Zweifel mehr möglich."

Das Dunkel lichtete sich – aber noch immer lag gar vieles im Schatten.

"Wenn die Frau wirklich seine Gattin ist," fragte ich, "wie kommt dann diese Frau Laura Lyons mit ins Spiel hinein?"

"Das ist einer von den Punkten, die durch deine Nachforschungen aufgehellt worden sind. Dein Gespräch mit der Dame hat die Situation bedeutend geklärt. Ich wußte nicht, daß eine Scheidung von ihrem Mann in Aussicht genommen war.

Wenn aber dies der Fall ist, so rechnet sie ohne Zweifel damit, daß Stapleton sie heiraten wird, da sie ihn für einen Junggesellen hält."

"Und wenn sie über ihre Täuschung aufgeklärt wird?"

"Ja, dann werden wir in der Dame vielleicht ein nützliches Werkzeug für uns finden. Das erste, was wir morgen zu tun haben, ist, sie aufzusuchen – und zwar wir beide zusammen ... Glaubst du nicht; Watson, daß du schon ziemlich lange von deinem Posten fort bist? Dein Platz sollte in Baskerville Hall sein."

Die letzten roten Streifen waren am westlichen Himmel verblichen, und nächtliches Dunkel hatte sich auf das Moor herniedergesenkt. Ein paar schwache Sternenpünktchen glommen am violetten Himmel auf.

"Noch eine letzte Frage, Holmes," sagte ich, indem ich aufstand. "Ganz gewiß brauchen wir beide doch keine Geheimnisse voreinander zu haben. Was bedeutet dies alles? Was will er?"

Flüsternd antwortete Holmes mir: "Es ist Mord, Watson – abgefeimter, kaltblütiger, hartherziger Mord! Frage mich nicht nach Einzelheiten. Mein Netz schwebt über ihm, so wie sein Netz über Sir Henry schwebt, und dank deiner Hilfe ist er bereits sozusagen ohne Gnade in meine Hand gegeben. Nur *eine* Gefahr kann uns noch drohen: daß er seinen Streich ausführt, bevor wir soweit sind. Noch einen Tag, – höchstens zwei – und ich habe mein Material vollständig beisammen – aber bis dahin sei auf deinem Posten und halte so sorgsam Wacht wie eine Mutter bei ihrem kranken Kind. Deine heutige Mission war durch die Umstände berechtigt, und doch möchte ich beinahe wünschen, du wärst ihm nicht von der Seite gewichen – – horch! was ist das?"

Ein furchtbarer Schrei – ein langer gellender Schrei voll Angst und Entsetzen drang aus der Einsamkeit des schweigenden Moores zu uns herüber. So entsetzlich war der Ton, daß das Blut in meinen Adern zu Eis erstarrte.

"O, mein Gott!" stöhnte ich auf. "Was ist das? Was kann das bedeuten?"

Holmes war aufgesprungen, und ich sah die dunklen Umrisse seiner athletischen Gestalt sich in der Öffnung der Hütte abzeichnen. Die Schultern gebeugt, den Kopf vorgeneigt, mit scharfen Augen in die Finsternis hineinspähend – so stand er da.

"Psst!" zischte er. "Psst!"

Der Schrei war laut zu uns herübergedrungen, weil er mit ungeheurer Heftigkeit ausgestoßen wurde, aber als er in einem Stöhnen erstarb, da erkannten wir, daß er in weiter Ferne irgendwo auf der dunklen Ebene erschollen war. Dann drang ein neuer Schrei an unser Ohr – näher, lauter, dringender als der erste.

"Wo ist es?" flüsterte Holmes, und ich erkannte an dem Zittern seiner Stimme, daß er, der Mann von Stahl und Eisen, bis in die Tiefe seiner Seele erschüttert war.

"Wo ist es, Watson?"

"Dort, glaube ich." Und ich wies in die dunkle Landschaft hinein.

"Nein, dort!"

Wieder durchbrach der Todesschrei die nächtliche Stille – wieder lauter und näher als die vorigen. Und ein neuer Laut mischte sich mit ihm, ein tiefer, grollender Ton, klangvoll und doch drohend, steigend und fallend wie das unablässige tiefe Rauschen des Meeres.

"Der Hund!" schrie Holmes. "Komm, Watson, vorwärts! Großer Gott, wenn wir zu spät kämen!"

Er war hinausgesprungen und rannte schnell über das Moor dahin. Ich folgte ihm unmittelbar auf den Fersen. Aber auf einmal kam irgendwo aus der Wirrnis der unmittelbar vor uns liegenden Schluchten und Klüfte ein letzter, verzweiflungsvoll aufgellender Schrei, und dann ein dumpfer, schwerer Schlag. Wir standen still und lauschten. Aber kein Laut durchbrach mehr das drückende Schweigen der windstillen Nacht.

Ich sah, wie Holmes sich wie ein Wahnsinniger mit der Faust vor die Stirn schlug. Er stampfte mit dem Fuße auf und rief:

"Er hat uns geschlagen, Watson. Wir sind zu spät gekommen."

"Nein, nein, gewiß nicht!"

"Tor, der ich war, daß ich nicht zuschlug! Und du, Watson, da siehst du die Folgen davon, daß du von deinem Posten gegangen bist! Aber, beim himmlischen Gott, wenn das Schlimmste eingetreten ist, so werden wir ihn rächen."

Blindlings rannten wir in die Finsternis hinein; wir stießen uns an Granitblöcken, brachen uns durch Ginsterbüsche Bahn, keuchten Hügel hinauf und sprangen mit großen Sätzen in Schluchten hinunter, doch gelang es uns im großen und ganzen die Richtung einzuhalten, aus der die fürchterlichen Schreie gekommen waren. Jedesmal, wenn wir auf einer Höhe waren, warf Holmes einen schnellen Blick um sich, aber die Schatten lagen dick auf dem Moor und nichts bewegte sich auf der öden Fläche.

"Siehst du etwas?"

"Nichts."

"Aber, horch, was ist das?"

Ein leises Stöhnen war an unser Ohr gedrungen. Und noch einmal – es war zu unserer Linken. Dort lief ein Felsgrat in eine steile Wand aus, die eine mit Steinblöcken besäte Schlucht überragte. Und auf diesem Grund lag etwas Dunkles von eigentümlicher Form. Doch als wir hinzuliefen, nahmen die unbestimmten Linien feste Gestalt an. Es war ein Mann, der, das Gesicht nach unten, auf dem Boden lag; der Kopf stak in einem fürchterlichen Winkel unter dem Leib, die Schultern waren gerundet und der ganze Körper war zusammengezogen, als ob der Mann im Begriff wäre, einen Purzelbaum zu schlagen. So grotesk war die ganze Haltung, daß es mir im ersten Augenblick gar nicht zum Bewußtsein kam, mit jenem letzten Seufzer das Verhauchen seiner Seele gehört zu haben.

Kein Flüstern, kein Röcheln ging mehr von der dunklen Gestalt aus, über die wir uns niederbeugten. Holmes berührte sie mit der Hand und erhob diese sofort wieder mit einem Ausruf des Entsetzens. Er rieb ein Zündholz an; der schwache Schein fiel auf seine blutbedeckten Finger und auf die grausigeBlutlache, die langsam dem zerschmetterten Schädel des Opfers entfloß. Und der Blick fiel noch auf etwas anderes, dessen Anblick uns vor Weh krank machte und uns einer Ohnmacht nahe brachte – auf die Leiche von Sir Henry Baskerville.

Keiner von uns beiden konnte einen Augenblick im Zweifel sein; nur zu gut kannten wir den eigentümlich rötlichen, halbwollenen Anzug – denselben, den er an jenem ersten Morgen trug, als wir ihn in der Bakerstraße kennenlernten. Wir konnten nur den einen flüchtigen, aber untrüglichen Blick darauf werfen. Dann flackerte das Zündholz und erlosch – so wie die Hoffnung in unseren Herzen erloschen war. Holmes stöhnte, und ich sah trotz der Finsternis sein Gesicht, weil es ganz weiß geworden war.

"Die Bestie, die Bestie!" rief ich mit geballten Fäusten. "O, Holmes, niemals werde ich's mir verzeihen, daß ich Sir Henry seinem Schicksal schutzlos preisgegeben habe."

"Ich bin mehr zu tadeln als du, Watson. Um meinen Fall recht schön abgerundet und vollständig vor mir zu haben, vergeudete ich das Leben meines Klienten. Das ist der härteste Schlag, der mich jemals während meiner ganzen Laufbahn getroffen hat. Aber wie konnte ich wissen – wie*konnte* ich wissen – daß er, allen meinen Warnungen zum Trotz, allein aufs Moor gehen würde, wo er sein Leben riskierte?"

"Ach, und wir hörten seine Schreie – o mein Gott, und was für Schreie – und waren doch nicht imstande, ihn zu retten. Wo ist die Bestie von Hund, die ihn in den Tod hetzte? Vielleicht liegt sie in diesem selben Augenblick zwischen den Felsen hier verborgen. Und Stapleton, wo ist er? Er soll für seine Tat zur Rechenschaft gezogen werden."

"Das soll er. Dafür will ich sorgen. Onkel und Neffe sind ermordet worden. – Der eine zu Tode geängstigt durch den bloßen Anblick einer Bestie, die er für übernatürlich hielt, der andere in seiner wilden Flucht vor eben demselben Tier ins Verderben gejagt. Aber jetzt haben wir zu beweisen, daß zwischen dem Mann und dem Tier eine Verbindung besteht. Das letztere haben wir allerdings gehört, aber auf seine Existenz können wir vor Gericht nicht einmal schwören, denn Sir Henrys Tod ist augenscheinlich infolge seines Sturzes erfolgt. Aber, bei Gott im Himmel, so schlau der Bursche auch ist – er soll in meiner Gewalt sein, ehe vierundzwanzig Stunden vergangen sind."

Die Herzen von Bitterkeit erfüllt standen wir zu beiden Seiten des zerschmetterten Leichnams, überwältigt von diesem plötzlichen und nie wieder gut zu machenden Unglück, das all unserer langen und mühseligen Arbeit ein so plötzliches Ende bereitet hatte. Dann, als der Mond aufgegangen war, kletterten wir zum Gipfel des Felsens empor, von dessen Höhe unser armer Freund abgestürzt war; von dort aus spähten wir über das weite Moor, auf dem silbernes Mondlicht und düstere Schatten wechselten. In meilenweiter Ferne, in Richtung des Dorfes Grimpen, leuchtete ein einzelnes gelbes Licht immer an derselben Stelle. Es konnte nur das einsame Wohnhaus der Stapletons sein. Mit einem haßerfüllten Fluch schüttelte ich meine Fäuste nach jener Richtung.

"Warum sollten wir ihn nicht sofort festnehmen?"

"Unsere Beweise sind nicht vollständig. Der Bursche ist über alle Maßen vorsichtig und schlau. Es kommt nicht darauf an, was wir wissen, sondern darauf, was wir beweisen können. Wenn wir einen einzigen falschen Schritt tun, kann der Schurke uns selbst jetzt noch entwischen."

"Was können wir tun?"

"Morgen werden wir Arbeit in Hülle und Fülle haben. Heute abend können wir nur noch unserem armen Freund die letzten Dienste erweisen."

Wir stiegen wieder den jähen Abhang hinunter und näherten uns dem Leichnam, der sich als dunkler Fleck scharf von den mondlichtübergossenen Steinen abhob. Beim Anblick dieser im Todeskampf verrenkten Glieder überwältigte mich der Schmerz und heiße Tränen schossen mir in die Augen.

"Wir müssen Hilfe holen, Holmes! Wir können ihn nicht alleine den ganzen Weg bis zum Schloß tragen. Gott im Himmel, bist du wahnsinnig geworden?"

Er hatte einen Schrei ausgestoßen und sich über den Leichnam gebeugt. Auf einmal sprang er im Kreise herum und lachte und schüttelte meine Hand. Konnte dies mein ernster, verschlossener Freund sein? Ja, ja, man kann wohl von verborgenen Feuern reden.

"Ein Bart! Ein Bart! Der Mann hat einen Bart!"

"Einen Bart?"

"Es ist nicht der Baronet – es ist – ja, wahrhaftig, es ist mein Nachbar, der Sträfling!"

In fiebrischer Hast hatten wir den Leichnam auf den Rücken gelegt, und in der Tat starrte ein zottiger Bart zum kalten, klaren Mond empor. Ein Zweifel war nicht möglich – die vorspringende Stirn – die eingesunkenen tierischen Augen – ja, es war dasselbe Antlitz, das mich im Licht der Kerze hinter dem Felsen angestarrt hatte – es war der Verbrecher Selden.

Und in einem Augenblick war mir alles klar. Ich erinnerte mich, daß der Baronet mir erzählt hatte, er hätte Barrymore seine alten Kleider überlassen. Barrymore hatte sie an Selden weitergegeben, um diesem bei seiner Flucht behilflich zu sein. Stiefel, Hemd, Mütze – alles hatte früher Sir Henry gehört. Die Tragödie war immer noch furchtbar genug, aber dieser Mann hatte doch wenigstens nach den

Gesetzen des Landes den Tod verdient. Ich setzte Holmes den Zusammenhang auseinander, und mein Herz schlug hoch in Freude und Dankbarkeit.

"Dann sind Sir Henrys Kleider dem armen Kerl zum Verhängnis geworden," rief Holmes. "Es ist ganz klar, daß der Hund auf irgendeinen von Sir Henry getragenen Gegenstand abgerichtet ist – aller Wahrscheinlichkeit nach auf den im Hotel abhanden gekommenen Schuh; so hat er denn diesen Mann zu Tode gehetzt. Aber da gibt es noch etwas sonderbares: woher wußte Selden in der Dunkelheit, daß der Hund auf seiner Spur war?"

"Er hörte ihn."

"Wenn ein hartgesottener Verbrecher wie dieser Zuchthäusler einen Hund auf dem Moor hört, so bringt ihn das nicht in einen solchen Paroxysmus des Schreckens, daß er auf die Gefahr hin, wieder ergriffen zu werden, wild um Hilfe schreit. Nach den Schreien zu urteilen, die wir gehört haben, muß er ein weites Stück Weges gerannt sein, nachdem er gemerkt hat, daß das Tier ihn verfolgt. Woher wußte er es?"

"Für mich ist es ein größeres Geheimnis, warum dieser Hund – vorausgesetzt, alle unsere Mutmaßungen seien richtig –"

"Ich setze nichts voraus."

"Nun ... also, warum dieser Hund nachts frei auf dem Moor herumläuft. Ich vermute, daß er nicht beständig losgelassen wird. Stapleton würde die Bestie nicht freilassen, wenn er nicht Grund zu der Annahme hätte, daß Sir Henry sich auf dem Moor befindet."

"Von diesen Schwierigkeiten ist die meinige bei weitem die furchtbarere – denn die deine wird sich, glaube ich, sehr bald aufklären, die meinige dagegen bleibt vielleicht für ewig ein Geheimnis ... Die Frage ist jetzt: Was sollen wir nun mit dem Leichnam dieses armen Burschen anfangen? Wir können ihn nicht hier liegen lassen als Fraß für Füchse und Krähen."

"Ich schlage vor, wir schaffen ihn in eine der Steinhütten, bis wir die Polizei benachrichtigen können."

"Sehr gut. Ich bezweifle nicht, daß wir beide zusammen ihn ganz gut so weit tragen können ... Hallo, Watson, was ist das? Das ist unser Mann selbst ... Das nenne ich wahrhaftig eine geradezu großartige Frechheit! kein Wort über Deinen Verdacht – kein Wort, sonst brechen all meine Pläne in sich zusammen."

Eine Gestalt kam über das Moor her auf uns zu, und ich sah das düsterrote Glühen einer Cigarre. Das Mondlicht fiel auf ihn und ich konnte die schmächtige Gestalt und den flinken Schritt des Naturforschers erkennen. Als er uns sah, blieb er stehen; dann kam er auf uns zu und rief:

"Wahrhaftig – Doktor Watson – das können Sie doch nicht sein! Sie sind der letzte, den ich um diese Nachtzeit draußen auf dem Moor zu sehen erwartet hätte. Aber ... mein Gott, was ist denn das? Jemand verunglückt? Doch nicht ... um Gottes willen, sagen Sie mir nicht, daß es Sir Henry ist!"

Er sprang an mir vorbei und beugte sich über den Toten. Ich hörte, wie er einen gepreßten Atemzug tat, und die Cigarre entfiel seiner Hand.

"Wer – wer ist das?" stammelte er.

"Es ist Selden, der Zuchthäusler, der von Princetown entsprungen war."

Stapleton wandte sich uns zu, sein Antlitz war totenbleich, aber mit einer gewaltigen Willensanstrengung hatte er seine Bestürzung und Enttäuschung niedergekämpft. Er sah mit einem scharfen Blick erst Holmes und dann mich an und sagte endlich:

"Donnerwetter! Das ist ja eine ganz fürchterliche Geschichte. Wie kam er zu Tode?"

"Er scheint das Genick gebrochen zu haben, indem er von dem Felsen da abstürzte. Mein Freund und ich schlenderten über das Moor, als wir einen Schrei hörten."

"Ich hörte ebenfalls einen Schrei und ging deshalb aus. Ich war in Besorgnis wegen Sir Henry."

"Warum denn gerade wegen Sir Henry?" fragte ich unwillkürlich.

"Weil ich ihm vorgeschlagen hatte, zu uns herüberzukommen. Als er nicht kam, war ich überrascht, und natürlich hatte ich seinetwegen Angst, als ich Schreie auf dem Moor hörte. Übrigens" – und damit wanderten seine stechenden Augen wieder von meinem Gesicht zu Holmes' – "hörten Sie nichts außer einem Schrei?"

"Nein," antwortete Holmes. "Hörten Sie was?"

"Nein."

"Was soll Ihre Frage dann bedeuten?"

"O, wissen Sie, das Landvolk erzählt sich allerlei Geschichten von einem Geisterhund und so weiter. Er soll sich nachts auf dem Moor hören lassen. Ich frage mich, ob wohl heute nacht so etwas zu sehen oder zu hören gewesen war."

"Wir hörten nichts Derartiges," antwortete ich.

"Und welcher Ansicht sind Sie in bezug auf den Tod dieses armen Kerls?"

"Ich bezweifle nicht, daß Angst und Gefahr ihn um seinen Verstand gebracht haben. Er ist in einem Anfall von Verfolgungswahn über das Moor gerannt, ist schließlich hier abgestürzt und hat sich das Genick gebrochen."

"Das scheint die einleuchtendste Erklärung," sagte Stapleton mit einem Seufzer, der nach meiner Ansicht ein Seufzer der Erleichterung war. "Was ist Ihre Ansicht darüber, Herr Sherlock Holmes?"

"Ich sehe, Sie sind schnell im Erkennen." sagte mein Freund mit einer Verbeugung.

"Wir haben Sie seit Doktor Watsons Ankunft erwartet. Sie kommen gerade recht, um Zeuge einer Tragödie zu werden."

"Ja, da haben Sie recht. Ich bezweifle nicht, daß sich die Erklärung meines Freundes mit den Tatsachen deckt. Ich werde morgen eine unangenehme Erinnerung mit mir nach London zurücknehmen."

"O, Sie fahren morgen zurück?"

"Das ist meine Absicht."

"Ich hoffe, Ihr Besuch hat einiges Licht in die Begebenheiten hineingebracht, deren Rätselhaftigkeit uns so sehr in Sorge versetzt hat."

Holmes zuckte die Achseln und erwiderte:

"Man kann nicht jedesmal den erhofften Erfolg haben. Für eine Ermittlung braucht man Tatsachen und nicht Märchen oder Gerüchte. Der Fall hat sich nicht als zufriedenstellend erwiesen."

Mein Freund sprach in seiner offensten und freimütigsten Miene. Stapleton sah ihn mit einem scharfen Blick an; dann wandte er sich zu mir:

"Ich hätte Ihnen vorgeschlagen, den armen Mann zu meinem Haus schaffen, aber das würde meine Schwester so in Angst setzen, daß ich mich nicht dazu berechtigt fühle. Ich glaube, wenn wir ihm etwas über sein Gesicht decken, wird er bis morgen unversehrt liegen bleiben."

Dieser Vorschlag wurde ausgeführt. Stapletons gastliche Einladung in sein Haus lehnten wir ab, und Holmes und ich machten uns auf den Weg nach Baskerville Hall, während der Naturforscher allein zu seinem Haus zurückging. Als wir uns umwandten, sahen wir seine Gestalt langsam über das weite Moor hingehen, und hinter ihm auf dem mondhellen Abhang lag der schwarze Fleck – die Todesstätte des Mannes, der ein so grausiges Ende gefunden.

Kapitel 12.
Das Netz wird ausgeworfen

"Jetzt geht der Kampf also los," sagte Holmes, als wir zusammen über das Moor gingen. "Was für Nerven der Bursche hat. Wie er sich zusammenriß trotz des lähmenden Schocks, den er empfunden haben muß, als er sah, daß der verkehrte Mann seinem Anschlag zum Opfer gefallen ist. Ich sagte dir in London schon, Watson, und ich sag's dir hier noch einmal: Niemals haben wir einen Gegner gehabt, der unserer Klinge würdiger war."

"Es tut mir leid, daß er dich gesehen hat."

"Mir hat es zuerst auch leid getan. Aber dagegen läßt sich nun mal nichts machen."

"Da er nun weiß, daß du hier bist – welchen Einfluß wird das deiner Meinung nach auf seine Pläne haben?"

"Vielleicht veranlaßt es ihn zu größerer Vorsicht – vielleicht treibt es ihn aber auch sofort zu verzweifelten Maßnahmen. Wie die meisten klugen Verbrecher vertraut er möglicherweise zu sehr auf seine eigene Klugheit und bildet sich ein, daß er uns vollständig getäuscht hat."

"Warum sollen wir ihn denn nicht auf der Stelle festnehmen?"

"Mein lieber Watson, du bist der geborener Mann der Tat. Dein Instinkt treibt dich stets dazu, irgend was Energisches zu tun. Aber nehmen wir an, wir ließen ihn noch in dieser Nacht festnehmen – was in aller Welt würde uns das nützen? Wir könnten ihm nichts beweisen. Das ist eben seine teuflische Schlauheit. Wenn er sich eines menschlichen Werkzeugs bediente, so könnten wir auf ein Zeugnis von diesem rechnen, aber wenn wir diesen großen Hund ans Tageslicht ziehen, so genügt das noch lange nicht, um seinem Herrn den Strick um den Hals zu legen."

"Aber es liegt doch ganz ohne Frage ein Fall vor, der reif fürs Gericht ist."

"Keine Ahnung. Alles ist nur Voraussetzung und Mutmaßung. Wir würden vom Gericht ausgelacht werden, wenn wir mit einer solchen Geschichte und mit derartigen Beweisen daherkämen."

"Aber Sir Charles' Tod?"

"Tot aufgefunden ohne Zeichen von Gewaltanwendung an seinem Körper. Du und ich, wir wissen, daß er durch blankes Entsetzen starb, und wir wissen, was ihm solche Angst einjagte. Aber wie sollen wir unsere Überzeugung zwölf beschränkten Geschworenen beibringen? Was für Spuren sind vorhanden, die auf einen Hund deuten? Wo sind die Spuren seiner Fangzähne? Wir natürlich, wir wissen, daß ein Hund keinen Leichnam beißt, und daß Sir Charles tot war, ehe die Bestie ihn einholte. Aber wir müssen dies alles*beweisen*, und wir sind nicht in der Lage, das zu tun."

"Und dann, heute abend?"

"Das nützt uns auch nicht viel mehr. Wieder besteht kein unmittelbarer Zusammenhang zwischen dem Bluthund und dem Tod des Mannes. Wir haben den Hund niemals gesehen. Wir hörten ihn; aber wir können nicht beweisen, daß er den Mann hetzte. Es gibt keinerlei Motiv. Nein, mein Lieber – wir müssen uns mit der Tatsache abfinden, daß wir augenblicklich noch keinen Fall haben, der fürs Gericht reif ist, und daß wir daher alles daransetzen müssen, uns das Beweismaterial zu beschaffen."

"Und was schlägst du dazu vor?"

"Ich setze große Hoffnungen darauf, daß Frau Laura Lyons etwas dazu tun kann, wenn ihr der Stand der Dinge klar gemacht wird. Und außerdem habe ich noch meinen eigenen Plan. Für morgen haben wir also genug Wichtiges vor; aber ich hoffe, ehe der Tag zu Ende geht, wird der Sieg endlich mein sein."

Ich konnte nichts weiter aus ihm herausbringen, und er wanderte, in Gedanken versunken, an meiner Seite bis ans Tor von Baskerville Hall.

"Kommst du mit herauf?"

"Ja; ich sehe keinen Grund, warum ich mich noch länger verstecken soll. Aber noch ein Wort, Watson. Sage zu Sir Henry nichts von dem Bluthund. Laß ihn Seldens Tod der Ursache zuschreiben, die Stapleton uns einreden wollte. Er wird stärkere Nerven haben für die Herausforderung, die ihm morgen bevorsteht – denn wenn ich mich deines Berichtes entsinne, so soll er ja morgen bei den Leuten speisen."

"Ja; und ich ebenfalls."

"Dann mußt du dich entschuldigen, und er muß allein gehen. Das wird sich ja leicht machen lassen. Und nun – wir sind zwar um unser Mittagessen gekommen, aber das Nachtessen wollen wir uns jetzt recht schmecken lassen."

Sir Henry war mehr erfreut als erstaunt, als er plötzlich in dunkler Nacht Sherlock Holmes sein Haus betreten sah. An und für sich überraschte ihn dessen Ankunft keineswegs, denn er hatte bereits seit einigen Tagen erwartet, daß die letzten Ereignisse ihn veranlassen würden, ihn von London hierher zu führen. Nur machte er ein ziemlich verwundertes Gesicht, als er bemerkte, daß Holmes ohne jedes Gepäck ankam und nicht einmal versuchte, diesen eigentümlichen Umstand zu erklären. Sir Henry und ich halfen meinem Freund mit unseren Sachen aus, so daß er im Gesellschaftsanzug im Speisesaal erscheinen konnte. Während des Essens teilten wir dem Baronet von den Ereignissen des Tages so viel mit, wie uns gut schien. Vorher aber hatte ich noch die peinliche Pflicht zu erfüllen, Barrymore und seiner Frau die Nachricht von Seldens plötzlichem Tod beizubringen. Der Mann empfand dabei gewiß nichts als Erleichterung, die Frau aber weinte bitterlich in ihre Schürze hinein – für alle anderen war Selden der gesetzlose Totschläger und Mörder, aber für sie blieb er immer der lustige kleine Junge, der sich mit seinen Kinderfäustchen an die Hand der großen Schwester angeklammert hatte. Schlecht steht es um jeden Mann, um den keine Frau trauert.

"Ich habe mich seit Watsons zeitiger Abfahrt den ganzen Tag im Haus gelangweilt," bemerkte der Baronet, "und ich verdiene wohl ein großes Lob dafür, denn ich habe mein Versprechen gehalten. Hätte ich nicht mein Wort gegeben, daß ich nicht allein ausgehen würde, so hätte ich wohl einen interessanten Abend haben können, denn Stapleton schickte mir eine Einladung, ich möchte doch herüberkommen."

"Ich bezweifle nicht im geringsten, daß Sie sogar einen sehr interessanten Abend gehabt hätten," sagte Holmes trocken. "Doch was ich sagen wollte – Sie haben wohl keine Ahnung, daß wir Sie bereits als Leiche mit gebrochenem Genick betrauerten?"

Sir Henry riß vor Erstaunen die Augen auf und rief:

"Wieso denn?"

"Der arme Kerl hatte Ihre Kleidung an. Ich fürchte, Ihr Diener, der sie ihm geschenkt hat, kann deshalb Ungelegenheiten mit der Polizei kriegen."

"Doch wohl kaum. Soviel ich weiß, war kein einziges von den Kleidungsstücken gezeichnet."

"Das ist ein Glück für ihn – und nicht nur für ihn allein, sondern für Sie alle; denn Sie alle haben sich bei dieser Angelegenheit gegen Recht und Gesetz vergangen. Ich weiß nicht, ob ich nicht als gewissenhafter Detektiv vor allen Dingen die Pflicht hätte, sämtliche Hausbewohner zu verhaften. Watsons Berichte sind im höchsten Grade belastend."

"Aber wie steht's denn mit unserem Fall?" fragte Sir Henry. "Haben Sie die Fäden einigermaßen entwirren können? Watson und ich sind durch unseren Aufenthalt hier nicht viel klüger geworden."

"Ich glaube, ich werde binnen sehr kurzer Zeit imstande sein, die Situation aufzuklären. Der Fall war außerordentlich schwierig und sehr verwickelt. Auch jetzt noch sind verschiedene Punkte da, die der Aufklärung bedürfen, – indessen auch diese werden wir erhalten."

"Wie Watson Ihnen ohne Zweifel mitgeteilt hat, hatten wir zum mindesten ein sehr wichtiges Erlebnis. Wir hörten den Hund auf dem Moor; ich kann also darauf schwören, daß nicht alles leere Einbildung ist. Na, ich habe drüben im Wilden Westen ziemlich viel mit Hunden zu tun gehabt und kann einen beurteilen, wenn ich ihn bellen höre. Und wenn Sie dem da einen Maulkorb und eine Kette anlegen können, so will ich vor aller Welt laut erklären, daß Sie der größte Detektiv aller Zeiten sind."

"Nun, ich glaube, ich werde dem Hund nach allen Regeln der Kunst Maulkorb und Kette anlegen können, wenn Sie mir dabei helfen wollen."

"Ich will alles tun, was Sie mir auch sagen mögen."

"Vortrefflich! Und ich möchte Sie zugleich bitten, es blindlings zu tun, ohne auch nur eine Frage zu stellen."

"Ganz wie Sie wünschen."

"Wenn Sie das tun wollen, so haben wir, glaube ich, alle Aussicht, unser kleines Problem gelöst zu sehen. Ich zweifle keinen Augen ..."

Plötzlich schwieg Holmes und starrte über mich hinweg vor sich hin. Das volle Lampenlicht fiel auf sein scharfgeschnittenes Gesicht, dessen zu höchster Aufmerksamkeit angespannte Züge an ein klassisches Bildwerk, eine Verkörperung wachsamer Erwartung erinnerten.

"Was gibt's?" riefen Sir Henry und ich wie aus einem Munde.

Ich konnte sehen, daß Holmes, als er seine Augen wieder senkte, eine innere Aufregung niederkämpfte. Seine Züge behielten ihren ruhigen Ausdruck, aber aus seinen Augen funkelte eine wilde Freude.

"Entschuldigen Sie, wenn ein Kunstliebhaber sich von seiner Bewunderung hinreißen ließ," sagte er, mit einer Handbewegung auf die an der gegenüberliegenden Wand hängende Reihe von Portraits hindeutend. "Watson behauptet allerdings, ich verstände von Kunst nicht das allergeringste, aber das ist die reine Überheblichkeit, weil meine Ansichten darüber von den seinigen abweichen. Dies hier ist aber wirklich eine ganze Sammlung von sehr schönen Bildnissen."

" Na, das höre ich mit Vergnügen," sagte Sir Henry, indem er meinen Freund mit einiger Überraschung ansah. "Ich kann mich nicht für einen großen Kenner in diesen Dingen ausgeben und verstehe jedenfalls mehr von einem Pferd oder Stier als von einem Gemälde. Erstaunlich, daß Sie auch für die Beschäftigung mit Kunstsachen Zeit gefunden haben."

"Wenn ich ein Bild sehe, so weiß ich, ob es gut ist oder nicht, und diese hier sind gut. Ich will wetten, die Dame da in der Ecke in dem blauen Seidenkleid ist ein Kneller und der dicke Herr mit der Perücke muß von Reynolds gemalt sein. Es sind wohl lauter Familienbilder?"

"Ohne Ausnahme."

"Wissen Sie die Namen der Portraitierten?"

"Barrymore hat sie mir gut eingepaukt, und ich glaube, ich kann meine Lektion ziemlich gut hersagen."

"Wer ist der alte Herr mit dem Fernrohr?"

"Das ist Kontreadmiral Baskerville, der unter Rodney in Westindien diente. Der Mann im blauen Frack mit der Papierrolle ist Sir William Baskerville, zu Pitts Zeiten eines der hervorragendsten Mitglieder des Unterhauses."

"Und der Kavalier gerade meinem Platz gegenüber – der in dem schwarzen Samtrock mit Spitzenkragen?"

"Ah! Ich glaube wohl, daß der Sie interessiert. Das ist der Urheber allen Unheils, der verruchte Hugo, dem die Baskervilles ihren Gespensterhund verdanken. Den Mann werden wir wohl schwerlich je wieder vergessen."

Ich drehte mich neugierig und ziemlich überrascht nach dem Bild um.

"Ei sieh!" rief Holmes. "Er sieht ja ganz ruhig und sanftmütig aus, aber in den Augen scheint allerdings etwas Teuflisches zu lauern. Ich hatte mir unter Sir Hugo einen kräftigeren Mann und wilderen Burschen vorgestellt."

"Daß das Bild ihn wirklich darstellt, unterliegt keinem Zweifel, denn die Rückseite der Leinwand trägt seinen vollen Namen und die Jahreszahl 1647."

Holmes sagte nicht viel mehr während des Essens, aber das Bild des Wüstlings schien eine merkwürdige Anziehungskraft auf ihn auszuüben, und er hielt beständig seine Augen darauf geheftet. Erst später, nachdem Sir Henry sich auf sein Zimmer begeben hatte, wurde mir meines Freundes Gedankengang klar. Er führte mich, die Kerze in der Hand haltend, noch einmal in den Speisesaal zurück und beleuchtete das vom Alter dunkel gewordene Porträt an der Wand.

"Sieh dir mal das Bild an. Fällt dir nicht etwas daran auf?"

Ich betrachtete genau den breitkrempigen Federhut, die langen Locken, den Spitzenkragen und das dazwischen eingeschlossene, langgezogene ernste Antlitz. Der Gesichtsausdruck war nicht brutal, eher spöttisch, aber hart und grausam; die dünnen Lippen waren fest aufeinandergepreßt, die Augen blickten kalt und herrschsüchtig.

"Erinnert das Bild dich an jemanden, den du kennst?" fragte Holmes mich.

"Die Kinnlade erinnert etwas an Sir Henry."

"Hm – ein ganz kleines bißchen vielleicht. Aber warte mal einen Augenblick." Er stieg auf einen Stuhl und verdeckte mit dem gekrümmten rechten Arm den Schlapphut und die Ringellocken, während er mit der Linken die Kerze näher an das Bild hielt.

"Grundgütiger!" rief ich erstaunt. Aus der Leinwand starrte mir Stapletons Antlitz entgegen.

"Aha, jetzt siehst du es auch. Ich habe einen geübten Blick dafür, bei einem Gesicht die Züge zu sehen und nicht das Drum und Dran. Wer Verbrechenaufklären will, muß vor allen Dingen Verkleidungen durchschauen können."

"Aber das ist ja phantastisch. Es könnte sein Porträt sein."

"Ja, es ist ein interessantes Beispiel der körperlichen und seelischen Rekapitulation. Man braucht nur eine Sammlung von Familienbildnissen zu studieren, um sich sofort zur Wiedergeburtslehre zu bekehren. Der Bursche ist ein Baskerville – so viel ist klar und deutlich."

"Mit Absichten auf die Erbschaft."

"Natürlich. Der zufällige Anblick dieses Bildes hat mir eines der wichtigsten bisher in meiner Beweiskette noch fehlenden Glieder geliefert. Wir haben ihn, Watson, wir haben ihn – und ich kann darauf schwören, daß er vor morgen abend so hilflos in unserem Netz zappeln wird, wie einer von seinen geliebten Schmetterlingen. Eine Nadel, ein Stück Kork, ein Zettelchen – und da haben wir ihn in unserer Sammlung in der Bakerstraße"

Mit diesen Worten wandte Holmes dem Bilde den Rücken und brach in ein Gelächter aus; ich habe ihn selten laut lachen hören – und wenn er's tat, so bedeutete es für den, dem sein Lachen galt, nichts Gutes.

Am anderen Morgen stand ich früh auf, aber Holmes war noch zeitiger aufgewesen, denn als ich mich ankleidete, sah ich ihn den Fahrweg entlang auf das Schloß zukommen.

"Ja, ja, wir werden ein tüchtiges Tagewerk vor uns haben," bemerkte er und rieb sich dabei voll Entzücken über diese Aussicht die Hände.

"Die Netze sind alle ausgelegt – der letzte Akt kann beginnen. Ehe der Tag zu Ende ist, werden wir wissen, ob wir unseren großen raubgierigen Hecht gefangen haben, oder ob er uns durch die Maschen gegangen ist."

"Bist du schon draußen auf dem Moor gewesen?"

"Ich habe von Grimpen einen Bericht über Seldens Tod nach Princetown geschickt. Ich glaube versprechen zu können, daß keiner von euch in dieser Angelegenheit behelligt wird. Auch habe ich meinem treuen Cartwright Bescheid gegeben; der gute Junge hätte sich sonst gewiß auf die Schwelle meiner leeren Hütte gelegt, wie ein Hund, der auf dem Grab seines Herrn den Tod erwartet; deshalb mußte ich ihn darüber beruhigen, daß ich gesund und munter bin."

"Was haben wir zunächst zu tun?"

"Sir Henry aufzusuchen – ah, da ist er ja."

"Guten Morgen, Holmes," rief der Baronet. "Sie sehen ja aus wie ein General, der mit seinem Generalstabschef den Plan einer Schlacht bespricht."

"Der Vergleich ist sehr richtig. Watson wollte meine Befehle einholen."

"Ich auch."

"Sehr angenehm. Wenn ich Sie recht verstanden habe, sind Sie für heute abend bei Ihren Freunden, den Stapletons, zu Tisch geladen?"

"Ich hoffe, Sie kommen auch mit. Es sind sehr nette Leute, und ich weiß bestimmt, daß es ihnen sehr lieb wäre, Sie ebenfalls zu sehen."

"Ich fürchte, Watson und ich müssen nach London fahren."

"Nach London?"

"Ja; ich glaube, so wie die Sachen jetzt liegen, können wir dort mehr von Nutzen sein."

Des Baronets Gesicht wurde merklich länger.

"Ich hoffte," sagte er nach einer kleinen Pause, "Sie würden mir zur Seite stehen, bis der ganze Fall aufgeklärt ist. Baskerville Hall und das Moor sind nicht gerade ein angenehmer Aufenthalt, wenn man allein ist."

"Mein lieber junger Freund, Sie müssen mir ohne Bedenken Vertrauen schenken und genau tun, was ich Ihnen sage. Erzählen Sie nur Ihren Freunden, wir wären sehr glücklich gewesen, wenn wir hätten mitkommen können, aber eine dringliche Angelegenheit hätte unsere Anwesenheit in der Stadt erfordert. Wir hofften sehr bald nach Devonshire zurückzukehren. Wollen Sie nicht vergessen, dies auszurichten?"

"Wenn Sie es durchaus wünschen –"

"Ich versichere Ihnen, es ist unbedingt notwendig."

Ich sah an des Baronets finster zusammengezogenen Brauen, daß er unsere Abreise als Fahnenflucht ansah, und daß ihn dies tief verletzte.

"Wann gedenken Sie zu reisen?" fragte er endlich in kaltem Tone.

"Unmittelbar nach dem Frühstück. Wir fahren nach Coombe Tracey, aber Watson läßt seine Sachen hier; da haben Sie ein Pfand, daß er wiederkommt. Watson, du wirst Stapleton eine Zeile schreiben, daß du zu deinem Bedauern nicht kommen kannst."

"Ich habe große Lust, mit Ihnen nach London zu fahren," sagte der Baronet. "Warum sollte ich eigentlich hier bleiben?"

"Weil hier Ihr Posten ist. Weil Sie mir Ihr Wort gaben, Sie würden tun, was ich Ihnen sage. Und ich sage Ihnen, Sie *müssen* hier bleiben."

"Also gut, ich bleibe."

"Noch eins. Ich wünsche, daß Sie nach Merripit House fahren. Schicken Sie aber Ihr Wägelchen zurück, und sagen Sie den Stapletons, daß Sie beabsichtigen, zu Fuß nach Hause zu gehen."

"Zu Fuß – über das Moor?"

"Ja."

"Aber gerade davor warnten Sie mich ja so oft."

"Diesmal können Sie es in aller Sicherheit tun. Wenn ich nicht volles Vertrauen zu Ihren Nerven und zu Ihrem Mut hätte, so würde ich Ihnen den Vorschlag nicht machen; aber es kommt alles darauf an, daß Sie zu Fuß übers Moor gehen."

"Dann will ich's tun."

"Und wenn Ihnen Ihr Leben lieb ist – gehen Sie keinen anderen Weg als den Fußpfad, der von Merripit House zur Grimpener Landstraße führt. Übrigens ist das der nächste Weg nach Baskerville Hall und darum auch der natürlichste."

"Ich werde genau tun, was Sie mir sagen."

"Sehr gut. Es wäre mir angenehm, so bald wie möglich nach dem Frühstück abzufahren, damit ich am Nachmittag in London sein kann."

Ich war über Holmes' Anordnungen sehr erstaunt, obwohl ich mich erinnerte, daß er am Abend vorher zu Stapleton gesagt hatte, sein Besuch würde nur bis zum Morgen dauern. Ich hatte aber nicht gedacht, daß er mich mit nach London nehmen würde, und vor allen Dingen konnte ich nicht begreifen, daß gerade in diesem Augenblick – dem kritischen, wie er selber sagte – wir uns alle beide entfernen sollten. Natürlich war aber nichts anderes zu tun, als ihm blindlings zu gehorchen; wir verabschiedeten uns also von unserem sehr verstimmten Freund, Sir Henry, und waren ein paar Stunden später auf dem Bahnhof von Coombe Tracey, von wo wir den Wagen nach Baskerville Hall zurückschickten. Ein kleiner Junge stand wartend auf dem Bahnhof und kam sofort auf Holmes zu, als er uns erblickte.

"Befehle, Herr?"

"Du nimmst diesen Zug, Cartwright, und fährst nach London. Unmittelbar nach der Ankunft schickst du vom Bahnhof aus ein mit meinem Namen unterzeichnetes Telegramm an Sir Henry Baskerville: wenn er mein verlorenes Taschenbuch fände, so möchte er es mit der Post eingeschrieben zu meiner Wohnung in der Bakerstraße schicken."

"Jawohl, Herr."

"Und frage im Stationsbureau, ob nichts für mich angekommen ist."

Der Junge kam mit einem Telegramm zurück, das Holmes mir reichte. Es lautete:

"Telegramm erhalten. Komme mit Blankohaftbefehl; treffe 4:40 ein.*Lestrade*."

"Das ist die Antwort auf mein Telegramm von heute früh," sagte Holmes. "Lestrade ist nach meiner Ansicht der Beste in seinem Beruf, und wir werden vielleicht seinen Beistand nötig haben. Und nun, Watson, können wir unsere Zeit wohl nicht besser nutzen, als wenn wir bei deiner Bekannten, Frau Laura Lyons, einen Besuch machen."

Sein Schlachtplan begann mir klar zu werden. Durch den Baronet wollte er die Stapletons davon überzeugen, daß wir abgereist sind; in Wirklichkeit jedoch tauchten wir in dem Augenblick wieder auf, in dem wir wahrscheinlich gebraucht würden. Wenn Sir Henry bei Stapletons das aus London erhaltene Telegramm erwähnte, so mußte ihnen das den letzten etwa noch vorhandenen Verdacht nehmen. Mir war's, als sähe ich bereits unsere Netze sich immer dichter um den gefräßigen Hecht zusammenschließen.

Frau Laura Lyons war in ihrem Arbeitszimmer, und Sherlock Holmes eröffnete das Gespräch mit einer Geradheit und Freimütigkeit, die sie völlig überrumpelte.

"Ich untersuche die Umstände, die zum Tod des verblichenen Sir Charles Baskerville führten. Mein Freund hier, Herr Doktor Watson, hat mir mitgeteilt, was sie ihm in dieser Angelegenheit erzählt, und was Sie ihm verschwiegen haben."

"Was sollte ich ihm denn verschwiegen haben?" fragte sie herausfordernd.

"Sie haben eingeräumt, daß Sie Sir Charles gebeten haben, er möchte um zehn Uhr an der Pforte warten. Wir wissen, daß er um diese Stunde und an diesem Ort den Tod fand. Sie haben verschwiegen, welche Verbindung zwischen den beiden Umständen besteht."

"Es besteht gar keine Verbindung."

"In diesem Fall muß der Zufall ganz außerordentlich genannt werden. Aber ich glaube, wir werden den Zusammenhang noch feststellen. Ich möchte ganz offen gegen Sie sein, Frau Lyons. Nach unserer Ansicht handelt es sich um einen Mord, und in die Untersuchung wird wahrscheinlich nicht nur Ihr Freund Herr Stapleton verwickelt werden, sondern vielleicht auch seine Frau."

Die Dame sprang von ihrem Stuhl auf und rief:

"Seine Frau?"

"Diese Tatsache ist kein Geheimnis mehr. Die Person, die für seine Schwester gilt, ist in Wirklichkeit seine Frau."

Frau Lyons hatte sich wieder gesetzt. Ihre Hände umfaßten krampfhaft die Armlehnen des Stuhles – so krampfhaft, daß die rosigen Fingernägel von dem Druck weiß wurden.

"Seine Frau!" wiederholte sie. "Seine Frau! Er ist doch unverheiratet."

Sherlock Holmes zuckte nur stumm die Achseln.

"Beweisen Sie's mir! Beweisen Sie's mir! Und wenn Sie das können ..."

Das zornige Blitzen ihrer Augen sprach deutlicher als alle Worte.

"Darauf bin ich vorbereitet," sagte Holmes und zog dabei mehrere Papiere aus der Tasche. "Hier ist eine Photographie des Paares; sie wurde vor vier Jahren in York aufgenommen. Auf der Rückseite steht: ›Herr und Frau Vandeleur‹, aber Sie werden ihn ohne Schwierigkeiten erkennen, und sie ebenfalls.. Hier sind als Aussagen glaubwürdiger Zeugen die Beschreibungen des Aussehens von Herrn und Frau Vandeleur, die damals die Privatschule von St. Oliver leiteten. Lesen Sie und sagen mir dann, ob Sie noch an der Identität des Paares zweifeln können."

Sie überflog die Schriftstücke und sah uns dann mit dem starren Gesicht der Verzweiflung an.

"Herr Holmes," sagte sie endlich. "Dieser Mann hat mir die Ehe versprochen, unter der Bedingung, daß ich meine Scheidung durchsetzen kann. Er hat mich belogen, der Schurke – hat mich auf jede erdenkliche Weise belogen. Kein wahres Wort hat er mir gesagt. Und warum – warum? Ich bildete mir ein, alles geschehe um meinetwillen. Und nun sehe ich, daß ich immer nur ein Werkzeug in seiner Hand war. Warum sollte ich zu ihm halten – er hat mich stets betrogen! Warum sollte ich ihn vor den die Folgen seiner verruchten Taten schützen? Fragen Sie nach allem, was Sie zu wissen wünschen – ich werde nichts, gar nichts verschweigen. Und eins schwöre ich Ihnen: als ich jenen Brief schrieb, dachte ich nicht daran, dem alten Herrn, der stets mein großmütigster Freund gewesen war, irgend etwas Böses anzutun."

"Davon bin ich vollkommen überzeugt, Madame," antwortete Sherlock Holmes. "Die Erzählung der ganzen Vorgänge möchte sehr schmerzlich für Sie sein; vielleicht ist es für Sie leichter, wenn ich erzähle, was geschehen ist. Wenn ich einen Irrtum begehe, so können Sie mich berichtigen. Stapleton hat Ihnen vorgeschlagen, den Brief zu schicken?"

"Er diktierte ihn mir."

"Als Grund gab er vermutlich an, Sir Charles würde Ihnen mit einem Darlehen beistehen, um die Gerichtskosten Ihres Scheidungsprozesses decken zu können."

"Ganz recht."

"Als Sie dann den Brief abgesandt hatten, redete er Ihnen zu, Sie sollten lieber nicht hingehen?"

"Er sagte mir, es verwunde seinen Stolz, daß ein anderer das Geld zu einem solchen Zweck hergebe; er sei zwar selber ein armer Mann, aber er wolle den letzten Schilling hergeben, um die Hindernisse zu beseitigen, die uns trennen."

"Er ist augenscheinlich ein sehr zielbewußter Charakter ... Und dann hörten Sie nichts mehr, bis Sie den Bericht über Sir Charles' Tod in der Zeitung lasen?"

"Nein."

"Und er ließ Sie schwören, daß Sie nichts von Ihrer Verabredung mit Sir Charles sagen würden?"

"Ja. Er sagte, der Tod sei ein sehr geheimnisvoller, und ich würde sicherlich in Verdacht geraten, wenn von der Verabredung etwas bekannt würde. Er machte mir furchtbare Angst – und ich blieb still."

"So dachte ich's mir. Aber Sie hatten doch einen Verdacht?"

Sie zögerte und schlug die Augen nieder. Nach einer Pause aber antwortete sie:

"Ich kannte ihn. Aber wenn er sein Wort gehalten hätte, so würde ich ihm das meinige nie und nimmer gebrochen haben."

"Ich glaube, Sie können von Glück sagen, daß Sie so davongekommen sind," rief Sherlock Holmes. "Sie haben ihn in Ihrer Gewalt gehabt; er wußte das – und Sie sind trotzdem noch am Leben. Sie sind monatelang dicht am Rande des Abgrundes entlang gegangen ... Wir müssen nun gehen, FrauLyons. Wahrscheinlich werden Sie binnen ganz kurzer Zeit wieder von uns hören. Guten Morgen ..."

"Unser Fall rundet sich immer mehr ab, und eine Schwierigkeit nach der anderen verschwindet vor uns," sagte Holmes, als wir auf dem Bahnhof standen und den von London kommenden Schnellzug erwarteten. "Bald werde ich in der Lage sein, eine einfache, zusammenhängende Darstellung eines der seltsamsten und sensationellsten Verbrechen der Gegenwart zu geben. Wer sich speziell für

Kriminalistik interessiert, wird sich eines ähnlichen Falles erinnern, der sich im Jahre 1866 in Grodno in Klein-Rußland zutrug. Außerdem natürlich der Andersonschen Mordtaten in Nord-Carolina; aber unser Fall hier weist einige Züge auf, die in ihrer Art ganz einzig dastehen. Selbst jetzt haben wir noch keinen ganz klaren Beweis gegen diesen überaus tückischen Mann. Aber es sollte mich außerordentlich wundern, wenn nicht alles vollkommen aufgeklärt wird, ehe wir heute nacht zu Bette gehen."

In diesem Augenblick kam der Londoner Schnellzug herangebraust. Er hielt, und ein drahtiger, handfester Mann mit einem Bulldoggengesicht sprang aus einem Abteil erster Klasse auf den Bahnsteig. Wir schüttelten uns alle drei die Hand, und ich sah sofort an der ehrerbietigen Art, mit der Lestrade meinen Freund ansah, daß er seit unserer ersten Zusammenarbeit mancherlei gelernt hatte. Ich erinnere mich noch sehr gut des verächtlichen Spottes, womit der Mann der Praxis die Theorien des Grüblers zuerst abgetan hatte.

"Haben Sie was Gutes für mich?" fragte der Beamte.

"Den großartigsten Fall, der seit Jahren vorgekommen ist." antwortete Holmes. "Wir haben zwei Stunden zu unserer freien Verfügung. Ich glaube, wir können sie nicht besser nutzen, als indem wir einen Bissen essen; und dann, Lestrade, sollen Sie den Londoner Nebel aus Ihrer Kehle los werden und dafür ein bißchen reine Nachtluft von Dartmoor einatmen. Sie waren noch niemals hier? Na, ich denke, Sie werden Ihren ersten Besuch schwerlich vergessen."

Kapitel 13.
Der Hund der Baskervilles

Einer von Sherlock Holmes' Fehlern war – wenn man dies überhaupt einen Fehler nennen kann – daß er eine große Abneigung dagegen hatte, von seinen Plänen etwas mitzuteilen, bevor der Augenblick zur Ausführung da war. Zum Teil beruhte dies unzweifelhaft auf der Überlegenheit seiner Natur: er liebte es, sich als Herrn und Meister zu zeigen und seine Umgebung zu überraschen. Zum anderen aber lag es an seiner beruflichen Vorsicht; er wollte nichts dem Zufall überlassen. Das Ergebnis war jedenfalls eine harte Geduldsprobe für seine Helfer und Mitarbeiter. Ich hatte schon oft darunter gelitten, aber niemals so sehr wie während unserer langen Fahrt in der Dunkelheit. Der große Schlag stand unmittelbar bevor, endlich sollte die Entscheidung fallen – und doch hatte Holmes noch kein Wort gesagt, und ich konnte mich nur in Vermutungen über seine Pläne ergehen. Meine Nerven waren fast bis zur Unerträglichkeit angespannt, als ich rechts und links von unserem schmalen Landweg düstere weite Flächen bemerkte und an dem mir ins Gesicht schlagenden kalten Wind erkannte, daß wir wieder auf dem Moor angelangt waren. Jeder Schritt der Pferde, jede Umdrehung der Räder brachte uns dem Ende unseres Abenteuers näher.

Da der Kutscher auf dem Bock unseres Mietwagens jedes Wort hören konnte, so mußten wir uns in unserem Gespräch großen Zwang antun und durften uns nur über gleichgültige Gegenstände unterhalten; das fiel uns in unserer begreiflichen Aufregung nicht leicht. Ich atmete daher erleichtert auf, als wir bei Franklands Haus vorbeikamen; endlich näherten wir uns Baskerville Hall und damit dem Schauplatz der Handlung. Wir fuhren nicht beim Haupteingang vor, sondern ließen den Wagen in der Allee halten und stiegen aus. Der Kutscher wurde entlohnt, und wir machten uns zu Fuß auf den Weg nach Merripit House.

"Sind Sie bewaffnet, Lestrade?"

Der kleine Detektiv lächelte:

"So lange ich meine Hosen anhabe, habe ich eine Hüfttasche, und so lange ich meine Hüfttasche habe, ist auch was drin."

"Gut. Mein Freund und ich sind ebenfalls auf alle Notfälle vorbereitet."

"Sie sind sehr verschlossen, Herr Holmes. Mit was für einem Spiel haben wir es eigentlich zu tun?"

"Mit einem Geduldsspiel."

"Wahrhaftig, das scheint hier keine sehr angenehme Gegend zu sein." bemerkte der Detektiv, indem er fröstelnd seinen Überrock dichter zuzog und dabei einen Blick auf die düstere Hügelkette warf und auf den riesigen Nebelsee, der über dem Grimpener Moor lag. "Gerade vor uns sehe ich die Lichter eines Hauses."

"Das ist Merripit House, das Ziel unserer Wanderung. Ich muß Sie jetzt ersuchen, auf den Zehenspitzen zu gehen und im Flüsterton zu sprechen, wenn Sie etwas zu sagen haben."

Vorsichtig gingen wir den Fußweg entlang auf das Haus zu, aber als wir noch ungefähr zweihundert Schritte davon entfernt waren, ließ Holmes uns Halt machen und sagte:

"Weiter brauchen wir nicht zu gehen. Die Felsen hier zur Rechten geben ein ausgezeichnetes Versteck ab."

"Müssen wir hier warten?"

"Ja, hier wollen wir uns in den Hinterhalt legen. Gehen Sie in diese Höhlung hinein, Lestrade. Du warst drinnen im Haus, nicht wahr, Watson? Kannst du die Lage der verschiedenen Zimmer angeben? Was sind das für Gitterfenster an unserem Ende hier?"

"Ich glaube, es sind die Küchenfenster."

"Und das Fenster weiter weg, aus dem der helle Lichtschein herausfällt?"

"Das gehört ganz bestimmt zum Speisezimmer."

"Die Vorhänge sind zurückgezogen. Du weißt am besten hier Bescheid. Krieche sachte heran und sieh mal zu, was drinnen vorgeht – aber laß sie um Gottes willen nicht merken, daß sie beobachtet werden."

Ich schlich den Fußpfad entlang und duckte mich dann hinter die niedrige Mauer, die den verwahrlosten Obstgarten umgab. An dieser hinkriechend, kam ich zu einer Stelle, wo ich ungehindert in das gardinenlose Fenster hineinsehen konnte.

In dem Zimmer befanden sich nur zwei Männer, Sir Henry und Stapleton. Sie saßen an dem runden Tisch einander gegenüber und wandten mir ihr Profil zu. Beide rauchten; vor ihnen auf dem Tisch standen Kaffeetassen und Weingläser. Stapleton sprach lebhaft, aber der Baronet sah bleich und zerstreut aus. Vielleicht bedrückte ihn der Gedanke an den bevorstehenden Gang über das einsame, übelbeleumdete Moor.

Nachdem ich sie eine Weile beobachtet hatte, stand Stapleton auf und verließ das Zimmer; Sir Henry schenkte sich sein Glas voll, lehnte sich in seinen Stuhl zurück und blies den Zigarrendampf in dicken Wolken von sich. Ich hörte eine Tür knarren; dann knirschten Schritte auf dem Kies an der anderen Seite der Mauer, hinter der ich mich zusammengekauert hatte. Als sie vorüber waren, blickte ich vorsichtig über die Mauer hinweg und sah den Naturforscher vor der

Tür eines Nebengebäudes stehen, das sich in der Ecke des Obstgartens befand. Er öffnete die Tür mit einem Schlüssel, und als er eingetreten war, hörte ich ein eigentümlich raschelndes Geräusch in dem Gebäude. Er verweilte höchstens ein paar Minuten, dann hörte ich den Schlüssel sich abermals im Schloß drehen, die knirschenden Schritte kamen wieder bei mir vorüber, und Stapleton betrat sein Haus. Ich sah noch, wie er im Zimmer erschien, wo Sir Henry auf ihn wartete, dann kroch ich vorsichtig zum Versteck meiner Freunde zurück und berichtete, was ich gesehen hatte.

"Watson, du sagst also, die Dame saß nicht bei ihnen?" fragte Holmes, als ich mit meiner Erzählung fertig war.

"Nein."

"Wo kann sie denn nur sein. Es ist ja in keinem anderen Raum Licht als nur im Speisezimmer und in der Küche."

"Ich habe keine Ahnung."

Über dem großen Grimpener Sumpf hing, wie ich vorhin bereits erwähnte, ein dichter, weißer Nebel. Er wälzte sich langsam auf uns zu und stand jetzt in einiger Entfernung wie eine niedrige, scharf abgeschnittene Wand vor uns. Der Mond beschien sie, und sie glich einer weiten schimmernden Eisfläche; die Felsspitzen, die daraus hervorragten, sahen aus wie riesige Granitblöcke, die von diesem Eis getragen wurden. Holmes beobachtete unverwandt diese Nebelfläche, und ich hörte ihn unwillig brummen, als sie sich allmählich sich immer näher an uns heranschob.

"Es kommt auf uns zu, Watson!"

"Ist das von irgendwelcher Bedeutung?"

"Von sehr großer Bedeutung sogar. Es ist die einzige Möglichkeit, die auf meine Pläne irgendwelchen Einfluß haben könnte. Er kann jetzt nicht lange mehr bleiben, denn es ist bereits zehn Uhr. Unser Erfolg und vielleicht sogar sein Leben hängt möglicherweise davon ab, daß er das Haus verläßt, ehe der Nebel den Weg bedeckt."

Der Nachthimmel stand in klarer Schönheit über uns; die Sterne funkelten in der Kälte mit hellem Schein, und der Halbmond übergoß die Landschaft mit einem sanften ungewissen Licht. Vor uns lag die dunkle Masse des Hauses, das Giebeldach und die hohen Kamine scharf vom silberbesäten Nachthimmel sich abhebend. Breite Lichtstreifen ergossen sich golden aus den Fenstern des Erdgeschosses über den Garten und das Moor. Mit einem Male verschwand einer von diesen Streifen – die Dienstboten hatten die Küche verlassen. Nur noch das Speisezimmer blieb hell; dort saßen die beiden Männer, der mörderische Gastgeber und der ahnungslose Gast, und plauderten bei Wein und Zigarren.

Mit jeder Minute schob sich die weiße, wolkige Schicht, die bereits die Hälfte des Moores bedeckte, näher und näher an das Haus heran. Schon kräuselten sich die ersten feinen Ausläufer des Nebels vor dem goldenen Viereck des erleuchteten Fensters. Die rückseitige Mauer des Obstgartens war bereits unsichtbar, und die Bäume erhoben sich aus einem brodelnden weißen Dampf in die Luft. Und schon wälzten sich Nebelstreifen um die Ecke des Hauses herum und vereinigten sich allmählich zu einer dichten, glatt abgeschnittenen Wolke, über welcher das obere Stockwerk und das Dach des Hauses wie ein Gespensterschiff auf seltsamem Meer schwammen. Holmes schlug aufgeregt mit der Faust auf den Felsen, hinter dem wir uns versteckt hatten und stampfte vor Ungeduld mit dem Fuß.

"Wenn er nicht binnen einer Viertelstunde draußen ist, so wird der Fußweg bedeckt sein. In einer halben Stunde können wir keine Hand mehr vor Augen sehen."

"Sollen wir uns nicht ein Stück Weges zurückziehen? Hinter uns steigt der Grund an."

"Ja, das wird wohl das beste sein."

Wir gingen also, vor der Nebelbank allmählich zurückweichend, weiter aufs Moor hinaus, bis wir etwa tausend Schritte vom Hause entfernt waren – und immer noch kroch die weiße Masse mit der mondbeglänzten Oberfläche näher an uns heran, unerbittlich immer näher.

"Wir gehen zu weit." sagte Holmes. "Wir dürfen es nicht darauf ankommen lassen, daß er eingeholt wird, bevor er bis an unser Versteck heran ist. Hier, wo wir jetzt sind, müssen wir auf alle Fälle bleiben." Er ließ sich auf die Knie nieder und hielt das eine Ohr an den Erdboden. "Gott sei Dank! Ich glaube, ich höre ihn kommen."

Wirklich wurden jetzt schnelle Schritte in der Stille des Moores hörbar. Uns an die Felsblöcke anschmiegend, beobachteten wir mit gespanntester Erwartung die schimmernde Nebelbank, die vor uns lag. Und jetzt trat, wie wenn er einen Vorhang zerteilt, aus dem weißen Nebel heraus der Mann, auf den wir warteten.

Er blickte sich überrascht um, als er plötzlich die klare, sternenbeglänzte Nachtlandschaft vor sich sah. Dann eilte er schnellen Schrittes auf dem Pfad dahin, an unserem Versteck vorbei, und den Hügel hinauf, der sich sanft ansteigend hinter uns erstreckte. Während er vorwärts eilte, sah er beständig bald über die eine, bald über die andere Schulter nach hinten. Augenscheinlich war ihm unbehaglich zu Mute.

"Sst!" rief Holmes, und ich hörte ein scharfes Knacken; er hatte den Hahn seines Revolvers gespannt. "Aufgepaßt! Es kommt!"

Wir hörten ein dünnes, scharfes, regelmäßiges Getrappel mitten aus der heranwabernden Nebelmasse heraus. Die Wolke lag fünfzig Schritte vor uns und wir starrten alle drei auf die weiße Fläche. Was für ein Grauen würde aus ihr hervorbrechen? Ich stand eng neben Holmes und warf einen schnellen Blick auf sein Gesicht. Er war bleich, aber offenbar frohlockte er innerlich; seine Augen funkelten hell im Mondenschein. Dann aber traten sie jählings aus den Höhlen, er starrte gebannt und seine Lippen öffneten sich in maßlosem Erstaunen. Im selben Augenblick stieß Lestrade einen Schrei des Entsetzens aus und warf sich mit dem Gesicht auf die Erde. Ich sprang auf; meine zitternde Hand umklammerte den Revolver, aber ich konnte nicht schießen, ich war gelähmt von dem Anblick des grausigen Geschöpfes, das aus dem Nebel auf uns zu gesprungen kam. Es war ein Hund, ein riesiger kohlschwarzer Hund, aber ein Hund, wie keines Menschen Augen ihn jemals gesehen haben. Feuer sprühte aus dem offenen Rachen hervor, die Augen glühten, Schnauze, Lefzen und Wamme waren von lodernden Flammen umgeben. Ein Wahnsinniger könnte sich in seinen Fieberträumen kein wilderes, grausigeres Ungeheuer vorstellen; wie ein Geschöpf der Hölle brach die schwarze Bestie aus dem weißen Dunst hervor.

In langen Sätzen sprang der riesige schwarze Hund den schmalen Weg entlang; die Nase dicht über dem Erdboden haltend, folgte er den Fußspuren unseres Freundes. Wir waren durch diese Erscheinung wie gelähmt, und ehe wir unsere Besinnung wiedererlangt hatten, war die Bestie schon an unserem Versteck vorübergesprungen. Dann feuerten Holmes und ich gleichzeitig, und ein schauerliches Geheul bewies uns, daß wenigstens einer von uns getroffen haben mußte. Doch der Hund ließ sich nicht aufhalten, sondern jagte mit unverminderter Schnelligkeit weiter. In ziemlich weiter Entfernung sahen wir Sir Henry auf dem Weg stehen; er mit kreideweißem Antlitz, dessen Blässe durch den voll darauffallenden Mondschein noch mehr hervorgehoben wurde, blickte er sich um, die Hände hatte er voller Entsetzen emporgeworfen und hilflos starrte er auf das grausige Ungeheuer, das auf ihn losgesprungen kam.

Aber das Schmerzgeheul des Hundes zerstreute all unsere Furcht. Wenn er verwundbar war, so war er ein Erdengeschöpf, und wenn wir ihn verwunden konnten, so konnten wir ihn auch töten. Niemals habe ich einen Menschen rennen sehen, wie Sherlock Holmes in diesem entscheidenden Augenblick rannte. Ich gelte für einen schnellen Läufer, aber ich blieb weit hinter meinem Freund zurück, und in gleicher Entfernung hinter mir folgte erst der kleine Londoner Detektiv. Vor uns hörten wir Schrei auf Schrei, die gellenden Angstrufe des Baronets und dazwischen das tiefe Gebell des Hundes. Ich sah, wie die Bestie auf ihr Opfer lossprang, Sir Henry zu Boden warf und ihm an die Kehle fuhr.

Im nächsten Augenblick aber hatte Holmes dem Tier die fünf übrigen Kugeln seines Revolvers in die Flanke gejagt. Mit einem letzten Todesgeheul und noch einmal wild um sich beißend rollte der Hund auf den Rücken; die Beine fuhren noch ein paarmal durch die Luft, dann fiel er auf die Seite und lag regungslos da. Keuchend sprang ich an das Tier heran und hielt den Lauf meines Revolvers an den fürchterlichen feuerumlohten Kopf; aber ich brauchte nicht mehr abzudrücken. Der riesige Hund war tot.

Sir Henry lag bewußtlos auf der Stelle, an der er umgesunken war. Wir rissen ihm den Kragen auf, und Holmes stieß ein Dankgebet aus, als wir sahen, daß keine Wunde vorhanden, und daß unsere Hilfe noch zur rechten Zeit gekommen war. Bald zuckten die Augenlider unseres Freundes, und er machte einen schwachen Versuch, sich zu bewegen. Lestrade schob dem Baronet seine Brandyflasche zwischen die Zähne – und dann sahen uns zwei ängstliche Augen an.

"Mein Gott," flüsterte Sir Henry. "Was war das? Um des Himmels willen – was war es?"

"Was es auch gewesen sein mag, es ist tot," antwortete Holmes. "Wir haben dem Familiengespenst für ewige Zeiten den Garaus gemacht."

Das Tier, das da zu unseren Füßen hingestreckt lag, war schon allein durch seine Größe und Stärke eine fürchterliche Bestie. Es war kein reinrassiger Bluthund und auch keine reiner Mastiff, sondern schien aus einer Kreuzung beider hervorgegangen zu sein – ein zottiges, dürres Geschöpf von der Größe einer kleinen Löwin. Noch jetzt, wo es tot war, schien von den gewaltigen Kinnladen ein bläuliches Feuer zu triefen, und die tiefliegenden, grausamen kleinen Augen waren von Flammenringen umgeben. Und als ich mit meinen Händen das furchtbare Maul auseinanderriß, da schimmerten auch meine Finger feurig in der Dunkelheit.

"Phosphor!" rief ich.

"Ja, ein Phosphorpräparat – und ein sehr geschickt bereitetes," sagte Holmes, der sich niedergebeugt hatte und den Kopf des toten Tieres beroch. "Es ist eine geruchlose Lösung, die den Spürsinn des Tieres nicht beeinträchtigen konnte. – Wir müssen Sie von ganzem Herzen um Verzeihung bitten, Sir Henry, daß wir Sie der Gefahr eines so furchtbaren Schrecks ausgesetzt haben. Ich war auf einen Hund gefaßt – aber nicht auf eine Bestie wie diese hier. Und infolge des Nebels hatten wir nur einen ganz kurzen Augenblick Zeit, um sie mit mehreren Schüssen zu empfangen."

"Sie haben mir das Leben gerettet."

"Nachdem ich es erst in Gefahr gebracht hatte. Sind Sie kräftig genug, um sich auf Ihren Füßen halten zu können?"

"Lassen Sie mich noch einen Schluck Brandy zu mir nehmen, und ich bin zu allem bereit. – So. Wollen Sie mir jetzt bitte aufhelfen? Was gedenken Sie zunächst zu tun?"

"Sie hier zu lassen. Sie sind nicht imstande, in dieser Nacht noch mehr Abenteuer durchzumachen. Wenn Sie auf unsere Rückkunft warten wollen, so kann einer von uns Sie zum Schloß begleiten."

Sir Henry versuchte sich aufrecht zu halten; aber er war noch immer leichenblaß und zitterte an allen Gliedern. Wir führten ihn zu einem Granitblock; auf diesen setzte er sich und vergrub zusammenschauernd das Gesicht in seine Hände.

"Wir müssen Sie jetzt allein lassen," sagte Holmes. "Es bleibt uns noch anderes zu tun, und jeder Augenblick ist von Wichtigkeit. Das Verbrechen ist völlig aufgeklärt – jetzt brauchen wir nur noch den Verbrecher."

"Es ist tausend gegen eins zu wetten, daß wir ihn *nicht* in seinem Haus finden," fuhr Holmes fort, als wir schnell den Fußweg entlang auf Merripit House zueilten. "Die Schüsse müssen ihm gesagt haben, daß er die Partie verloren hat."

"Wir waren ein ziemliches Stück vom Haus entfernt, und der Nebel hat vielleicht den Schall gedämpft," bemerkte Lestrade.

"Er folgte dem Hund auf dem Fuß, um ihn sofort abzurufen – darauf können Sie sich verlassen. Nein, nein – er ist jetzt längst fort. Aber wir wollen zur Sicherheit das Haus durchsuchen."

Die Eingangstür stand offen, also stürmten wir hinein und eilten von Zimmer zu Zimmer, zum größten Erstaunen des vor Angst an allen Gliedern bebenden alten Dieners, der uns im Flur entgegenkam. Nur im Speisezimmer brannte Licht, aber Holmes nahm die Lampe vom Tisch und ließ keinen Winkel des Hauses undurchsucht. Nirgends war von dem Mann, den wir verfolgten, die geringste Spur zu sehen. Im obersten Stock jedoch war die Tür zu einem der Zimmer verschlossen.

"Es ist jemand dadrinnen," rief Lestrade. "Ich höre etwas sich bewegen. Machen Sie die Tür auf."

Wir hörten ein schwaches Stöhnen und ein Rascheln wie von Kleidern. Holmes sprengte die Tür mit einem Fußtritt, und mit dem Revolver in der Hand stürzten wir alle drei ins Zimmer.

Aber wir fanden keine Spur von dem verzweifelten Schurken, den wir zu sehen erwarteten. Statt dessen hatten wir einen so seltsamen und unerwarteten Anblick, daß wir zuerst sprachlos und wie an den Fleck gebannt dastanden.

Das Zimmer war zu einer Art von kleinem Museum hergerichtet; an den Wänden hingen eine Anzahl Glaskästen mit Schmetterlingen und Faltern, deren Sammlung der gefährlichste Verbrecher der Gegenwart zu seiner Entspannung betrieben hatte. Mitten im Raum stand ein Holzpfeiler, der den alten wurmzerfressenen Deckbalken stützen mußte. An diesen Pfeiler war eine menschliche Gestalt festgebunden, aber ob es ein Mann oder eine Frau war, konnten wir für den Augenblick nicht sagen, denn diese Gestalt war vollständig von Bett- und Handtüchern verhüllt und vermummt. Ein Handtuch war um die Kehle geschlungen und hinter dem Pfosten zusammengeknotet; ein zweites bedeckte den unteren Teil des Gesichtes und über diesem starrten uns zwei dunkle Augen entgegen – Augen voll Schmerz und Scham und Angst. In einem Augenblick hatten wir den Knebel hinweggerissen, die Bande gelöst – und Beryl Stapleton sank vor uns ohnmächtig auf den Fußboden nieder.

Als ihr schönes Haupt sich auf ihre Brust neigte, konnte ich klar und deutlich eine rote Strieme vom Hieb einer Reitpeitsche erkennen.

"Diese Bestie!" rief Holmes. "Schnell Lestrade, Ihre Brandyflasche! Setzt sie auf den Stuhl! Von den erlittenen Mißhandlungen und der Erschöpfung ist sie ohnmächtig geworden."

Nach einer kurzen Weile schlug sie die Augen auf und fragte:

"Ist er gerettet? Hat er sich in Sicherheit bringen können?"

"Er kann uns nicht entkommen."

"Nein, nein – ich meinte nicht meinen Mann. Aber Sir Henry – ist er in Sicherheit?"

"Ja."

"Und der Hund?"

"Der ist tot."

"Gott sei Dank! Gott sei Dank! Oh, dieser Schuft! Sehen Sie, wie er mich behandelt hat!"

Sie streifte ihre Ärmel zurück, und wir sahen voll Entsetzen, daß beide Arme mit blutigen Striemen bedeckt waren.

"Aber das ist nichts – gar nichts!" fuhr sie fort. "Wie hat er erst meine Seele gequält und gefoltert! Und alles habe ich ertragen können – Mißhandlungen, Einsamkeit, ein Leben voller Enttäuschung, alles! – so lange ich mich noch an die Hoffnung klammern durfte, daß seine Liebe mir gehört. Aber jetzt weiß ich, daß er mich auch darin hintergangen hat, daß ich nur sein Werkzeug war!"

Bei diesen Worten brach sie in ein leidenschaftliches Schluchzen aus.

"Sie sind ihm nicht wohlgesonnen, gnädige Frau." sagte Holmes. "Nun, so sagen Sie uns, wo wir ihn finden können. Wenn Sie ihm je bei seinem bösen Werk beigestanden haben, so helfen Sie dafür jetzt uns, und machen Sie damit alles wett."

"Es gibt nur einen Platz, wohin er geflohen sein kann," antwortete sie. "Auf einer Insel mitten im großen Sumpf ist eine alte Zinngrube. Dort hielt er seinen Hund

und dort hatte er auch allerhand Vorkehrungen getroffen, um für alle Fälle eine Zuflucht zu haben. Dorthin muß er geflohen sein."

Die Nebelbank lag dick wie weiße Wolle an den Fensterscheiben. Holmes hielt die Lampe ans Fenster und sagte:

"Sehen Sie. Niemand könnte in dieser Nacht einen Weg durch das Grimpener Moor finden."

Sie klatschte lachend in die Hände; ihre weißen Zähne blitzten und ihre Augen funkelten in wilder Freude, als sie rief:

"Den Weg *hinein* findet er vielleicht, aber nie und nimmer den Weg *heraus.* Wie kann er heute nacht die Stecken finden, die wir beide, er und ich, zusammen einpflanzten, um den schmalen Fußpfad durch den Morast zu kennzeichnen. O, hätte ich sie nur heute herausreißen können! Dann müßte er rettungslos in Ihre Hände fallen."

Wir sahen ein, daß an eine Verfolgung nicht zu denken war, so lange der Nebel über dem Moor lag. Wir ließen daher Lestrade in Merripit House zurück und Holmes und ich gingen mit dem Baronet nach Baskerville Hall. Wir konnten ihm die Wahrheit über die Stapletons nicht länger verschweigen, aber er nahm den Schlag tapfer, als er erfuhr, daß die Frau, die er geliebt hatte, die Gattin eines Mörders war.

Die Abenteuer dieser Nacht waren jedoch zu viel für seine Nerven gewesen, und ehe der Morgen anbrach, lag er im Delirium eines hohen Fiebers und wir mußten ihn der Pflege des Dr. Mortimer anvertrauen. Die beiden wollten gemeinsam auf eine Weltreise gehen, damit Sir Henry wieder zu dem gesunden, kräftigen Mann wird, der er vor dem Antritt seiner Herrschaft über dieses unheilvolle Anwesen war. Und nun komme ich schnell zum Schluß dieses einzigartigen Berichtes, in dem ich versucht habe, den Leser an den dunklen Ängsten und vagen Überlegungen teilhaben zu lassen, die unser Leben so lange überschatteten und die auf so tragische Weise endeten. Am Morgen nach dem Tod des Hundes lichtete sich der Nebel, und Frau Stapleton führte uns zu der Stelle, wo der von ihnen entdeckte Pfad durch den Sumpf begann. Als wir sahen, mit welchem Eifer und welcher Freude sie uns auf die Fährte ihres Mannes setzte, begannen wir zu begreifen, wie furchtbar das Leben dieser Frau gewesen sein muß.

. Wir ließen Sie auf einer schmalen Halbinsel aus festem torfigem Untergrund zurück, die sich in den ausgedehnte Sumpf erstreckte. Ab deren Ende bezeichneten nur gelegentlich gesteckte dünne Stöckchen die Zickzackwindungen des Pfades von einem Binsenbüschel zum nächsten, zwischen von grünem Schaum bedeckten Gruben und fauligen Schlammlöchern, die dem Unkundigen zum Verhängnis gedeihen mußten. Fauliges Ried und üppige, schleimige Wasserpflanzen verbreiteten einen dumpfen Verwesungsgeruch, und ein falscher Schritt ließ uns mehr als einmal bis zu den Hüften in dem dunklen, wabernden Schlamm versinken, der weit um uns herum in Wellen schwappte. Sein zäher Griff sog an unsere Sohlen, und wenn wir darin einsanken, war es, als zöge uns eine bösartige Hand in die obszöne Tiefe herab, so grimmig und zielgerichtet schien die Umklammerung zu sein. Nur ein einziges Mal bemerkten wir an einer Spur, daß ein Mensch vor uns den gefährlichen Weg gegangen war. Auf einem Büschel Riedgras, der aus dem schlammigen Untergrund ragte, lag ein dunkler Gegenstand. Holmes sank bis an den Leib in den Morast, als er, um sich des Gegenstandes zu bemächtigen, abseits des Weges trat; und wären wir nicht gewesen, so hätte sein Fuß niemals wieder festen Grund betreten. Er hielt einen alten, schwarzen Schuh empor. Auf dem Innenleder fanden wir den Stempel: ›Meyers, Toronto, Kanada.‹

"Der Fund ist ein Moorbad wert," sagte Holmes. "Es ist der abhanden gekommene Schuh unseres Freundes Sir Henry."

"Stapleton hat ihn auf seiner Flucht weggeworfen."

"Richtig. Er behielt ihn wohl, nachdem er ihn benutzt hatte, um den Hund auf die Fährte zu setzen. Auf der Flucht, als er wußte, daß das Spiel verloren war, hielt er den Schuh noch immer in der Hand. Und an dieser Stelle warf er ihn von sich. Wir wissen also wenigstens so viel, daß er bis hierher gekommen ist."

Aber mehr sollten wir über Stapletons Schicksal nie erfahren; wir waren nur auf Vermutungen angewiesen – Gewißheit erlangten wir nicht. Wir konnten nicht erwarten, Fußspuren im Sumpf zu finden, denn jede Höhlung wurde sofort von dem aus der Tiefe aufsteigenden Morastwasser gefüllt und war in wenigen Augenblicken wieder der Oberfläche gleichgemacht. Als wir endlich auf festeren Grund kamen, sahen wir uns alle drei eifrig suchend und erwartungsvoll nach Spuren um. Wir fanden keine. Wenn der spurenlose Erdboden uns die Wahrheit sagte, so hat Stapleton niemals die Rettungsinsel im Sumpf erreicht, zu der er sich durch Nacht und Nebel durchkämpfen wollte. Irgendwo mitten im großen Grimpener Sumpf, tief in den fauligen Morast hinabgezogen, liegt für immer der Mann mit dem kältesten Mörderherzen begraben.

Daß er auf dem morastumgürteten Eiland oft geweilt haben mußte, ergab sich aus mancherlei Anzeichen. Von der verlassenen Zinngrube war noch ein großes Triebrad und ein halbzugeschütteter Schacht übrig; daneben standen verfallende Mauerreste von den Hütten der Bergleute, die ohne Zweifel von den Fieberdünsten des Sumpfes vertrieben worden waren. In einer dieser Hütten hatte das wilde Tier gehaust, das Stapleton zu seinem Verbündeten ausersehen hatte; wir fanden seine Kette und einen großen Haufen abgenagter Knochen. Ein Skelett, an dem ein Büschel brauner Haare hing, lag zwischen diesen Überresten.

"Ein Hund," sagte Holmes. "Lieber Himmel, ein gelockter Spaniel. Der arme Mortimer wird seinen Liebling nie wiedersehen. Und nun, o wir alle Ecken und Winkel durchsucht haben, können wir sagen, daß der Fall kaum noch ein unaufgeklärtes Geheimnis enthält. Er konnte seinen Hund wohl verstecken, aber er konnte ihn nicht stumm machen, und daher kam diese entsetzlichen Laute, die selbst am hellichte Tage so schrecklich klangen. Zur Not konnte er den Hund im Schuppen von Merripit Haus unterbringen, aber das war recht riskant und er hat es nur an diesem letzten Tag gewagt, an dem er sein Ziel zu erreichen glaubte. Die Paste in dieser Dose ist zweifellos die Phosphorlösung, mit der er die Bestie präpariert hat. Auf diese Idee kam er natürlich durch die Geschichte vom Familienhöllenhund und den Plan, den alten Herrn Charles zu Tode zu ängstigen. Kein Wunder, daß der Sträfling, der arme Teufel, genau wie unser Freund, davonrannte und schrie, als er dieses Untier im finsteren Moor auf seiner Spur hinter sich herjagen sah. Das war ein schlauer Plan, denn so konnte er sein Opfer zu Tode hetzen, und außerdem – welcher Bauer würde es wagen, einer solchen Bestie genauer nachzuspüren, wenn er sie auf dem Moor sieht? Ich habe es in London gesagt, Watson, und ich wiederhole es: Noch nie haben wir einen gefährlicheren Mann zur Strecke gebracht, als den, der hier unten liegt" – mit seinem langen Arm machte er eine ausladende Geste über die mit grünen Flecken übersäte Fläche des Sumpfes, die sich weit ausdehnte, bis sie mit den rostroten Hängen des Moores verschmolz.

Kapitel 14.
Ein Rückblick

An einem rauhen und nebligen Abend Ende November saßen Holmes und ich vor dem lodernden Kaminfeuer in unserem Wohnzimmer in der Baker Straße. Seit dem tragischen Ende unseres Besuches in Devonshire hatte er sich mit zwei sehr bedeutenden Fällen befaßt; im ersten hatte er das niederträchtige Verhalten von Colonel Upwood in Verbindung mit dem berühmten Spielkartenskandal des Nonpareil-Clubs enthüllt, im zweiten hatte er die unglückliche Madame Montpensier vor der Mordanklage gerettet, die ihr in Zusammenhang mit dem Tod ihrer Stieftochter, Mademoiselle Carere, drohte, jener jungen Dame, die, wie sich jeder erinnert, sechs Monate später wohlauf und verheiratet in New York aufgefunden wurde. Mein Freund war wegen des Erfolges in diesen so schwierigen und wichtigen Fällen bester Laune, so war es mir möglich, mit ihm die Einzelheiten des Baskerville-Rätsels zu erörtern. Ich hatte geduldig auf diese Gelegenheit gewartet, weil mir bewußt war, daß er weder duldete, daß sich verschiedene Fälle überschnitten, noch, daß sein scharfer, logischer Verstand von den Aufgaben der Gegenwart durch das Schwelgen in Erinnerungen abgelenkt wurde. Jedoch weilten Sir Henry und Dr. Mortimer in London; sie waren im Aufbruch zu ihrer Reise, die Sir Henrys zerrüttete Nerven heilen sollte. Sie hatten uns an diesem Nachmittag besucht, so war es ganz natürlich, daß wir auf die Ereignisse in Baskerville zu sprechen kamen.

"Der ganze Ablauf der Ereignisse, vom Standpunkt des Mannes aus betrachtet, der sich Stapleton nannte, war einfach und natürlich, obwohl uns, die wir anfangs das Motiv seiner Handlungen nicht kannten und die Fakten nur Stück für Stück erfuhren, alles äußerst verwickelt schien. Ich hatte den Vorzug, zweimal mit Frau Stapleton sprechen zu können; der Fall ist jetzt völlig klar und ich glaube nicht, daß es für uns noch irgend etwas Unaufgeklärtes gibt. Du wirst ein paar Notizen zu dem Fall unter dem Buchstaben B in meinen Unterlagen finden."

"Vielleicht wärst Du dennoch so freundlich, mir eine Zusammenfassung der Ereignisse nach Deiner Erinnerung zu geben."

"Sicher, doch ich kann nicht garantieren, daß ich alle Fakten im Kopf habe. Intensive geistige Konzentration führt seltsamerweise dazu, daß Vergangenes aus dem Gedächtnis gelöscht wird. Ein Anwalt, der alle Fakten eines bestimmten Falles im Kopf hat und mit Sachverständigen darüber diskutieren kann, wird feststellen, daß er nach einer oder zwei Wochen mit Verhandlungen in einer anderen Sache den vorigen Fall wieder vergessen hat. So ersetzt auch jeder meiner Fälle vollständig den vorhergehenden, und Mademoiselle Carere hat meine Erinnerung an Baskerville Hall verschwimmen lassen. Morgen kann ein anderes Problem meine Aufmerksamkeit fesseln und seinerseits die hübsche französische Dame und den widerwärtigen Upwood verdrängen. Doch was den Fall jenes Hundes anbelangt, so will ich dir die Ereignisse so gut ich kann schildern, und du wirst einspringen, wenn ich etwas vergessen habe.

Meine Nachforschungen beweisen ohne jeden Zweifel, daß das Ahnenportrait nicht getäuscht hat: der Kerl war tatsächlich ein Baskerville. Er war der Sohn jenes Roger Baskerville, des jüngeren Bruders von Sir Charles, der wegen seines zweifelhaften Rufes nach Südamerika ging und dort, wie es hieß, unverheiratet starb. Tatsächlich aber war er verheiratet und hatte ein Kind, jenen Kerl, dessen richtiger Name der seines Vaters ist.

Dieser heiratete eines der schönsten Mädchen von Costarica, Beryl Garcia. Nachdem er eine bedeutende Summe Geldes veruntreut hatte, floh er mit seiner Frau nach England, wo er unter dem Namen Vandeleur eine Schule in Ost-Yorkshire unterhielt. Der Grund für die Wahl genau dieses Geschäftsfeldes war die Bekanntschaft mit einem schwindsüchtigen Lehrer auf der Überfahrt. Es gelang ihm, die Fähigkeiten dieses Mannes für seinen geschäftlichen Erfolg auszunutzen. Fraser, der Lehrer, starb jedoch und nach einem erfolgreichen Anfang sank die Schule in Verruf und Schande ab, sodaß die Vandeleurs es für angezeigt hielten ihren Namen in Stapleton zu ändern, und er verbrachte die Reste seines Vermögens, seine Zukunftspläne und sein Interesse an der Insektenkunde in den Süden Englands. Im Britischen Museum erfuhr ich, daß er eine anerkannte Autorität auf seinem Gebiet war und das ein Falter, den er als erster in seiner Yorkshire-Zeit beschrieben hat, nach ihm benannt wurde.

"Wir kommen nun zu jenem Abschnitt in seinem Leben, der für uns so außerordentlich interessant wurde. Offenbar hatte er sich nach den Verhältnissen seiner Familie erkundigt und bald herausgefunden, daß nur zwei Männer zwischen ihm und einer großen Erbschaft standen. Als er nach Devonshire kam, waren seine Pläne, glaube ich, noch recht vage. Aber daß er von Anfang an auf Böses sann, geht daraus hervor, daß er seine Frau als seine Schwester ausgab. Offenbar gedachte er sie als Lockvogel zu benutzen, wenn er auch noch nicht wußte, in welcher Weise dies geschehen könnte. Er wollte das Besitztum um jeden Preis haben und war bereit für dieses Ziel alle Mittel einzusetzen und jedes Risiko einzugehen. Zunächst ließ er sich möglichst nahe bei dem Stammsitz seiner Vorfahren nieder, alsdann trug er Sorge, mit Sir Charles und den anderen Nachbarn in ein freundschaftliches Verhältnis zu treten.

"Der Baronet erzählte ihm von dem Höllenhund und sprach sich damit selber das Todesurteil.

Stapleton, wie ich ihn immer noch nennen will, wußte von Dr. Mortimer, daß der alte Mann ein schwaches Herz hat und daß ein Schock ihn töten würde. Er hatte auch erfahren, daß Sir Charles abergläubisch war und die finstere Legende sehr ernst nahm. Mit seinem einfallsreichen Verstand entwickelte er schnell eine Möglichkeit, den Baronet zu Tode zu bringen, ohne das es möglich gewesen wäre, den wahren Mörder zu entlarven.

Als er seinen Plan gefaßt hatte, führte er ihn mit außerordentlicher Schlauheit durch. Ein gewöhnlicher Verbrecher hätte sich mit einem scharfen Hund begnügt. Der Einsatz künstlicher Mittel, um dem Tier eine diabolische Wirkung zu verleihen, war ein genialer Streich. Er kaufte den Hund in London bei Ross & Mangels, Händlern in der Fulham Straße. Es war der stärkste und wildeste Hund, den sie zu verkaufen hatten. Er transportierte ihn über die Nord-Devon-Linie und ging mit ihm eine weite Strecke über das Moor, um ihn ohne Aufsehen nach Hause zu schaffen. Auf den zur Bereicherung seiner Schmetterlingssammlung unternommenen Streifzügen hatte er das Grimpener Moor in allen Richtungen kennen gelernt; so fand er das sichere Versteck für die Bestie. Hier hatte er sie untergebracht und wartete auf eine günstige Gelegenheit.

Aber diese wollte nicht kommen. Der alte Herr war nicht dazu zu bewegen, sein Anwesen in der Nacht zu verlassen. Stapleton lauerte ihm des öfteren mit seinem Hund auf, aber ohne Erfolg. Während dieser fruchtlosen Ausflüge wurde er, oder besser gesagt sein Mordwerkzeug, mehrfach von Bauern gesehen und so erhielt die Sage vom Höllenhund eine neue Bestätigung. Er hatte gehofft, seine Frau würde bereit sein, Sir Charles ins Verderben zu locken, aber er stieß auf unerwarteten Widerstand. Sie weigerte sich, den alten Herrn in eine sentimentale Bindung zu verstricken, um ihn seinem Feind auszuliefern. Drohungen und, ich bedauere das sagen zu müssen, selbst Schläge konnten sie nicht umstimmen. Sie wollte damit nichts zu tun haben, und so befand sich Stapleton in einer Sackgasse."

"Durch Zufall fand er einen Ausweg aus seinen Schwierigkeiten. Sir Charles, der Freundschaft mit ihm geschlossen hatte, übertrug ihm die Verantwortung für die wohltätige Unterstützung der unglücklichen Frau, jener Laura Lyons. Indem er sich ihr gegenüber als unverheiratet ausgab, gewann er die Kontrolle über sie und ließ sie glauben, daß er sie heiraten würde, wenn sie die Scheidung von ihrem Mann erreicht hätte. Sein Plan drohte jedoch zu scheitern, denn er erfuhr, das Sir Charles seinen Landsitz auf Anraten von Dr. Mortimer verlassen würde, ein Rat, dem er zum Schein beipflichtete. Er mußte sofort handeln, sonst wäre sein Opfer für ihn unerreichbar geworden. Daher setze er Frau Lyons unter Druck, jenen Brief zu schreiben, in welchem sie den alten Herrn um ein Treffen noch vor seiner Abreise nach London bat.

"Als er an jenem Abend aus Coombe Tracey zurückkam, hatte er genug Zeit, den Hund mit der Teufelsfarbe zu bemalen und ihn zum Tor zu bringen, an welchem der alte Herr vermutlich warten würde. Von seinem Herrn kommandiert sprang der Hund über das Gatter und hetzte den unglücklichen Baronet, der schreiend die Taxusallee herunter floh. In diesem düsteren Tunnel muß es ein wahrhaft schauerlicher Anblick gewesen sein, wie die riesige schwarze Kreatur mit glühenden Augen und flammenden Lefzen ihr Opfer verfolgte. Am Ende der Allee brach der herzschwache Baronet vor Panik tot zusammen. Der Hund rannte den Rasenstreifen entlang, während der Baronet auf dem Weg blieb, so war nur die Spur eines einzigen Mannes zu sehen. Als der Hund ihn bewegungslos liegen sah, schnüffelte er vielleicht an ihm, trollte sich aber, als er merkte, daß er tot war. Dabei entstanden die Spuren der Pfoten, die Doktor Mortimer fand. Der Hund wurde zurückgepfiffen und zu seinem Versteck im Grimpener Moor gebracht, so blieb das Geschehen für die Untersuchungsbehörden rätselhaft, verunsicherte die ganze Gegend und kam schließlich zu unserer Kenntnis.

"Soviel über den Tod von Sir Charles Baskerville. Man sieht die teuflische Schlauheit dahinter, denn es war wirklich unmöglich, den eigentlichen Mörder anzuklagen. Sein einziger Komplize konnte ihn nie verraten und die Unglaublichkeit dieses bizarren Anschlags machte ihn um so wirkungsvoller. Die beiden Frauen in diesem Fall, Frau Stapleton und Frau Laura Lyons, hegten einen starken Verdacht gegen Stapleton. Seine Frau wußte, daß er etwas gegen den alten Mann im Schilde führte und sie wußte von der Existenz des Hundes. Frau Lyons wußte davon nichts, aber es hatte einen starken Eindruck auf sie gemacht, daß der Baronet gerade zu der Stunde gestorben war, zu der sie eine Zusammenkunft mit ihm haben sollte, und daß sie auf Stapletons ausdrücklichen Wunsch dieser

Zusammenkunft ferngeblieben war.. Beide Frauen standen jedoch vollständig unter seinem Einfluß, und so hatte von ihnen nichts zu befürchten. Die erste Hälfte seines Vorhabens war gelungen, aber der schwierigere zweite Teil blieb noch zu tun.

"Wenn Stapleton von dem Vorhandensein des in Kanada lebenden Erben nichts gewußt hatte, so mußte er es jedenfalls sehr bald vom Doktor Mortimer erfahren, und von diesem hörte er denn auch jede Einzelheit über die bevorstehende Ankunft Sir Henrys. Zunächst dachte er, der junge Fremde aus Kanada könnte vielleicht in London ins Jenseits befördert werden, ehe er überhaupt nach Devonshire käme. Gegen seine Frau hegte er Mißtrauen, seitdem sie sich geweigert hatte, ihm bei seinem Anschlag gegen den alten Baronet beizustehen; er wagte deshalb nicht, sie für längere Zeit aus den Augen zu lassen, weil er seinen Einfluß auf sie zu verlieren fürchtete. Deshalb nahm er sie mit nach London. Sie wohnten dort im Mexborough-Hotel in Craven Street – einem von den Gasthöfen, deren Papierkörbe ich durch Cartwright durchsuchen ließ. Wie du weißt, war die Nachforschung vergeblich. Hier schloß er seine Frau in ihr Zimmer ein, während er selbst, verkleidet mit einem falschen Bart, Dr. Mortimer auf seinen Wegen zu meiner Wohnung und später zum Bahnhof und dem Northumberland-Hotel unbemerkt folgte.

"Seine Frau ahnte etwas von seinen Plänen, aber sie hatte zugleich auch – und zwar infolge brutaler Mißhandlungen – eine solche Angst vor ihrem Mann, daß sie es nicht wagte, dem in Gefahr schwebenden, ahnungslosen Baronet ein Warnzeichen zu geben. Wäre der Brief in Stapletons Hände gefallen, so wäre sie selber ihres Lebens nicht mehr sicher gewesen. Schließlich fiel ihr, wie wir wissen, ein Hilfsmittel ein: sie schnitt die Worte ihrer Warnung aus einer Zeitung aus und adressierte den Brief mit verstellter Handschrift. Der Baronet erhielt ihn und damit zugleich die erste Warnung vor der Gefahr, in der er schwebte.

"Es war unabdingbar für Stapleton, einen persönlichen Gegenstand von Sir Henry in die Hand zu bekommen, damit er, falls erforderlich, den Hund auf seine Fährte setzen konnte. Mit der für ihn charakteristischen Frechheit und Schnelligkeit machte dieser sich daran, dazu hat er zweifellos den Hausdiener oder das Zimmermädchen bestochen. Zufällig war aber der erste Schuh, der ihm gebracht wurde, neu und ungetragen, also für seine Zwecke nutzlos. Also ließ er diesen zurückbringen und beschaffte sich einen anderen – ein Vorgehen, daß mir seine Schlauheit vor Augen führte und klar machte, daß wir es mit einem sehr gerissenen Verbrecher zu tun hatten. Es mußte einen wichtigen Grund geben, einen neuen Schuh zu verschmähen und einen abgetragenen haben zu wollen. Je absonderlicher und grotesker ein Vorfall erscheint, desto mehr ist eine gründliche Untersuchung erforderlich, denn gerade das, was einen Fall verkompliziert, stellt sich bei genauer und wissenschaftlicher Vorgehensweise als wesentlicher Punkt bei der Klärung des Rätsels heraus.

"Am nächsten Morgen hatten wir dann Besuch von unseren Freunden, ständig beschattet von Stapletons Wagen. Aus seiner Kenntnis unserer Wohnung und meiner Person sowie aus seinem generellen Verhalten glaubte ich schließen zu können, daß sich seine Verbrecherlaufbahn nicht nur auf den Baskerville-Fall beschränkt hat. Es ist auffällig, daß während der letzten drei Jahre vier bedeutende Einbrüche im Westen begangen wurden, bei denen kein Täter dingfest gemacht werden konnte. Bei der letzten dieser Taten, im Mai in Folkstone Court, war besonders auffällig, das daß der alleinige und maskierte Einbrecher einen Diener, der ihn überraschte, kaltblütig niederschoß. Zweifellos hat Stapleton seine schwindenden Mittel auf diese Weise ergänzt und war schon vor Jahren ein zu allem entschlossener hochgefährlicher Mann.

"Von Stapletons Gewandtheit erhielten wir an jenem Morgen einen ersten Begriff, als er uns so erfolgreich entkam und mir meinen eigenen Namen durch den Kutscher übermitteln ließ. Er wußte von dem Augenblick an, daß ich den Fall in meine Hände genommen hatte, daß also in London sich schwerlich für ihn eine Gelegenheit ergeben würde, seine Mordpläne zur Ausführung zu bringen. Er kehrte daher nach Dartmoor zurück und wartete des Baronets Ankunft ab."

"Einen Augenblick, bitte," sagte ich. "Du hast ohne Zweifel die Reihenfolge der Ereignisse richtig wiedergegeben, aber ein Punkt bleibt noch ungeklärt: Was wurde aus dem Hund, während der Herr in London war?"

"Ich habe mich selbst ernstlich mit diesem ohne Frage wichtigen Punkt beschäftigt. Es unterliegt für mich keinem Zweifel, daß Stapleton einen Vertrauten hatte, obwohl er ihn wahrscheinlich nicht so weit ins Vertrauen zog, daß seine eigene Sicherheit dadurch gefährdet werden konnte. In Merripit House war ein alter Diener Namens Anton. Er ist mit den Stapletons hierhergekommen und soll schon früher bei ihnen gewesen sein. Dann hätte auch gewußt, daß die Stapletons nicht Bruder und Schwester, sondern Mann und Frau waren. Der Mann ist heute nacht verschwunden und nicht wieder aufgetaucht. Auffällig ist auch sein Name: Anton heißen in England nur wenig Leute, dagegen ist Antonio in Spanien und im spanischen Amerika ein sehr gewöhnlicher Name. Er sprach, wie auch Frau Stapleton, gut englisch, aber mit einem etwas lispelnden Akzent. Ich selbst habe den alten Mann über das Grimpener Moor gehen sehen; er benutzte diesen von Stapleton kenntlich gemachten Pfad. Höchstwahrscheinlich also hat er in Abwesenheit seines Herrn den Hund gefüttert, obwohl er vielleicht den Zweck, zu dem die Bestie gehalten wurde, nicht gekannt hat.

"Die Stapletons sind dann nach Devonshire zurückgefahren, und Du und Sir Henry sind wenig später gefolgt. Noch etwas über den damaligen Stand meiner Kenntnisse. Du erinnerst Dich vielleicht, daß ich das Papier, auf das die gedruckten Wörter geklebt waren, einer genauen Untersuchung auf Wasserzeichen unterzog. Als ich das tat, hielt ich es sehr nahe an die Augen und nahm dabei eine schwachen Duft von sogenanntem weißen Jasmin wahr. Es gibt fünfundsiebzig Parfums, die ein Kriminalexperte unbedingt unterscheiden können muß. Das Parfum deutete auf die Mitwirkung einer Frau hin und ich begann, die Stapletons in Betracht zu ziehen. Ich wußte also bereits damals schon sicher, daß ein Hund im Spiel war und hatte gegen die richtigen Verbrecher Verdacht gefaßt, bevor wir in den Westen reisten.

"Meine Aufgabe war es nun, Stapleton zu beobachten. Das konnte ich natürlich nicht, wenn ich mit Dir zusammen war, denn er war sicherlich auf der Hut. Ich mußte also alle, auch Dich, täuschen und mich heimlich nach Devonshire begeben, während man mich in London wähnte. Mein Ungemach war nicht so arg, wie Du glaubtest, zudem dürfen solche Marginalien niemals die Untersuchung eines Falles beeinträchtigen. Die meiste Zeit habe ich mich in Cloombe Tracey aufgehalten und die Hütte im Moor nur benutzt, wenn es nötig war, um dem Schauplatz der Ereignisse nahe zu sein. Cartwright war mit mir gekommen hat mir in seiner Verkleidung als Bauernbursche große Dienste geleistet: ich war, was Essen und frische Wäsche und betraf, völlig von ihm abhängig. Während ich Stapleton beobachtete, hielt Cartwright Dich im Auge, sodaß ich alle Fäden in der Hand hielt.

"Wie ich schon sagte, haben mich Deine Berichte sehr schnell erreicht, weil sie sofort von der Baker Straße nach Coombe Tracy weitergeleitet wurden. Sie waren mir außerordentlich nützlich, besonders die zufällig wahre Episode aus Stapletons Lebenslauf. Hierdurch konnte ich die wahre Identität des Mannes und seiner Frau feststellen und wußte nun genau, woran ich war. Durch den geflohenen Sträfling und dessen Verbindung zu den Barrymores wurde die

Angelegenheit kompliziert. Auch das hast Du restlos aufgeklärt, auch wenn ich durch eigene Beobachtungen zu eben derselben Schlußfolgerung gelangte.

"Als Du mich im Moor aufgespürt hattest, war mir die ganze Sache bereits klar, aber es war dennoch kein Fall, den ich der Gerichtsbarkeit übergeben konnte. Sogar Stapletons Anschlag auf Sir Henry, der mit dem Tod des unglücklichen Sträflings endete, konnte keinen Mordversuch gegen unseren Mann beweisen. Es gab offenbar keine andere Möglichkeit, als ihn auf frischer Tat zu ertappen, und daher mußten wir Sir Henry alleine und scheinbar schutzlos als Köder benutzen. Das haben wir auch getan, und unter Inkaufnahme eines schweren Schocks für unseren Klienten konnten wir den Fall abschließen und Stapleton in den Untergang treiben. Daß Sir Henry dem ausgesetzt wurde ist, wie ich zugeben muß, ein grober Fehler in meiner Handhabung des Falles, aber wir konnten das schauerliche, nervenzerreißende Schauspiel nicht vorhersehen, welches das Ungeheuer lieferte. Auch konnten wir den Nebel nicht vorhersehen, der es der Bestie ermöglichte, ohne Vorwarnung über uns zu kommen. Zwar hatte unser Erfolg einen hohen Preis, aber sowohl Dr. Mortimer als auch der hinzugezogene Spezialist versichern, das es ein vorübergehender sei. Auf einer längeren Reise wird unser Freund sich nicht nur von seinem Nervenschock, sondern auch von seinen verletzten Gefühlen erholen. Seine Liebe zu der Dame war tief und aufrichtig, und das schlimmste für Sir Henry an dieser ganzen düsteren Geschichte ist, daß sie ihn getäuscht hat.

"Es bleibt nur noch zu erklären, welchen Anteil sie an der ganzen Sache hatte. Zweifellos stand sie unter Stapletons Einfluß, ein Einfluß, der auf Furcht oder Liebe beruhte, oder auf beidem, schließlich sind diese Gefühle durchaus miteinander vereinbar. Jedenfalls war seine Macht echt und wirksam. Auf seinen Befehl willigte sie ein, sich als seine Schwester auszugeben; nur als er sie zu unmittelbarer Mitwirkung an einem Mord heranziehen wollte, da fand er die Grenzen seiner Macht. Sie versuchte Sir Henry zu warnen, so weit es geschehen konnte, ohne ihren Gatten zu gefährden; sie versuchte es nicht nur das eine Mal, sondern wiederholt. Stapleton selbst scheint eifersüchtig gewesen zu sein; denn als er sah, wie der Baronet der Dame den Hof machte, da brach seine Leidenschaft wild hervor, obwohl doch Sir Henrys Liebe zu den raffiniert ausgedachten Faktoren des Mordplanes gehörte. Indem er später das Verhältnis gut hieß, erlangte er die Gewißheit, daß Sir Henry häufig nach Merripit House zum Besuch kommen, und daß er selbst dadurch früher oder später die Gelegenheit erhalten würde, auf die er es abgesehen hatte. Am Entscheidungstag jedoch erklärte seine

Frau sich plötzlich gegen ihn. Sie hatte von dem Tod des entflohenen Sträflings gehört und sie erfuhr; daß an demselben Tag, wo Sir Henry zu Tisch kommen sollte, der Hund in das Nebengebäude von Merripit House gebracht worden war. Sie sagte ihrem Mann das beabsichtigte Verbrechen gerade auf den Kopf zu, und es folgte ein heftiger Auftritt, wobei Stapleton ihr in seiner Wut ihr verriet, daß sie eine Nebenbuhlerin hatte. Augenblicklich schlug ihre treue Liebe in bitteren Haß um, und er sah, daß sie ihn verraten würde. Deshalb fesselte und knebelte er sie, damit sie nicht imstande wäre, den Baron zu warnen. Ohne Zweifel hoffte er, wenn die ganze Gegend den Tod des Baronets dem Familienfluch zuschreiben würde – und daran brauchte er nicht zu zweifeln – so würde sie sich ihm wieder zuwenden, mit der vollendeten Tatsache abfinden und über das, was sie wußte, Stillschweigen bewahren. Hierin hatte er sich allerdings nach meiner Meinung verrechnet; er wäre verloren gewesen, selbst wenn wir nicht dazwischen gekommen wären. Eine Weib, in deren Adern spanisches Blut fließt, vergibt nicht so leicht eine so grausame Beschimpfung ... Und das wäre wohl alles, was über den Fall zu sagen ist." Und nun, mein lieber Watson, ohne meine Notizen zu benutzen, kann ich zu diesem absonderlichen Fall nichts weiteres mehr berichten, jedoch scheint mir, daß mir nichts Wesentliches entgangen ist.

"Aber Stapleton konnte doch nicht erwarten, daß der junge, kräftige Sir Henry aus reiner Angst vor dem Hund sterben würde, wie es ihm bei dem alten herzkranken Baronet geglückt war?"

"Die Bestie war wild und halb verhungert. Wenn ihre Erscheinung das Opfer nicht schon zu Tode erschreckt hätte, so hätte sie wenigstens den Widerstand gelähmt."

"Zweifellos. Es bleibt nur die eine Schwierigkeit: wenn Stapleton die Erbschaft antrat – wie konnte er glaubhaft machen, angetreten hätte, wie hätte er glaubhaft machen können, daß er, der Erbe, j unter einem anderen Namen hier, in unmittelbarer Nähe seines Eigentums, gelebt hatte? Mußte das nicht Verdacht erregen und dadurch Nachforschungen veranlassen?"

"Das ist allerdings ein großes Problem und ich fürchte, ich kann es dir nicht erklären. Vergangenheit und Gegenwart sind die Gebiete meiner Ermittlungen – aber was jemand in der Zukunft tun wird diese Frage läßt sich schwer beantworten. Frau Stapleton – die ich natürlich darüber befragt habe – hat ihren Mann diese Frage des öfteren diskutieren hören. Es gab drei Möglichkeiten: Er konnte seine Ansprüche von Südamerika aus geltend machen, seine Identität vor einem britischen Konsul nachweisen und sich auf diese Weise in Besitz des Vermögens setzen, ohne überhaupt nach England zu kommen. Oder er konnte sich für die kurze Zeit, die er zur Erledigung des Geschäftes in London hätte sein müssen, einer geschickten Verkleidung bedienen. Oder er konnte einem Helfershelfer die nötigen Dokumente und Papiere ausliefern; dieser hätte die Erbschaft angetreten und ihm natürlich den größeren Teil des Einkommens überlassen müssen. Nach dem, was wir von ihm wissen, können wir wohl annehmen, daß er schon einen Ausweg aus der Schwierigkeit gefunden haben würde.

Und nun, mein lieber Watson, haben wir einige Wochen schwerer Arbeit hinter uns, und ich finde, daß wir uns angenehmeren Dingen zuwenden sollten. Ich habe eine Loge für *Les Hugenots* reserviert. Hast Du schon einmal De Reszkes gehört? Darf ich Dich dann bitten, in einer halben Stunde fertig zu sein? Dann könnten wir noch bei Marcini's vorbei, um ein kleines Abendessen einzunehmen."